O CLUBE DE CAVALHEIROS

GARY M. DOUGLAS

COM CONTRIBUIÇÕES DO DR. DAIN HEER

ACCESS CONSCIOUSNESS PUBLISHING

Título Original: The Gentlemen's Club
Copyright © 2014 Gary M. Douglas
Access Consciousness Publishing
www.accessconsciousnesspublishing.com

O clube de cavalheiros
Copyright© 2020 Gary M. Douglas
ISBN: 978-1-63493-361-2
Access Consciousness Publishing

Traduzido do inglês por Fabio Meira

Havia três homens na classe original do clube de cavalheiros que eram casados. Não muito tempo depois da conclusão das classes, recebi telefonemas das mulheres que eram casadas com esses caras. Cada uma delas disse: "Obrigada por fazer essas classes. Ganhei de volta o homem pelo qual me apaixonei".

ÍNDICE

PREFÁCIO

O clube de cavalheiros é baseado em uma série de doze teleclasses que facilitei com um grupo de homens incríveis e corajosos. Minha intenção com as classes do clube de cavalheiros era criar um ambiente só para homens, no qual os participantes pudessem falar livremente sobre ser homem nesta realidade. Há muita energia nessas conversas. As leitoras podem estranhar a linguagem do nosso "clube masculino", mas espero que elas terminem o livro com uma apreciação mais profunda pelos homens de suas vidas e mais reconhecimento do que se requer para criar um relacionamento a partir de uma realidade totalmente diferente.

Nas discussões que se seguem, pode haver algumas palavras, conceitos e ferramentas que você nunca viu antes. Também pode haver algumas palavras comuns como "ser", "humano" ou "receber" que usamos de um modo que pode parecer estranho. Tentamos definir todas elas em um glossário no final do livro.

Você encontrará também o enunciado aclarador que usamos em Access Consciousness. É uma frase curta direcionada às energias que estão criando limitações e contrações em sua vida. Quando você ler o enunciado pela primeira vez, pode não fazer sentido lógico. Essa é a nossa intenção. Ele foi projetado para tirar você do mental, para que você possa perceber a energia de uma situação.

O enunciado aclarador, é direcionado à energia das limitações e barreiras que nos impedem de seguir em frente e expandir para todos os espaços que desejarmos ir.

O enunciado aclarador de Access Consciousness é: "Certo e errado, bom e mau, POD e POC, todas as nove, curtos, garotos e aléns". Há uma breve explicação do significado das palavras no final do livro.

Você pode escolher usar ou não o enunciado aclarador; eu não tenho ponto de vista sobre isso, mas quero convidá-lo a experimentar e ver o que acontece.

1

AVANÇANDO PARA ALGO DIFERENTE

Você quer funcionar tentando mudar as coisas para que elas pareçam diferentes?
Ou você quer fazer algo diferente que funcionará para você?

Gary:

Bem-vindo ao clube de cavalheiros. Vamos começar com uma pergunta.

Confiando em você como homem/confiando em outros homens

Participante da classe:

Estou começando um grupo de empoderamento de homens, mas a aceitação por parte dos homens é muito lenta. Você tem alguma sugestão para mim?

Gary:

Não chame de "empoderamento de homens". Os homens, supostamente, têm todo o poder. Na verdade, eles estão totalmente desempoderados — mas não sabem disso. Se você chamar de "empoderamento", ninguém irá, porque eles nem sabem que precisam ou querem empoderamento. Chame de "Facilitando sua Vida com as Mulheres".

Dain:

Os homens querem que sua vida com as mulheres seja mais fácil, mais do que querem estar empoderados e mais do que querem estar conectados com outros homens. Grande parte das coisas que a maioria dos homens faz tem a ver com tentar levar uma mulher para cama. Para a maioria dos homens, a ideia de reunir-se com outros homens é um lugar de muita potência. Isso os assusta.

Há alguns anos, fizemos uma classe de Access Consciousness nível 2 e 3 em Santa Bárbara. Algumas das mulheres de Access Consciousness saíram naquela noite e viram dois caras brigando. Elas disseram: "Sabe de uma coisa? Estava óbvio que o que aqueles caras realmente queriam era fazer sexo um com o outro, mas eles não podiam fazer isso no mundo deles, então eles começaram uma briga. A briga foi a maneira de eles expressarem isso".

Quando você fala com os homens sobre reunirem-se com outros homens, isso traz à tona todas as coisas que eles não devem ser, não devem fazer e especialmente não devem ser e fazer juntos.

Foi muito interessante ouvir o *feedback* das mulheres nas chamadas do *The Salon des Femmes*. Depois de duas chamadas, elas diziam coisas como: "Eu pensei que ouvir um monte de mulheres e não ter nenhum homem para brincar ou flertar seria chato, mas agora sinto que tenho todas essas irmãs, e é incrível o quanto tenho mais de mim e o quanto me sinto mais conectada com as mulheres e comigo".

Percebi, ao ouvir esse *feedback*, que nós, como homens, temos a mesma coisa. Criamos uma separação uns dos outros, ao invés de nos unirmos. Se pudéssemos mudar isso, poderíamos realmente mudar o mundo. E também faríamos sexo de um jeito melhor, seríamos a nossa potência e no divertiríamos muito mais.

Gary:

Eu tenho um processo:

Que estupidez você está usando para criar a separação entre homens e mulheres, mulheres e mulheres, e homens e homens você está escolhendo? Tudo o que isso é, vezes um deusilhão, você vai destruir e descriar? Certo e errado, bom e mau, POD e POC, todas as nove, curtos, garotos e aléns.

Participante da classe:

Nesse processo, você perguntou: "você está escolhendo?" Costumo dizer "que você está escolhendo". Percebo que você não diz isso. Você pode me dizer por quê?

Gary:

"Que você está escolhendo" justifica sua razão para a escolha. É um ponto de vista fixo. É como dizer: "Estou escolhendo isso porque..." Você prefere acreditar que você está escolhendo por uma *razão* a *simplesmente escolher*. Estou tentando fazer você ver que não há nenhuma razão para o que você escolhe — basta você escolher. É por isso que pergunto: "Você está escolhendo?"

Participante da classe:

Obrigado.

Criando parcerias com homens

Participante da classe:

Você pode falar sobre a separação que crio com outros homens?

Gary:

A única coisa que você *não* assume fazer é ter energia sexual com outros homens. Isso é algo inconcebível. Então, você faz o que tiver que fazer para não ter energia sexual com outros homens. No entanto, praticamente tudo que há na energia sexual tem a ver com receber. Sem energia sexual, você não recebe. Quando cortamos o nosso receber da energia sexual com outros homens, também eliminamos o nosso receber das mulheres, do relacionamento e do sexo. Cortamos o nosso receber com dinheiro, negócios e tudo mais.

Se você pode conceber a ideia de homens com homens, então há um lugar em que você pode criar uma parceria que pode criar dinheiro ou pode criar uma parceria que cria diversão ou todos os tipos de coisas. Por exemplo, Dain e eu passamos a maior parte do nosso tempo juntos. Estamos dispostos a estar lá como homens para nossos amigos. Eu incentivo Dain a sair e fazer sexo com mulheres diferentes, eu o incentivo a fazer o que ele quiser, mas ele é meu amigo e me apoia. Se você criar separação entre homens e homens, jamais pode presumir que um homem apoiará você.

Dain:

Você presume que os homens vão apunhalar você pelas costas. Mas na maioria das vezes, não será o homem em sua vida que vai apunhalar você pelas costas.

Participante da classe:

(Risos)

Gary:

Mulheres não apunhalam você pelas costas. Eles apenas cortam seus testículos!

Dain:

Quando os homens compram a ideia de que não deve haver energia sexual entre eles, acabam se privando da energia nutritiva e de cuidado, da energia expansiva, generativa, criativa e de cura que eles têm com outros homens.

Gary:

A energia de "apoio".

Dain:

Você também se priva de ter essa energia para você e com você.

Gary:

Você é homem e tem que se separar de você. Assim, não pode apoiar a si mesmo. E é por isso que muitos de vocês se entregam, especialmente para as mulheres.

Dain:

Muitos de vocês estão pensando: "Oh, talvez eu possa encontrar a mulher que finalmente me completará, que preencherá este vazio que não estou preenchendo sozinho". Você, separando-se de si mesmo, é parte da separação entre homens e homens.

Temos a tendência de olhar para isso como se os homens de quem estamos nos separando estivessem fora de nós, mas você tem que se separar de você para tornar real a separação dos outros homens.

Gary:

A pergunta que tenho é: Você confia em você como homem?

Dain:

E a resposta é "claro que não".

Participante da classe:

A resposta é "Não".

Gary:

Se você não puder apoiar a si mesmo, onde encontrará alguém que o apoiará? Você não pode deixar um homem o apoiar, então quem pode apoia-lo?

Dain:

Você pensa que, se um homem o apoiar, você não saberá o que ele pode fazer quando estiver lhe apoiando; você não deixará que ele o apoie porque pode sacaneá-lo.

Gary:

É uma insanidade.

Dain:

É uma insanidade total. Quando você se permitir esses momentos raros de proximidade com um homem sem ter ponto de vista, seu mundo se abrirá de maneira muito dinâmica.

Gary:

É um presente incrível e uma possibilidade incrível.

Dain:

Que estupidez você está usando para criar a separação entre homens e mulheres, mulheres e mulheres, e homens e homens você está escolhendo? Tudo o que isso é, vezes um deusilhão, você vai destruir e descriar? Certo e errado, bom e mau, POD e POC, todas as nove, curtos, garotos e aléns.

Gary:

Que estupidez você está usando para criar a separação entre homens e mulheres, mulheres e mulheres, e homens e homens você está escolhendo? Tudo o que isso é, vezes um deusilhão, você vai destruir e descriar? Certo e errado, bom e mau, POD e POC, todas as nove, curtos, garotos e aléns.

Ei, Dain, você sabe como eles separavam os homens dos garotos na Grécia?

Dain:

Com um pé-de-cabra!

Gary:

Só pensei que deveríamos interromper com uma piadinha para mantê-los atentos. Ok, vamos repetir.

Que estupidez você está usando para criar a separação entre homens e mulheres, mulheres e mulheres, e homens e homens você está escolhendo? Tudo o que isso é, vezes um deusilhão, você vai destruir e descriar? Certo e errado, bom e mau, POD e POC, todas as nove, curtos, garotos e aléns.

Espere. Nós temos que acrescentar "homens e garotos" a esse processo. Uma energia estranha surgiu depois que contamos a piada, e percebi que tentamos criar separação entre homens e garotos. Os homens estão sendo mentores dos garotos sem jamais apoiá-los.

Dain:

Nós crescemos com a ideia de que estamos sozinhos. Além de acreditarmos que somos maus e errados, não somos dignos de ter o apoio de alguém.

Gary:

Nós pensamos que não somos dignos nem do nosso próprio apoio, e é por isso que penso que os homens não confiam em si mesmos.

Dain:

Que estupidez você está usando para criar a separação entre homens e mulheres, mulheres e mulheres, homens e homens e homens e garotos você está escolhendo? Tudo o que isso é, vezes um deusilhão, você vai destruir e descriar? Certo e errado, bom e mau, POD e POC, todas as nove, curtos, garotos e aléns.

Eliminando seu senso de beleza

Gary:

Sabe, podemos acrescentar também "homens e garotas" a esse processo. Eu tenho observado que, se um homem adulto vê uma garota jovem e tem um pouco de energia sexual, ele tem que se julgar por ser algum tipo de tarado ou uma pessoa terrível ou alguém que quer fazer sexo com crianças, e nada disso é necessariamente verdade.

Se eu vir um cavalo bonito, para mim é um cavalo. Eu vejo um cavalo bonito e isso excita! Ver um lindo cavalo se mexer é tudo que importa para mim. Eu não tenho que fazer nada com ele. Não tenho que me apropriar dele. Não tenho que ter um lugar onde eu possa controla-lo. Só reconheço que o cavalo é bonito.

Os homens eliminam seu senso de beleza porque têm medo de ser uma energia sexual e isso "significar" alguma coisa.

Dain:

Quando você, como homem "hétero", tem esse senso de beleza, pensa que significa que de alguma maneira é *gay* ou mole.

Gary:

Isso se chama "metrossexual".

Dain:

Exatamente. Metrossexual é quando você pode ter uma combinação de tudo que é bom dos gays e tudo que é bom dos homens héteros: metro - sexual.

Gary:

Isso.

Participante da classe:

(Risos)

Dain:

O que foi isso?

Gary:

Alguém riu porque somos engraçados.

Dain:

Oh, faz tempo que não ouço esse som. Por isso que eu nem sabia o que era.

Participante da classe:

(Risos)

Gary:

Você tem falado muito com mulheres!

Dain:

Que estupidez você está usando para criar a separação entre homens e mulheres, mulheres e mulheres, homens e homens, homens e garotos e homens e garotas você está escolhendo? Tudo o que isso é, vezes um deusilhão, você vai destruir e descriar? Certo e errado, bom e mau, POD e POC, todas as nove, curtos, garotos e aléns.

Gary:

Meu senhor. Esta estava inacreditavelmente carregada!

"Nós temos o apoio um do outro"

Dain:

Eu estava jantando com nosso amigo Ricky outra noite. Foi a primeira vez que ele e eu passamos um tempo juntos sozinhos. Eu falei para ele da minha amizade com Gary. Eu disse: "Nós apoiamos um ao outro, mas no início, isso não ficou aparente. Nossa amizade se desenvolveu com o tempo. Nós criamos um nível de confiança sendo nós mesmos, escolhendo o que daria suporte ao outro e apoiando um ao outro".

Eu disse: "Quando conheci o Gary, passei todos os tipos de informações que ele poderia ter usado para me ferrar e apunhalar pelas costas, mas ele não levou para esse lado. E ele me deu todos os tipos de coisas que eu também poderia ter usado contra ele, mas não fiz isso. Foi: "Como podemos contribuir um para com o outro e apoiar um ao outro?" Nós estávamos nos divertindo, tendo uma amizade incrível por cerca de um ano, e um dia ele veio e disse: 'Nossa amizade acabou'.

Eu perguntei: "Do que você está falando?"

Gary disse: "Você tem me julgado. Você tem me julgado muito severamente. O resto do mundo pode me julgar. Tudo bem, mas eu não dou permissão para meus amigos me julgarem, então a nossa amizade acabou. Você pode continuar trabalhando para a Access Consciousness, mas a nossa amizade acaba a partir de agora. Não quero mais ser seu amigo. Isso não funciona para mim".

E eu disse: "Uau!" Quando ele disse: "Você está me julgando", na minha mente, fui literalmente para: "Bem, claro que sim! Não é isso que os amigos fazem?" Esse era o meu ponto de vista.

Gary:

Isso é o que fazem os amantes, não os amigos.

Dain:

Ele saiu e eu senti um vazio na minha vida e no meu mundo. Eu disse: "Espere um minuto. Nunca houve uma ocasião em que Gary não me apoiou, e eu estou julgando-o? Ferrou! Mesmo que ele se afaste, eu preciso mudar isso por mim mesmo".

Liguei para ele e disse: "Gary, você está absolutamente certo, e eu sinto muito mesmo. Quero mudar isso, mas não sei como. Não sei o que fazer com isso, então peço a sua ajuda. Pagarei uma sessão se for preciso, mas, por favor, me ajude a eliminar isso?"

Gary disse: "Ok, vou lhe dar uma hora, e vamos ver aonde chegamos. Levou quarenta e cinco minutos para eu perceber que estava escolhendo julgá-lo. Parecia que estava batendo a minha cabeça em uma parede de tijolos para perceber que estava escolhendo fazer isso, porque parecia muito automático.

Quando finalmente percebi isso, mudou todo o meu mundo e toda minha realidade. Vi que meu julgamento era que, se ele se importasse muito comigo como estava fazendo, era por interesse em fazer sexo comigo. Ele era gay e só queria sexo. Ele só queria transar comigo. Isso era o que estava por baixo das montanhas de julgamento que eu tinha erguido contra meu amigo.

É possível que você não se permita ter amizade com um homem porque, em algum lugar no seu universo, você concluiu e julgou que só um homem que quer fazer sexo com você seria bondoso e amável e cuidadoso com você? Tudo o que isso trouxe à tona, vezes um deusilhão, você vai destruir e descriar? Certo e errado, bom e mau, POD e POC, todas as nove, curtos, garotos e aléns.

Gary:

Outro dia estava trabalhando com uma pessoa. Sempre tive a percepção de que ele tinha sido molestado, mas ele nunca disse isso. Na sessão, perguntei-lhe algo, e surgiu que havia um técnico de futebol que ele achava que o tinha molestado.

Perguntei a ele: "O que você quer dizer? O que o treinador fez?"

Ele disse: "Bem, ele passava as mãos nos meus ombros. Dizia que estava tentando desfazer os nós".

Perguntei: "Seu treinador tinha alguma energia sexual quando fazia isso?"

Ele disse: "Sim!"

Perguntei: "Ele tinha energia sexual direcionada a você?"

Ele disse: "Sim".

Esse cara não teve uma experiência sexual com seu treinador. O treinador estava tentando ajudá-lo. Ele tinha um senso de amor e cuidado pelo garoto, e este interpretou como desejo sexual, eliminando assim a sua consciência a respeito de um homem que lhe deu este tipo de energia bondosa. Ele concluiu que tinha a ver com sexo e, como resultado, sentiu-se violado.

Todos os lugares em que você se sentiu violado quando algum homem o viu como uma criança muito querida ou como alguém tão adorável que ele mal conseguia se controlar, ou que não sentiu que ele tinha bloqueado sua energia sexual por você e você o rejeitou e rejeitou a si mesmo e considerou isso errado e criou algum tipo de separação entre você e você, ou entre você e ele, ou entre você e os homens ou entre você, os homens e os garotos, você vai destruir e descriar tudo isso? Certo e errado, bom e mau, POD e POC, todas as nove, curtos, garotos e aléns.

Parece que alguns de vocês tiveram experiências semelhantes. Alguém aqui teve uma experiência como esta, em que um "homem" se sentiu realmente atraído sexualmente por você, e você se sentiu violado ou que ele quis algo de você que você não poderia ou não entregaria?

Tudo que isso trouxe à tona, vezes um deusilhão, você vai destruir e descriar? Certo e errado, bom e mau, POD e POC, todas as nove, curtos, garotos e aléns.

A bondade que os homens têm

Participante da classe:

Ao crescer, não consegui encontrar a bondade que os homens têm. Quando conheci você, Dain e muitos dos caras da Access Consciousness, foi como um "Oh! É isso. É isso que eu estava procurando!" Eu não me permitia ver quando era mais jovem.

Gary:

O que aconteceu quando você era mais jovem que você não quis saber sobre aquele lugar criado em que você teve que se separar de você e de outros homens a fim de ter um senso de poder encontrar a bondade que você sabia que deveria existir?

Participante da classe:

Eu via como os homens ao meu redor agiam. Eu vi o que meu avô fez com minhas irmãs e o que meu pai fez com minha mãe, e decidi: "Se é isso que é ser homem, não quero ser um".

Gary:

Tudo que você decidiu que não queria ser porque não via bondade lá e o que via era dor, sofrimento, mágoa, erro e maldade, você vai destruir e descriar tudo isso e reivindicar você? Certo e errado, bom e mau, POD e POC, todas as nove, curtos, garotos e aléns.

Dain:

Outra parte disso surgiu enquanto você falava. O quanto você estava ciente do que sua mãe não gostava ou odiava nos homens, do que suas irmãs não gostavam ou odiavam nos homens e do que sua avó não gostava ou odiava nos homens?

Gary:

Bem, não seria nem ódio. Seria desconfiança total.

Dain:

Tudo bem, legal. Desconfiança total, que é exatamente o que pegamos para nós.

Gary:

Sim, é isso que você acaba fazendo. Você não pode confiar que as mulheres confiarão nos homens. Você não vê nenhum termo de confiança entre mulheres e homens, você não vê nenhum termo de confiança entre homens e homens, então o resultado final é que você não pode confiar em você porque você é homem.

Dain:

O que está tão distorcido aí é que você pega isso do mundo de uma mulher e nunca o reconhece. Está lá embaixo de todas as outras coisas, devorando você o tempo todo. Não veio de um homem e não veio de você. Foi algo que você deveria defender como um ponto de vista. Você não deveria ser como os homens que as mulheres não confiavam. Faz sentido?

Participante da classe:

Sim.

Gary:

As mulheres também não confiam em si mesmas. Elas raramente são boas em odiar, mas são boas em desconfiar e farão coisas odiosas e maldosas por empoderamento e para ganhar poder porque se sentem impotentes diante da total falta de honra e da total falta de confiança.

Tudo que isso trouxe à tona ou fez baixar, podemos destruir e descriar, por favor? Certo e errado, bom e mau, POD e POC, todas as nove, curtos, garotos e aléns.

Dain:

Há muita coisa em não se confiar em si mesmo como homem e em não confiar em outros homens. Você percebe a falta de confiança projetada das mães, irmãs, tias e de todas as mulheres, porque vê o que elas definiram como verdade: elas não podem confiar em homens. A realidade é que elas não confiam em si mesmas e não confiam nos homens. Você não confia em si mesmo e também não confia nos homens, então quanto você realmente pode ter consideração por você?

Nada. E o pouco de consideração que pode ter é corroído pela falta de confiança, então você não pode ter qualquer consideração por você. Você não pode dar apoio a si mesmo. Você tem que se separar de você o tempo todo. E não vê outros homens que se importam.

Quando você cresce e realmente deseja fazer sexo, vê que os caras por quem as mulheres são atraídas são os idiotas do mundo, e você diz: "Espere um minuto. Isso está muito confuso". Você não tem como perceber a energia do cuidado e da potência que você é. Você nem faz ideia de que é bom seguir o que é verdadeiro para você.

Gary:

Assim muitas mulheres não confiam em si mesmas, nem na própria escolha que fazem dos homens. Tudo o que elas podem fazer é escolher um homem que é igualmente sem confiança. Alguns de vocês escolheram colegas que têm esse tipo de falta de confiança porque isso combina com sua vibração e seu entranhamento com a falta de confiança que você sente por si mesmo.

Dain:

Você escolhe mulheres que o veem de certa maneira e você pensa que você é assim. Você pensa que não é digno de confiança e compra a mentira que você é assim. Mas você não é. Nenhum de vocês é assim.

Que estupidez você está usando para criar a separação entre homens e mulheres, mulheres e mulheres, homens e homens, homens e garotos e homens e garotas você está escolhendo? Tudo o que isso é, vezes um deusilhão, você vai destruir e descriar? Certo e errado, bom e mau, POD e POC, todas as nove, curtos, garotos e aléns.

Criando separação

Participante da classe:

Eu não percebo que tenho problema em receber energia sexual de um homem, mas percebo que estou criando separação em geral. Estou criando separação como se tivesse problema com a energia sexual de um homem.

Gary:

Você realmente recebe a energia de um homem? Ou recebe o ponto de vista sobre si mesmo de que você tem uma mente aberta?

Participante da classe:

Sim, é isso.

Gary:

Tudo o que você fez para criar um ponto de vista de que tem uma mente aberta que elimina você, você vai destruir e descriar? Certo e errado, bom e mau, POD e POC, todas as nove, curtos, garotos e aléns.

Participante da classe:

Isso cria separação?

Gary:

Sua razão e justificativa para criar separação é: "Sim, mas eu tenho uma mente aberta". Muitas pessoas dizem: "Sim, mas eu tenho uma mente aberta".

"Mas eu tenho uma mente aberta" é a mentira que você diz para si mesmo para se manter funcionando na separação que você criou. Você compra a ideia de que uma mente aberta é tudo que se requer para superar a separação, em vez da consciência do que poderia ser verdadeiramente diferente.

Participante da classe:

Sim. Uau.

Gary:

Quanto você tem usado sua mente aberta como justificativa para criar separação enquanto finge não fazer isso? Muito? Pouco? Ou megatons? Tudo o que isso é, vezes um deusilhão, você vai destruir e descriar? Certo e errado, bom e mau, POD e POC, todas as nove, curtos, garotos e aléns.

Dain:

Que estupidez você está usando para criar a separação entre homens e mulheres, mulheres e mulheres, homens e homens, homens e garotos e homens e garotas você está escolhendo? Tudo o que isso é, vezes um deusilhão, você vai destruir e descriar? Certo e errado, bom e mau, POD e POC, todas as nove, curtos, garotos e aléns.

Participante da classe:

Eu gostaria de mudar isso. Eu gostaria de criar algo diferente, ser algo diferente e fazer algo diferente – e eu estou totalmente perdido em como fazer isso.

Gary:

Bem, você ainda não viu um exemplo de como estar presente como você e gostar disso, não é?

Participante da classe:

Não.

Gary:

Você pensou que julgar você era gostar de você?

Participante da classe:

Sim, essa pode ser a única maneira de poder gostar de mim.

Gary:

A única maneira de gostar de você é julgá-lo pelo que está errado em você para que possa gostar do quanto está certo. Isso não expande seu universo de maneira alguma, então há algo errado com esse ponto de vista.

Dain:

Que estupidez você está usando para criar a separação entre homens e mulheres, mulheres e mulheres, homens e homens, homens e garotos e homens e garotas você está escolhendo? Tudo o que isso é, vezes um deusilhão, você vai destruir e descriar? Certo e errado, bom e mau, POD e POC, todas as nove, curtos, garotos e aléns.

Energia sexual e receber

Gary:

Vamos acrescentar mais um aqui: "E entre você e você".

O que cria o senso de *sexualness*? É o senso de receber. Se você tiver um homem como Dain, que pode receber você totalmente e que não lhe julga, você está sendo recebido. Essa é a mesma energia sexual que você gostaria de receber de uma mulher, mas eu estaria disposto a apostar dinheiro que você rejeita a energia sexual do Dain, da mesma maneira que rejeita a energia sexual das mulheres. Trata-se de como você não está disposto a receber tudo o que você é capaz de receber por, para, com e através de você.

Tudo o que isso trouxe à tona e tudo o que isso é, vezes um deusilhão, você vai destruir e descriar? Certo e errado, bom e mau, POD e POC, todas as nove, curtos, garotos e aléns.

Você tem alguma ideia do que eu disse?

Participante da classe:

Estou um pouco perdido aqui.

Gary:

Esse é o problema. Você percebe quantas vezes você ficou perdido em relacionamentos com homens?

Participante da classe:

Sim, e mulheres.

Gary:

Sim. Você se perdeu com mulheres, mas tudo bem se perder com uma mulher, porque, mesmo assim, você fica sexualmente excitado por ela.

Participante da classe:

Sim, com certeza.

Gary:

Mas, se você se perder com um homem, é porque o homem é x, y ou z, o que não passa de um julgamento.

Participante da classe:

Sim, eu posso sentir que estou mantendo uma distância confortável, então eu acho que estou cortando o receber. Não sei o porquê, mas faço isso.

Gary:

Você corta tudo que não se encaixa no padrão prescrito de disposição para receber.

Participante da classe:

Eu poderia facilmente dizer que nunca tive alguém como referência em minha vida que tenha feito algo diferente, então posso afirmar que: "Oh, eu não sabia de blá, blá, blá", mas eu não quero que seja assim. Quero escolher algo diferente. Só me sinto perdido.

Gary:

É por essa razão que estamos fazendo esta chamada. É por essa razão que estamos fazendo este processo. Vamos fazer novamente, Dr. Dain.

Dain:

Que estupidez você está usando para criar a separação entre homens e mulheres, mulheres e mulheres, homens e homens, homens e garotos, homens e garotas e entre você e você, você está escolhendo? Tudo o que isso é, vezes um deusilhão, você vai destruir e descriar? Certo e errado, bom e mau, POD e POC, todas as nove, curtos, garotos e aléns.

Escolhendo algo diferente

Participante da classe:

Quando eu me vir criando essa separação, é apropriado perguntar o que fazer, como ser e como criar algo diferente? Quando entro na energia da separação, me afasto e retiro minha energia. Na verdade, me retiro.

Gary:

Você tem que perguntar: Um ser infinito escolheria isso por que razão? Você tem que perceber que você escolhe se retirar. É sempre uma escolha e se for mudar isso, você tem que dizer: "Tudo bem, estou escolhendo isso, eu escolheria isso por qual motivo?" Então, você diz: "Eu vou escolher diferente, não importa o que pareça..."

Participante da classe:

Tenho tentado fazer algo diferente, mas acabo não mudando nada e, então, sinto-me ainda mais estúpido...

Gary:

Como seria se você estivesse disposto a reconhecer que fazer algo diferente só requer que você veja o que você escolheria? Você nem precisa escolher.

Participante da classe:

Ver o que você escolheria e não escolher?

Gary:

Sim. Digamos que você se irritou com sua namorada e disse: "Sabe de uma coisa? Quero fazer algo diferente. O que seria diferente de ficar bravo?"

Você poderia dizer: "Vejamos, dar o troco seria uma escolha, gritar com ela seria uma escolha, amá-la seria uma escolha" e, ao fazer isso, você começaria a ver que tem várias escolhas, não apenas uma.

Participante da classe:

Sim.

Gary:

Você está procurando o que vai resolver o problema que você definiu como o fato de você se retirar. Isso é muito complicado. O fato simples é que você se retirou. É só isso. Não há mais nada. Então, você diz: "Gostaria de fazer algo diferente. Como seria não me retirar? Uau! Seria como ficar aqui, estar aqui e fazer o que se requer".

Participante da classe:

Sim.

Gary:

Você percebe do que estou falando?

Participante da classe:

Sim, isso ajuda muito.

Gary:

Legal. Escolher não se retirar abre portas para outras escolhas. Pergunte: Que outra escolha tenho aqui? Se não escolher isso, que outras escolhas eu tenho? Se você começar a funcionar a partir das outras escolhas que tem, podem ocorrer outras possibilidades.

Participante da classe:

Sim, com certeza.

Gary:

Todos sempre tentam me fazer mostrar como criar uma solução e eu continuo dizendo: "Tudo o que você tem a fazer é escolher".

Eles dizem: "Sim, mas não consigo".

Por que não? Porque você continua olhando para o que está errado ou como tem que consertar o que está errado a fim de escolher algo diferente. Não. Apenas reconheça: "Isso não está funcionando". E então pergunte: "O que posso fazer diferentemente?"

Participante da classe:

Eu percebo isso. Vejo que estava pedindo algum tipo de solução. Isso ajuda muito.

Gary:

Se eu não escolher isso, que outras escolhas tenho?

Participante da classe:

Sim, isso é incrível.

Gary:

É assim que você para de fazer a mesma coisa repetidamente pensando que vai obter um resultado diferente.

Mudança versus diferente

Participante da classe:

Já fiquei totalmente perdido nisso e não tinha ideia de como mudar.

Gary:

"Eu não tinha ideia de como mudar" é um dos lugares onde você foi treinado e para onde foi arrastado. É o ponto de vista de uma mulher. "Eu tenho que ter um problema. Agora tenho que mudar isso", e não "tenho que fazer algo diferente".

Participante da classe:

É exatamente o que tenho feito.

Gary:

A pergunta não é: "Como posso mudar isso?" ou "O que posso fazer diferentemente para mudar isso?" Isso está pedindo *mudança*. É: O que posso fazer diferentemente aqui?

Você tem que estar disposto a fazer e ser *diferente*, não *de maneira diferente*. Fazer algo *de maneira diferente* é continuar tentando mudar. Você tem que estar disposto a ser ou fazer o que se requer para ser diferente o suficiente para conseguir o que está pedindo.

Participante da classe:

Muito obrigado.

Participante da classe:

Não estou percebendo a diferença entre *mudança* e *diferente*.

Gary:

Mude sua posição na cadeira agora.

Participante da classe:

Ok.

Gary:

Agora faça algo diferente. Você ainda ficaria na cadeira ou faria algo diferente?

Participante da classe:

Ah, agora está claro!

Gary:

Mudar é sobre continuar com o que você tem e acrescentar ou subtrair algo, ou mover algo de maneira diferente – mas permanecer onde você está.

Participante da classe:

Na verdade, isso não é fazer algo diferente, é? Você terá a mesma coisa, mesma coisa.

Gary:

Exatamente. É por isso que, quando você vai mudar algo, você perde escolha. Mas, se você fizer algo diferente, terá mais escolha. As mulheres normalmente dizem aos homens com quem estão em relacionamento: "Precisamos mudar isso". O que isso significa não é: "Você precisa fazer algo diferente", mas "Você precisa se ajustar para caber onde quero que você esteja".

Participante da classe:

É isso que tenho feito com meu relacionamento. Tenho pedido para ela mudar, em vez de pedir para o relacionamento ser diferente. E não muda nem fica diferente.

Gary:

Bem, está mudando, só não está funcionando melhor.

Participante da classe:

Sim.

Gary:

Se você está tentando mudar o relacionamento, está tentando sentar na cadeira olhando para uma direção diferente. Você não está tentando fazer algo diferente que permite uma escolha diferente. Isso ajuda?

Participante da classe:

Sim, isso ajuda imensamente. Eu estava conversando com um amigo ontem sobre como as mulheres são mais complicadas que os homens. Parece que comprei o ponto de vista das mulheres, de que eu tenho que mudar as coisas, e isso é realmente complicado.

Sim, isso é o que todo homem aprende com as mulheres ao redor dele. O ponto de vista de uma mulher sempre será: "O que você precisa mudar? Como posso mudar você?" É complicado, porque você não pode ver o que elas querem que você mude – e elas não dizem.

Participante da classe:

Sim.

Gary:

Quando você está disposto a *mudar* o relacionamento, não está disposto a deixar o relacionamento.

Diferente significa: "Ok, então o que eu gostaria de fazer diferentemente aqui?"

Diferente pode significar deixar o relacionamento. Você tem mais escolhas.

Participante da classe:

Obrigado.

Dain:

Você tem escolhido isso desde o seu nascimento. *Diferente* abre todas as possibilidades, porque você já não está ligado ao que era parte integrante do que tem que avançar para o futuro, que tem a ver com a *mudança*.

Você tem que funcionar a partir de: O que posso ser ou fazer diferentemente hoje que transformaria isso no que eu gostaria que fosse? Se você estiver só mudando as coisas, está tentando *mudar a aparência delas, porém* não *fazendo algo diferente que cria um resultado diferente*. Você percebe isso?

Participante da classe:

Sim, percebo!

Gary:

Que estupidez você está usando para criar a necessidade de mudança como mais real do que a possibilidade da diferença, você está escolhendo? Tudo o que isso é, vezes um deusilhão, você vai destruir e descriar? Certo e errado, bom e mau, POD e POC, todas as nove, curtos, garotos e aléns.

Quando você tem uma necessidade de mudança, está operando a partir de uma conclusão. Você não está perguntando: "Que outras possibilidades estão disponíveis aqui?" Essa é a diferença entre escolher ser homem e tentar funcionar como mulher.

Uma mulher usará um vestido com acessórios diferentes para mudar sua aparência. A maioria das mulheres foi ensinada a mudar a aparência, não a fazer algo diferente. Isso significa alguma coisa? Não. É simplesmente a maneira que elas funcionam. Você tem que estar disposto a olhar como elas funcionam e ver como quer funcionar. Você quer funcionar tentando mudar as coisas para que elas pareçam diferentes? Ou você quer fazer algo diferente que funcionará para você?

O que posso fazer diferentemente?

Participante da classe:

Tenho certeza de que vocês já falaram sobre isso, mas nunca ouvi. Tenho olhado para todas as coisas que não têm funcionado para mim ultimamente e para todas as maneiras que tenho tentado mudá-las sem perguntar: "O que posso fazer diferentemente aqui?" É sempre: "Como posso melhorar isso um pouco?" Ou: "Como posso fazer isso funcionar um pouco melhor?" Em vez de: "O que posso fazer diferentemente?"

Gary:

Quando você entra em um relacionamento, você tende a fazer *mudança,* não *diferente,* porque o fundamento a partir do qual você está criando é: "Eu tenho esse relacionamento".

Dain:

O relacionamento se torna um ponto central e tudo gira em torno dele. É como pegar uma linha, pregá-la no chão e dizer a si mesmo que só pode ir até onde vai a linha. Essa é uma das razões por que muitos homens começam a ficar cansados quando estão em um relacionamento. Você vai para casa da sua namorada ou parceira e: "Eu só quero sentar aqui e beber cerveja", ou "Eu só quero assistir televisão", ou "Eu só quero fumar", ou "Eu só quero fazer alguma coisa". Você está em mudança; você não está continuamente sendo *diferente;* e não há vibração suficiente na mudança. Não é viver suficiente; não é diferença suficiente para você.

Gary:

Se você começasse a funcionar a partir de *diferente,* criaria a vitalidade que criou seu relacionamento no início.

Dain:

E teria uma mulher implorando mais! Você teria o respeito dela, você teria o desejo dela por você, ela sentiria tesão por você o tempo todo. Mas você tenta jogar o jogo delas, por assim dizer. Você entra na mudança, o que faz com que elas não o respeitem. Elas acham que podem atropelá-lo, podem tomar posse de você, podem controlá-lo e acreditam que você não tem valor.

Gary:

Que não é o que elas verdadeiramente querem ter.

Dain:

Certo, e infelizmente quem está impondo isso a você?

Gary:

Você.

Dain:

Nós vimos homens que parecem ser os maiores imbecis do planeta, e as mulheres ficam caídas por eles. O que vai tornar você mais atraente do que esses homens indelicados, indiferentes e imbecis jamais serão é a disposição de criar algo diferente.

Gary:

A parte importante disso é criar. Quando você tenta mudar, não tenta criar. Você tenta pegar o que foi instituído e alterar o suficiente para que não seja mais desconfortável. É o suficiente para você?

Dain:

Você acha que deve viver a partir da *mudança* em vez da *diferença*. Essa é a ideia intensa na base de tudo.

Gary:

É para onde fomos arrastados.

Dain:

Quando você começa a pensar em escolher algo diferente, sua estrutura celular começa a vibrar. Você acha que está apavorado pelo *diferente,* você acha que não gosta do *diferente,* você acha que só quer poder mudar o suficiente para melhorar as coisas, mas é isso que mata você. Você tem que sair desse modo para o qual foi arrastado, e a maneira de fazer isso é perguntar: "O que posso ser ou fazer diferentemente aqui que permitirá que uma possibilidade completamente diferente apareça agora?"

Tudo o que não permite isso, vezes um deusilhão, você vai destruir e descriar, por favor? Certo e errado, bom e mau, POD e POC, todas as nove, curtos, garotos e aléns.

Que estupidez você se está usando para criar a necessidade de mudança como mais real e mais necessária que a possibilidade de diferença que está escolhendo?

Gary:

As mulheres vão para: "É necessário que você mude", e, quando alguma coisa se torna uma necessidade, você tem que resistir.

E se você escolhesse fazer algo diferente com os homens em sua vida? Isso significaria que teria que fazer sexo com eles? Não, porque agora você está mantendo seu relacionamento com eles, está tentando mudar seu relacionamento com os homens sem fazer algo diferente do que fez no passado. Trata-se de mudança.

As mulheres aprendem, desde cedo, que em uma boneca de papel, colocam-se novos vestidos de papel para fazer com que pareça que mudou e está diferente. Mas, na verdade, não está diferente; sua aparência foi mudada pelo que colocaram nela. Isso é suficiente?

Minha ex-mulher disse uma vez: "Gary e eu temos um relacionamento tão diferente agora que eu mudei a maneira com que ele se veste".

Dain:

Uau! "Olha, eu fiz dele um boneco".

Gary:

Eu era o boneco dela.

Dain:

Quantos de vocês se tornaram o boneco na maioria dos relacionamentos em que estiveram? Tudo o que isso é, vezes um deusilhão, você vai destruir e descriar, por favor? Certo e errado, bom e mau, POD e POC, todas as nove, curtos, garotos e aléns.

O que leva você a esse ponto é a separação entre você e você.

Que estupidez você está usando para criar a necessidade de mudança como mais real e mais necessária que as possibilidades, escolhas e perguntas sobre a diferença, você está escolhendo? Tudo o que isso é, vezes um deusilhão, você vai destruir e descriar, por favor? Certo e errado, bom e mau, POD e POC, todas as nove, curtos, garotos e aléns.

Gary:

Você tem perguntado: "Como posso mudar isso?", em vez de: "Que outras escolhas, que outras possibilidades ou outras perguntas posso ter aqui?", o que significa que você não pode receber contribuição. Você só pode tentar contribuir para a outra pessoa. Faz sentido?

Participante da classe:

Totalmente.

Participante da classe:

Isso é muito bom. É perfeito para toda a minha vida. Eu vejo como parei com as escolhas de fazer algo diferente.

Gary:

Infelizmente, não nos deram a consciência da diferença. Parte dessas informações surgiu na Costa Rica quando eu conversava com Dain sobre uma situação da vida dele. Ele perguntou: "Como conserto isso?". Eu perguntei: "Por que você consertaria? Você pode fazer algo diferente".

Dain:

E disse: "Não é isso que as pessoas fazem. Ninguém no mundo faz algo diferente. Você conserta para funcionar melhor". Gary quase caiu.

Gary:

Eu tive que me deitar. Isso me assustou, porque passei todo o meu tempo criando Access Consciousness a partir do ponto de vista de que, se você soubesse que poderia escolher diferente, você o faria.

Foi assustador e impressionante para mim que a minha realidade fosse tão diferente da de todos os outros.

Dain:

Que estupidez você está usando para criar a necessidade de mudança como mais real e mais necessária que as possibilidades, escolhas e perguntas sobre a diferença que está escolhendo? Tudo o que isto é, vezes um deusilhão, você vai destruir e descriar, por favor? Certo e errado, bom e mau, POD e POC, todas as nove, curtos, garotos e aléns.

Quando você funciona a partir de possibilidades, escolha e pergunta, é uma contribuição de mão dupla. Trata-se da contribuição que você é para os outros e da contribuição que você é para si mesmo. Se você parar de tentar mudar você para se encaixar no relacionamento e começar a olhar para: "O que teria que ocorrer diferente aqui para mim?", você terá um conjunto de perguntas diferentes, um conjunto de possibilidades diferentes e um conjunto de escolhas diferentes e poderá começar a funcionar a partir delas. Posso praticamente garantir que a maioria dos homens nunca olha para o que teria que acontecer diferentemente para que seu relacionamento funcionasse para eles.

Você vai para "Como eu posso me mudar?", em vez de "Como podemos fazer algo totalmente diferente, seja lá o que for?", ou "O que podemos ser ou fazer diferentemente?" ou "O que posso ser ou fazer diferentemente que permitirá que possibilidades, escolhas e perguntas diferentes apareçam para que sejam uma contribuição diferente e para receber uma contribuição diferente?"

Possibilidade, escolha, pergunta e contribuição

Gary:

Você percebe que realmente gostaria de ser uma contribuição?

Participante da classe:

Sim.

Gary:

A única maneira de você funcionar a partir de contribuição é através de escolha, possibilidade e pergunta. Você já tem o alvo de contribuição. Não se trata de como a contribuição deve ser acrescentada; é isso que você e todos os outros desejam como seres – ser uma contribuição.

Se você começar a funcionar a partir de "diferente", coisas diferentes podem aparecer em sua vida. Você precisa criar uma realidade diferente, em vez de tentar mudar essa realidade. Não tente ser o cara que conserta.

Participante da classe:

Quando tento me mudar para que as coisas funcionem melhor ou se encaixem melhor, é aí que me perco?

Gary:

Sim, é aí que você se perde, porque não está fazendo ou sendo algo diferente; você está mudando para se encaixar melhor. É como se você trocasse sua roupa. Você está vestido para o papel. Você não está vestido para o sucesso.

Participante da classe:

Isso me dá muita consciência do que tenho escolhido, uma consciência que nunca tive. Sou verdadeiramente grato por isso.

Dain:

Isso explica muitas áreas em que nós, como homens, não temos conseguido ser homens, e isso explica muito da não-masculinidade a partir da qual tentamos funcionar.

Gary:

Porque você tenta se ajustar e mudar para caber no universo de papelão recortado da mudança.

Participante da classe:

Exatamente. Eu tenho me perguntado: "Como posso mudar para que funcione melhor para outra pessoa?", em vez de perguntar: "O que vai funcionar para mim?" e "O que posso fazer diferentemente que funcionaria para mim e talvez para a outra pessoa também?"

Você já foi incentivado a ser homem?

Participante da classe:

Sinto muito que estou tendo problemas para conseguir isso e ser o que posso ser como homem. Sou muito grato pelo Clube de cavalheiros .

Gary:

Então, posso lhe fazer uma pergunta?

Participante da classe:

Sim

Gary:

Você já foi incentivado a ser homem?

Participante da classe:

Não, de maneira alguma.

Gary:

Alguém nesta chamada já foi incentivado a ser homem?

Participante da classe:

Agora você está me fazendo chorar.

Gary:

Nunca fui encorajado a ser homem. Fui encorajado a ser um homem que as mulheres escolheriam para casar.

Participante da classe:

Eu nunca vi um homem que tenha escolhido ser homem. Eles apenas têm tentado ser o que funciona para sua mulher ou esposa.

Participante da classe:

Obrigado, rapazes, por estarem dispostos a lidar conosco.

Gary:

Nós gostamos de vocês. Nós gostamos mais de vocês do que vocês gostam de vocês.

Dain:

Sim, exatamente! Nós gostamos de vocês muito mais do que vocês gostam de vocês.

Gary:

Queremos que vocês avancem para algo diferente.

Participante da classe:

Diferente é minha palavra nova.

Gary:

Certo, cuidem-se. Amo muito vocês.

Participante da classe:

Obrigado, pessoal!

Gary:

Tchau.

Dain:

Tchau.

2

CRIANDO SEXO E RELACIONAMENTO A PARTIR DE UMA PERCEPÇÃO DO QUE É

Você tem tendência a procurar o que está certo sobre o seu ponto de vista limitado, não a verdade do que pode perceber, saber, ser e receber e acaba em relacionamentos que não funcionam.

Gary:

Olá cavalheiros. Alguém tem pergunta?

Criação vs. invenção

Participante da classe:

No momento, eu não tenho tempo para lidar com essa coisa de ser homem. Toda minha energia está direcionada para ganhar dinheiro e criar o meu negócio. Não há tempo para essa coisa de cavalheiro. Todas essas outras coisas são muito mais importantes. O que estou criando com isso? O que posso ser ou fazer que criará algo diferente para mim para que eu tenha tudo?

Gary:

Você tem que ter clareza de que há diferença entre criação e invenção. Invenção é quando você assiste televisão e vê as pessoas fazendo coisas e tenta inventar que o que elas estão fazendo na verdade é real, então você diz as mesmas palavras e faz as mesmas ações pensando que vai criar o que elas têm. Mas você não está criando nada. É tudo uma invenção desta realidade. Não é uma percepção do que é a realidade.

Gostaríamos de levá-lo a um lugar onde você tem um tipo diferente de escolha para começar a olhar para o que é isso e perguntar: "Como eu gostaria de usar isso?" e "Como posso criar isso?"

Uma vez, quando estávamos na Costa Rica, eu estava assistindo a um filme na TV. Ele era todo em espanhol e eu não entendia tudo, mas eu conseguia fazer uma ideia do que estava acontecendo. Eles queriam demonstrar "paixão", então mostraram as roupas íntimas de alguém caindo no chão. A pessoa estava usando calçados da Nike de cano baixo. Eu poderia ter pensado em "paixão" se fossem calcinhas caindo sobre saltos altos. Eu poderia ter pensado em "paixão" se soubesse se era homem ou mulher usando os calçados da Nike, mas da maneira que estava, não funcionava para mim como "paixão". Ao assistir aquilo, percebi que *inventamos* pensamentos, sentimentos, emoções, sexo e não sexo a partir dos quais funcionamos. Não *geramos* e *criamos* os verdadeiros elementos do que nos dará tudo o que queremos. Por exemplo, que percentual da sua vida sexual é inventada de acordo com o córtex visual desta realidade?

Dain:

O córtex visual é a parte do cérebro que processa informações visuais. Você vê alguém que combina com a invenção do seu córtex visual, do que uma pessoa deve ser, e você inventa que isso significa isso, isso e isso. O que você vê não significa nada disso, mas você elimina sua percepção em favor de seguir a limitação da invenção.

A maneira que parece versus a maneira que é

Gary:

Você, como ser infinito, percebe, sabe, é e recebe, certo? A harmônica inferior de perceber, saber, ser e receber é funcionar a partir de pensamentos, sentimentos, emoções, sexo e não sexo. Quando você faz isso, tudo é delineado como o que você, o ser limitado, vê visualmente no mundo. Você tem um ponto de vista totalmente limitado do que realmente pode ser. Por exemplo, quando você tenta fazer algo a partir do aspecto visual, você só pode ver a maneira que aparenta ser - não a maneira que é.

Você tem uma tendência de olhar para o que está certo sobre o seu ponto de vista limitado, não para a verdade do que pode perceber, saber, ser e receber e acaba em relacionamentos que não funcionam.

Que estupidez você está usando para criar a invenção dos sinais, selos, símbolos, emblemas e significâncias de sexo, cópula e relacionamento como o que está errado, a recusa do sucesso, a eliminação do receber e a perda, você está escolhendo? Tudo que isso é, vezes um deusilhão, você vai destruir e descriar? Certo e errado, bom e mau, POD e POC, todas as nove, curtos, garotos e aléns.

Os sinais, selos, símbolos, emblemas e significâncias são os distintivos que você usa que não têm nada a ver com quem você é. Você busca os sinais, selos, símbolos, emblemas e significâncias do sexo, cópula e relacionamento.

Os sinais, selos, símbolos, emblemas e significâncias da cópula são: "Parece meu tipo", "Não parece meu tipo", "Pode ser divertida", "Pode não ser divertida", "Posso assisti-la fazer isso, mas não preciso estar envolvido". São todos os lugares esquisitos para onde você vai, que em vez de ter escolha, você tem a eliminação de possibilidades.

Os sinais, selos, símbolos, emblemas e significâncias do relacionamento são: "Ah, essa pessoa gosta de mim", "Ah, ela não gosta de mim", "Ah, essa pessoa quer estar comigo", "Ah, ela não quer estar comigo", "Ah, eu quero alguém na minha vida", "Ah, eu não quero alguém na minha vida".

Quantas vezes você olha para alguém e diz: "Essa é a pessoa com quem quero estar", mesmo não fazendo ideia de quem seja a pessoa? Você não percebe o que ela realmente quer e elimina toda a sua percepção do que ela vai pedir de você porque não quer que ninguém peça nada que não esteja disposto a dar. Como isso está funcionando?

Participante da classe:

Não está funcionando. É como um piloto automático de homem das cavernas. Parece fundamental para ser homem (falando com voz de homem das cavernas), "Ah, parece bom, siga".

A regra do pau

Gary:

O fundamental sobre ser homem é que você deve ser governado pelo seu pau. Quer você seja gay ou hétero, o pau é quem manda. Isso é verdade ou é uma invenção?

Participante da classe:

Invenção.

Gary:

Quantos de vocês inventaram a regra do pau? Todos os lugares em que você inventou a regra do pau, você vai destruir e descriar tudo isso? Certo e errado, bom e mau, POD e POC, todas as nove, curtos, garotos e aléns.

Dain:

Isso é incrível. A regra do pau.

Gary:

Quantos de vocês têm tido este lugar em que foram do tipo "duh"?

Dain:

Toda vez que passa alguém atraente!

Gary:

Toda vez que você fica atraído por alguém você entra no "duh". Tudo que você fez para inventar o cara do tipo "duh", você vai destruir e descriar? Certo e errado, bom e mau, POD e POC, todas as nove, curtos, garotos e aléns.

Dain:

"Duh, posso ter algo assim, por favor? Posso ter uma dessas? Ok, obrigado. Posso ter mais uma, por favor? Ok, obrigado". Parece que nada mais importa. Você se torna um "duh".

Gary:

Você se torna um QI de um dígito.

Tudo que você fez para inventar você como um QI de um dígito, significando que seu pau manda, você vai destruir e descriar? Certo e errado, bom e mau, POD e POC, todas as nove, curtos, garotos e aléns.

Dain:

Uau. Já gostei dessa chamada.

Gary:

Eu também.

Dain:

Que estupidez você está usando para criar a invenção dos sinais, selos, símbolos, emblemas e significâncias de sexo, cópula e relacionamento como o erro, a recusa ao sucesso, a eliminação do receber e a derrota, você está escolhendo? Tudo que isso é, vezes um deusilhão, você vai destruir e descriar? Certo e errado, bom e mau, POD e POC, todas as nove, curtos, garotos e aléns.

Se você é homem, está errado

Gary:

Você já teve a ideia de que estava errado quando estava com alguém que você achava atraente, bonita e a pessoa certa para você?

Participante da classe:

Sim, mas também estamos errados se não estamos com esta pessoa.

Gary:

Bem, é claro! Se sua cobra não aponta na direção certa, você está errado. Se apontar para uma direção, você está errado. Não importa a direção que ela aponta, você está errado.

Dain:

E se não apontar, você está ainda mais errado.

Gary:

Tudo que você fez para inventar isso como sua realidade, você vai destruir e descriar? Certo e errado, bom e mau, POD e POC, todas as nove, curtos, garotos e aléns.

Dain:

Eu já notei, ao me preparar para sair com diferentes garotas para jantar, fazer sexo ou qualquer coisa, que eu pensava: "A aparência está ok? Nossa, aparei os pelos corretamente? Escovei os dentes de novo? Tenho que conferir se passei desodorante. Deixe-me ver se lavei ele". Havia uma intensidade de julgamento sobre como eu estaria errado, como eu já estava errado e como se eu pudesse ter uma aparência perfeita o suficiente, ou soar perfeito o suficiente, ou dizer algo perfeito o suficiente, de alguma maneira desfaria o que estava errado. Demorou muito tempo para perceber que estava percebendo o que estava no mundo delas.

Tudo que você fez para inventar você como quem precisa ser a perfeição de um parceiro sexual, você vai destruir e descriar? Certo e errado, bom e mau, POD e POC, todas as nove, curtos, garotos e aléns.

Parece que todos vocês têm tentado fazer o papel do "parceiro sexual perfeito".

Gary:

Se você for homem, você está errado. Se você for homem com um homem, também está errado. Se pensar em fazer sexo com homem, está errado. Se pensar em fazer sexo com mulher, está errado. A boa notícia é que você está simplesmente errado.

Tudo que você fez para inventar isso como sua realidade, você vai destruir e descriar? Certo e errado, bom e mau, POD e POC, todas as nove, curtos, garotos e aléns.

Dain:

Que estupidez você está usando para criar a invenção dos sinais, selos, símbolos, emblemas e significâncias de sexo, cópula e relacionamento como o erro, a recusa ao sucesso, a eliminação do receber e a derrota, você está escolhendo? Tudo que isso é, vezes um deusilhão, você vai destruir e descriar? Certo e errado, bom e mau, POD e POC, todas as nove, curtos, garotos e aléns.

Gary:

Meu Senhor! A boa notícia é que vocês fizeram do erro uma ciência refinada.

Dain:

É bom estar certo em alguma coisa.

Gary:

Sim, é sempre bom estar certo em estar errado. É como se fosse automático, porque você é homem, está errado.

Dain:

Você está certo.

Gary:

Eu sei, se eu estiver certo, você está errado, e se eu estiver errado, você está certo, e se eu for homem, estou errado não importa o que seja.

Tudo que você inventou sobre este ponto de vista, você vai destruir e descriar? Certo e errado, bom e mau, POD e POC, todas as nove, curtos, garotos e aléns.

Participante da classe:

Nós pensamos que vamos acertar se conseguirmos a mulher, por assim dizer?

Gary:

Bem, você pensa que se conquistá-la, finalmente vai provar que você tem os sinais, selos, símbolos, emblemas e significâncias certas. A maioria de vocês só está disposto a ter o distintivo vermelho de coragem ou a letra "A" vermelha, que significa que você é adúltero e aloprado. E se você fosse a pessoa que pudesse ativar e atualizar uma realidade diferente? Você vai escolher ou evitar isso? Quantas vezes você se inventou como perdedor antes mesmo de começar? Mais de um deusilhão ou menos?

Participante da classe:

Mais.

Gary:

Tudo que isso é, vezes um deusilhão, você vai destruir e descriar? Certo e errado, bom e mau, POD e POC, todas as nove, curtos, garotos e aléns.

Não é ótimo? Você perdeu antes mesmo de abrir sua boca. Isso dificultaria um pouco a criação de relacionamento e cópula? Sim! Isso não é de seu melhor interesse.

A invenção do anticoncepcional

Dain:

Que estupidez você está usando para criar a invenção dos sinais, selos, símbolos, emblemas e significâncias de sexo, cópula e relacionamento como o erro, a recusa ao sucesso, a eliminação do receber e a derrota que você está escolhendo? Tudo que isso é, vezes um deusilhão, você vai destruir e descriar? Certo e errado, bom e mau, POD e POC, todas as nove, curtos, garotos e aléns.

Os sinais, selos, símbolos, emblemas e significâncias são invenções que impedem você de dar à luz a sua consciência. São como o anticoncepcional supremo. Você tem sexo, cópula e relacionamento como as coisas que criam o erro, a recusa do sucesso, a eliminação do receber e a garantia da derrota. Você tenta conseguir o sexo certo, a cópula certa e o relacionamento certo para parar de se sentir um perdedor, um não vencedor e alguém que pode receber e não estar errado.

Participante da classe:

Quando Dain disse: "Os sinais, selos, símbolos, emblemas e significâncias são invenções que impedem você de dar à luz a sua consciência", mexeu comigo. O que é isso?

Gary:

Quanto das invenções de sexo, cópula e relacionamento são maneiras de eliminar e não dar à luz a consciência, mas abortar a consciência?

Participante da classe:

Tudo.

Gary:

Quanto do sexo que vocês têm feito tem sido com base em abortar toda a sua consciência? Muito? Pouco? Ou megatons? Certo e errado, bom e mau, POD e POC, todas as nove, curtos, garotos e aléns.

Dain:

Que estupidez você está usando para criar a invenção dos sinais, selos, símbolos, emblemas e significâncias de sexo, cópula e relacionamento como o erro, a recusa ao sucesso, a eliminação do receber e a derrota, você está escolhendo? Tudo que isso é, vezes um deusilhão, você vai destruir e descriar? Certo e errado, bom e mau, POD e POC, todas as nove, curtos, garotos e aléns.

Gary:

Você realmente acredita que é possível você perder? Tudo que você fez para criar esta crença, você vai destruir e descriar? Certo e errado, bom e mau, POD e POC, todas as nove, curtos, garotos e aléns.

Não há perdedores. A diferença entre um perdedor e um vencedor é a diferença entre alguém que tenta, não importa as circunstâncias, e alguém que nem se incomoda em tentar a fim de não perder.

Quanto do que você criou como você mesmo tem sido uma invenção para que você não tenha que ter sucesso, receba, ou perca, mas possa provar que estava errado por não escolher diferente? Tudo que isso é, vezes um deusilhão, você vai destruir e descriar? Certo e errado, bom e mau, POD e POC, todas as nove, curtos, garotos e aléns.

Aqui está o processo que você precisa começar a correr:

Que atualização física da criação de sexo, cópula e sucesso eu agora sou capaz de gerar, criar e instituir? Tudo que não permite isso, vezes um deusilhão, você vai destruir e descriar?

E se o sucesso for só uma escolha?

Participante da classe:

Você disse: "sexo, cópula e sucesso", como o sucesso é parte desta equação? Parece estar fora do contexto.

Gary:

Bem, se você consegue fazer sexo com alguém, você se sente mais bem-sucedido?

Participante da classe:

Sim.

Gary:

Se você alcança um senso de ter mais dinheiro, você se sente mais bem-sucedido?

Participante da classe:

Sim.

Gary:

Eles realmente são diferentes?

Participante da classe:

São energias diferentes, mas a satisfação ou sucesso está presente.

Gary:

Mesmo assim o sucesso está presente. É por isso que estou lhes dando este processo para correr.

Que atualização física da criação de sexo, cópula e sucesso eu agora sou capaz de gerar, criar e instituir? Tudo que não permite isso, vezes um deusilhão, você vai destruir e descriar?

Participante da classe:

Eu fico voltando ao sucesso. É uma palavra muito carregada para mim. Tem tudo a ver com uma validação de mim, e tem tudo a ver com julgamento.

Gary:

Sucesso é sempre um julgamento. E se você não tivesse que se preocupar com julgamento? E se sucesso for só uma escolha?

Participante da classe:

Poderia simplesmente escolher sucesso sem julgamento?

Gary:

Sim.

Participante da classe:

Você pode explicar isso?

Gary:

Sim. Sucesso com julgamento é a ideia de que você vai fazer sexo com alguém. Sucesso com julgamento é a ideia de que você vai criar algo como resultado disso. Você realmente precisa disso? E se você estivesse disposto a olhar para algo sem um senso de sucesso? Como seria se você estivesse disposto a ter tudo que fosse capaz de ter? As coisas que olhamos como sucesso, sexo, cópula e romance são forjadas. São uma realidade inventada.

Você pode criar - ou você pode inventar

Dain:

Porque você pode *criar* ou *inventar*, o que volta ao início desta conversa.

Gary:

Quanto do seu sucesso com romance, sexo e cópula é inventado a ponto de sufocar e destruir você? Muito? Pouco? Ou megatons? Tudo que isso é, vezes um deusilhão, você vai destruir e descriar? Certo e errado, bom e mau, POD e POC, todas as nove, curtos, garotos e aléns.

Invenção é quando você olha para alguém e tenta criar uma conexão emocional. Você tenta criar seu sexo e cópula a partir daí, mas isso não funciona porque não tem nenhuma substância. Você, como o ser que é, tem muito mais substância na vida e infelizmente, se você tiver substância séria, terá a tendência de assustar as pessoas nas quais está interessado.

Dain:

Você as assusta de maneira bem dinâmica. Então, você aprende desde cedo a diminuir a intensidade de tudo o que é intenso em você. Tudo o que é grandioso em você. Tudo que é esquisito em você. Tudo que é diferente em você, que por sinal, é tudo que faz você ser você. É tudo que faz você atraente para alguém com quem seria divertido estar. Você diminui a intensidade de todas essas coisas e tenta inventar você como algo que seria atraente para a pessoa por quem você inventou que tem que estar atraído.

Gary:

Como isso está funcionando para você?

Participante da classe:

Nem um pouco.

Gary:

Você tem que ser realista sobre o que quer criar. Se você adotar o ponto de vista "Eu quero alguém para estar na minha vida", o que isso significa? Algo? Nada? Qualquer coisa? Ou é tão amorfo que você não tem que ver o que realmente funcionará para você?

Quanto do que você decidiu que é "estar com alguém", é uma invenção da realidade amorfa do nada?

Dain:

Que estupidez você está usando para criar a invenção dos sinais, selos, símbolos, emblemas e significâncias de sexo, cópula e relacionamento como o erro, a recusa ao sucesso, a eliminação do receber e a derrota que você está escolhendo? Tudo que isso é, vezes um deusilhão, você vai destruir e descriar? Certo e errado, bom e mau, POD e POC, todas as nove, curtos, garotos e aléns.

Que atualização física da criação de sexo, cópula e sucesso você agora é capaz de gerar, criar e instituir? Tudo que não permite isso, vezes um deusilhão, você vai destruir e descriar? Certo e errado, bom e mau, POD e POC, todas as nove, curtos, garotos e aléns.

Criando algo que é diferente

Gary:

Vocês entendem que estamos falando sobre criar algo que é diferente? Vocês têm que perceber como gostariam que algo fosse:

Perguntem:

- Será fácil?

- Será divertido?

- Será expansivo para mim?

- Será nutritivo para mim?

- Aprenderei algo?

Se não, tudo que vocês estão fazendo é pedir alguém para foder com vocês. E se vocês pedirem alguém para foder com vocês, várias pessoas vão foder com vocês - e nem sempre de uma boa maneira.

Dain:

Verdade.

Gary:

Isso faz sentido para vocês?

Participante da classe:

Sim.

Gary:

Quantos de vocês foram fodidos por alguém – e não de um jeito bom – com quem decidiram que queriam estar? Todos os lugares em que vocês tomaram esta decisão, porque toda vez que vocês tomam uma decisão, julgamento, computação ou conclusão sobre qualquer pessoa com quem vai fazer sexo ou cópula, vocês selaram seu caixão e vão morrer na situação. Tudo que isso é, vezes um deusilhão, vocês vão destruir e descriar? Certo e errado, bom e mau, POD e POC, todas as nove, curtos, garotos e aléns.

Dain:

Que estupidez você está usando para criar a invenção dos sinais, selos, símbolos, emblemas e significâncias de sexo, cópula, relacionamento como o erro, a recusa do sucesso, a eliminação do receber e a derrota, você está escolhendo? Tudo que isso é, vezes um deusilhão, você vai destruir e descriar? Certo e errado, bom e mau, POD e POC, todas as nove, curtos, garotos e aléns.

Que atualização física da criação de sexo, cópula e sucesso você agora é capaz de gerar, criar e instituir? Tudo que não permite que isso apareça, vezes um deusilhão, você vai destruir e descriar? Certo e errado, bom e mau, POD e POC, todas as nove, curtos, garotos e aléns.

Que estupidez você está usando para criar a invenção da regra do pau você está escolhendo? Tudo que não permite que isso apareça, vezes um deusilhão, você vai destruir e descriar? Certo e errado, bom e mau, POD e POC, todas as nove, curtos, garotos e aléns.

Gary:

Quantos de vocês pensam que o próprio pau manda em tudo, inclusive em vocês? Tudo que você fez para dar ao seu pau poder sobre você, você vai destruir e descriar? Certo e errado, bom e mau, POD e POC, todas as nove, curtos, garotos e aléns.

Você está se fazendo menos sexual?

Dain:

Quantos de vocês, em um esforço para *não* deixar que seu pau comande sua vida, se fizeram totalmente assexuais? Tudo que isso é, vezes um deusilhão, você vai destruir e descriar? Certo e errado, bom e mau, POD e POC, todas as nove, curtos, garotos e aléns.

Gary:

Uau. Não é que eles se fizeram assexuais. Eles se fizeram menos sexuais para poderem ser recebidos por aqueles que não gostam de sexo.

Dain:

Ah sim, eu fiz isso por muito tempo.

Participante da classe:

Ai meu Deus.

Gary:

Tudo que você fez para se fazer menos sexual a fim de ser recebido por aqueles que não gostam de sexo, você vai destruir e descriar, vezes um deusilhão? Certo e errado, bom e mau, POD e POC, todas as nove, curtos, garotos e aléns.

Participante da classe:

Aprendemos a fazer isso quando crianças. Ontem levei meu filho para a casa da mãe dele e foi interessante observar o quanto ele bloqueou completamente toda a *sexualness* dele para que ela pudesse recebê-lo.

Gary:

Sim, você percebe que será vilificado e moído se tiver esse tipo de *sexualness*.

Que estupidez você está usando para criar a invenção do erro da sua *sexualness* como a perfeição dos julgamentos da sua *sexualness* e a necessidade de prover energia sexual para aqueles que estão mortos e morrendo, você está escolhendo? Tudo que isso é, vezes um deusilhão, você vai destruir e descriar? Certo e errado, bom e mau, POD e POC, todas as nove, curtos, garotos e aléns.

Dain:

Uau. Uau. Eu já falei "uau"?

Você está tentando curar aquelas que estão morrendo por falta de energia sexual?

Gary:

Esse é um bom processo. Pesa uma tonelada. Parece que a maioria de vocês tem reduzido sua energia sexual a fim de curar aqueles que estão morrendo por falta de energia sexual.

Participante da classe:

Ai meu Deus.

Dain:

Que estupidez você está usando para criar a invenção do erro da sua *sexualness* como a perfeição dos julgamentos da sua *sexualness* e a necessidade de prover energia sexual para aqueles que estão mortos e morrendo, você está escolhendo? Tudo que isso é, vezes um deusilhão, você vai destruir e descriar? Certo e errado, bom e mau, POD e POC, todas as nove, curtos, garotos e aléns.

Ei, eu tenho uma pergunta. É por isso que quando você está perto de alguém que tem energia sexual, especialmente outro cara, você surta e faz besteiras competitivas? Você prefere pegar uma mulher ou colega que está morta e morrendo e tenta trazê-la à vida e fica irritado se outro cara estiver interessado em trazê-la de volta à vida em vez de você?

Que estupidez você está usando para criar a invenção do erro da sua *sexualness* como a perfeição dos julgamentos da sua *sexualness,* seu garoto mau, e a necessidade de prover energia sexual para aqueles que estão mortos e morrendo você está escolhendo? Tudo que isso é, vezes um deusilhão, você vai destruir e descriar? Certo e errado, bom e mau, POD e POC, todas as nove, curtos, garotos e aléns.

Gary:

Posso só dizer que injetar seu esperma em alguém não cria vida e viver?

Todos os lugares em que você tentou criar isso e tudo que inventou que isso realmente criará vida e viver, você vai destruir e descriar tudo isso, por favor, vezes um deusilhão? Certo e errado, bom e mau, POD e POC, todas as nove, curtos, garotos e aléns.

Participante da classe:

E se você injetar isso *nas pessoas*? (Risada)

Dain:

Eu amo você. Eu amo você.

Que estupidez você está usando para criar a invenção do erro da sua *sexualness* como a perfeição dos julgamentos da sua *sexualness,* porque o que mais você vai fazer com todo o seu tempo e energia e a necessidade de prover energia sexual para aqueles que estão mortos e morrendo você está escolhendo? Tudo que isso é, vezes um deusilhão, você vai destruir e descriar? Certo e errado, bom e mau, POD e POC, todas as nove, curtos, garotos e aléns.

Quantos de vocês, na verdade inventaram que as pessoas com quem vocês fazem sexo que estão mortas e moribundas são as pessoas que precisam do sexo que vocês podem prover? Tudo que você fez para criar isso em vez de realmente se curtirem para caralho, vocês vão destruir e descriar? Certo e errado, bom e mau, POD e POC, todas as nove, curtos, garotos e aléns.

Dain:

Que estupidez você está usando para criar a invenção do erro da sua *sexualness* como a perfeição dos julgamentos da sua *sexualness* e a necessidade de prover energia sexual para aqueles que estão mortos e morrendo, você está escolhendo? Tudo que isso é, vezes um deusilhão, você vai destruir e descriar? Certo e errado, bom e mau, POD e POC, todas as nove, curtos, garotos e aléns.

Gary:

Você decidiu que você é o morto e moribundo para quem você tem que prover energia sexual?

Dain:

E que você pode obter energia sexual de pessoas que estão mortas e morrendo?

Gary:

Tudo que você fez para criar essa invenção como real, você vai destruir e descriar? Certo e errado, bom e mau, POD e POC, todas as nove, curtos, garotos e aléns.

Participante da classe:

Parece uma medida de sucesso conseguir dar suporte a quem está morto ou morrendo.

Dain:

Não há nada lá, e você diz: "Vou trazer você à vida! Portanto, sou forte. Sou um sucesso porque trouxe você à vida".

Que estupidez você está usando para criar a invenção do erro da sua *sexualness* como a perfeição dos julgamentos da sua *sexualness* e a necessidade de prover energia sexual para aqueles que estão mortos e morrendo, você está escolhendo? Tudo que isso é, vezes um deusilhão, você vai destruir e descriar? Certo e errado, bom e mau, POD e POC, todas as nove, curtos, garotos e aléns.

Gary:

Tudo que não lhe permite ver onde você escolheu o morto e moribundo com quem fazer sexo em vez de escolher as pessoas com quem seria divertido, você vai destruir e descriar? Certo e errado, bom e mau, POD e POC, todas as nove, curtos, garotos e aléns.

Dain:

Tudo que faz disso o lugar em que você tem que tornar-se o morto e moribundo para que alguém venha e lhe dê energia, você vai destruir e descriar, por favor? Certo e errado, bom e mau, POD e POC, todas as nove, curtos, garotos e aléns.

Atração sexual

Gary: É isso que você chama de atração sexual?

Dain:

Uau.

Gary:

Isso é o que você inventou como atração sexual. Se você pegar alguém que está morto e moribundo, essa pessoa fica atraída por você. Se você estiver morto e morrendo, será atraente para outra pessoa.

Tudo que isso é, vezes um deusilhão, você vai destruir e descriar? Certo e errado, bom e mau, POD e POC, todas as nove, curtos, garotos e aléns.

Que percentual da sua atração sexual é uma invenção para fazer você ver ou ser o erro que você é? Muito? Pouco? Ou megatons? Tudo que isso é, vezes um deusilhão, você vai destruir e descriar? Certo e errado, bom e mau, POD e POC, todas as nove, curtos, garotos e aléns.

Dain:

Que estupidez você está usando para criar a invenção do erro da sua *sexualness* como a perfeição dos julgamentos da sua *sexualness* e a necessidade de prover energia sexual para aqueles que estão mortos ou morrendo, você está escolhendo? Tudo que isso é, vezes um deusilhão, você vai destruir e descriar? Certo e errado, bom e mau, POD e POC, todas as nove, curtos, garotos e aléns.

Gary:

Uau, isso está ainda mais intenso do que eu esperava.

Participante da classe:

Eu estou muito grato.

Dain:

Cara, isso é incrível mesmo. Achei que o outro processo nunca acabaria.

Que estupidez você está usando para criar a invenção do erro da sua *sexualness* como a perfeição dos julgamentos da sua *sexualness* e a necessidade de prover energia sexual para aqueles que estão mortos ou morrendo, você está escolhendo? Tudo que isso é, vezes um deusilhão, você vai destruir e descriar? Certo e errado, bom e mau, POD e POC, todas as nove, curtos, garotos e aléns.

Gary:

E se você tivesse mais energia sexual do que as outras pessoas ao seu redor?

Quantos de vocês são curadores sexuais e querem que os outros sejam curadores sexuais para vocês? É isso que está matando vocês. Vocês querem que os outros sejam curadores sexuais para vocês. Toda invenção que você criou nesse mundo, você vai destruir e descriar? Certo e errado, bom e mau, POD e POC, todas as nove, curtos, garotos e aléns.

Foco na criação

Você tenta *inventar* que algo vai acontecer em vez de *criar* para que isso aconteça.

Se você quiser ser bem-sucedido, você tem que ver o que é capaz de criar. Você tem que focar na criação de ficar junto com alguém sexualmente.

Dain:

Quando você inventa que algo acontecerá e não acontece, você fica com o erro de não ter sido capaz de criar o que inventou que deveria ser capaz de criar. Você está disposto a gastar muito tempo e energia em que ou com quem poderá fazer sexo, transar ou seja lá como queira colocar, exceto, quanta energia você está disposto a colocar na criação de sucesso em todas as áreas da sua vida?

Você tende a usar o sexo como identificação de sucesso. Você é bem-sucedido se tiver energia sexual que atrai um grande número de pessoas. E se essa for a mentira que está mantendo você preso?

Tudo que você tem feito para comprar a mentira de que a energia sexual será o sinal de sucesso e que a energia sexual fará você transar, você vai destruir e descriar? Certo e errado, bom e mau, POD e POC, todas as nove, curtos, garotos e aléns.

Participante da classe:

Ei, Gary, você disse que é mentira, mas parece tão verdadeiro. Eu comprei totalmente a ideia de que se você tem energia sexual será bem-sucedido.

Gary:

Isso é verdade ou é o que você tem feito contra você?

Dain:

Ou é o que está inventando contra você?

Gary:

Tudo que você fez para usar essa energia contra você em vez de usar a seu favor, você vai destruir e descriar? Certo e errado, bom e mau, POD e POC, todas as nove, curtos, garotos e aléns.

Saindo de férias

Dain:

Todas essas invenções são uma parte enorme do que está impedindo o sexo de ser divertido porque está baseado em todas essas invenções. É um dos lugares em que você se afasta do sucesso que está disponível. Pense em quanta energia você coloca em sexo e transar – ou em evitar transar – e pergunte: "Se eu colocasse esta quantidade de energia no meu negócio, o que eu teria criado no último ano?" Talvez você pudesse considerar a possibilidade de mudar isso a fim de começar a colocar essa energia no seu negócio.

Houve uma época da minha vida em que mulheres eram o assunto. Chegou a tal ponto que fui a um encontro de manhã e eu tinha outra garota com quem faria sexo mais tarde naquele dia. Passei aquela noite com ela e outra garota veio na tarde seguinte para transarmos. Eu tive dois dias e meio de férias, se é que se pode chamar assim.

Gary:

É assim que dizemos agora: "Dain sai de férias".

Dain:

Sim, "Vou sair de férias!" Era aí que eu desligava minha mente.

Eram minhas férias da consciência, percepção e criação dos meus negócios.

Gary:

Que atualização física de sexo e cópula no "modo férias" você agora é capaz de gerar, criar e instituir? Tudo que não permite isso, vezes um deusilhão, você vai destruir e descriar? Certo e errado, bom e mau, POD e POC, todas as nove, curtos, garotos e aléns.

Dain:

Eu fiquei muito grato por aquela experiência porque percebi que estava colocando enormes quantidades de energia no universo das pessoas para trazê-las à vida e fazer do sexo o lugar em que eu poderia desfazer os julgamentos delas, excitar seus corpos e ter um nível de intensidade de que gosto. Eu olhei para aquilo e disse: "Cara, se eu tivesse colocado esta quantidade de energia no meu negócio, ele teria decolado este final de semana em vez de só avançar um pouco". Eu tirei muita energia dele. Não é que você tem uma quantidade finita de energia, mas quando você tem a seguinte percepção: "Isso é o que é criativo, isso é o que é generativo, e pouquíssimas outras coisas são", você se afasta do sucesso que poderia criar.

Gary:

Sabe como eu contornava isso? Antigamente, quando usava drogas, sexo e *rock 'n roll*, eu fumava dois baseados antes de fazer sexo com alguém para poder contornar os julgamentos dessa pessoa. Funcionava muito bem.

Dain:

Se você puder ter esta percepção e perguntar: "Estou realmente destruindo meu sucesso aqui pelas escolhas que estou fazendo?", você poderá descobrir que pode fazer uma escolha diferente. Você poderá dizer: "Ok, o que se requer para que isso seja criativo e generativo?

Todas as invenções que tenho que estão criando o meu rumo nesta direção agora, destruo e descrio".

Como seria criar sexo e relacionamento a partir de uma realidade totalmente diferente?

Gary:

Na próxima semana, eu gostaria de ver como seria se você estivesse disposto a gerar e criar sexo e relacionamento a partir de uma realidade totalmente diferente. Coloque esta pergunta em loop e ouça sem parar:

Que atualização física de sexo, cópula, relacionamento e sucesso a partir de uma realidade além desta realidade eu agora sou capaz de gerar, criar e instituir? Tudo que isso é, vezes um deusilhão, você vai destruir e descriar? Certo e errado, bom e mau, POD e POC, todas as nove, curtos, garotos e aléns.

Dain:

Ok, que lindo cara!

Participante da classe:

Só quero dizer que estou muito grato por estas chamadas. São incríveis.

Muito obrigado.

Participante da classe:

Muito obrigado.

Dain:

Obrigado. Como pode melhorar?

Gary:

Obrigado pessoal. Amo muito vocês.

3

VOCÊ É O PRODUTO VALIOSO

Eu não faço mais dos outros o produto valioso.
Eu me tornei o produto valioso,
e há mais disponível para mim do que jamais houve.

Gary:

Olá Cavalheiros. Vamos começar com algumas perguntas.

Demônios de necessidade

Eu sou muito grato pelo Clube de cavalheiros. Pela primeira vez na minha vida, estou feliz por ser homem e por estar em um corpo de homem. Eu tenho feito a pergunta: "Como pode melhorar?" E cerca de noventa por cento das vezes ouço: "Não pode". Não sei se é meu pensamento ou o pensamento de outra pessoa, ou o pensamento de uma entidade.

Tenho perguntado: "Que estupidez estou usando para criar a eliminação e erradicação total de 'Como pode melhorar?' estou escolhendo" Você pode me dar clareza sobre isso, por favor?

Gary:

Você tem que perguntar: "Demônios da separação?" E então dizer a eles que é hora de partir. Você diz: "*Demons, go back to from whence you came, never to return to me or this reality again*" ("Demônios, voltem para o lugar de onde vieram, para nunca mais retornarem para mim ou esta realidade novamente").

Qualquer pessoa ou qualquer coisa que diz que você não pode fazer algo é um demônio. Entidade é um ser que ficaria grato em pegar um novo corpo. Demônio é uma entidade que recebeu a tarefa de obter poder sobre alguém ou algo. Ele o tranca e o mantém diminuído. Nós queremos levá-lo a um lugar onde esse não é o caso. Demônios vêm sempre que você se torna seguidor de alguém, porque você está tentando obter poder da pessoa que está seguindo. Alguém aqui já entregou o poder a uma mulher?

Participante da classe: (Risadas)

Gary:

Isso seria um sim. Vamos começar com este processo:

Que estupidez você está usando para criar as invenções, as intensidades artificiais e os demônios da necessidade de seguir o sexo oposto você está escolhendo? Tudo que isso é, vezes um deusilhão, você vai destruir e descriar? Certo e errado, bom e mau, POD e POC, todas as nove, curtos, garotos e aléns.

Participante da classe:

Você poderia falar mais sobre o que é intensidade artificial?

Gary:

Quando você realmente quer algo, você pega o ponto de vista para si: "Esta é uma ideia muito boa!" Você a torna intensa. Você diz: "Eu preciso muito disso!" É um ponto de vista inventado. É artificial. Você usa intensidade para criar a crença de que vai criar algo bom.

Toda vez que você quer seguir uma mulher, ou a vagina de ouro, você cria um lugar em que você se torna o efeito de demônios. E se você foi mulher em alguma vida, vai tentar seguir homens. Sempre que você se faz seguidor de alguém, convida demônios para controlar você.

Participante da classe:

Quando você segue um guru, está tentando obter poder sobre ele?

Gary:

Você segue um guru porque quer que ele o veja como a pessoa brilhante que você é. Você convida os demônios para ver você e reconhecer o quanto é brilhante. Os demônios se ativam toda vez que você tenta seguir alguém.

Participante da classe:

Isso é muito interessante.

Gary:

Que estupidez você está usando para criar as invenções, as intensidades artificiais e os demônios da necessidade de seguir o sexo oposto você está escolhendo? Tudo que isso é, vezes um deusilhão, você vai destruir e descriar? Certo e errado, bom e mau, POD e POC, todas as nove, curtos, garotos e aléns.

Você inventa que demônios são uma fonte de poder e que a intensidade artificial é uma fonte de poder. É claro que nenhum de vocês já foi artificialmente intenso. Ou foi?

Que estupidez você está usando para criar as invenções, as intensidades artificiais, e os demônios da necessidade de seguir o sexo oposto você está escolhendo? Tudo que isso é, vezes um deusilhão, você vai destruir e descriar? Certo e errado, bom e mau, POD e POC, todas as nove, curtos, garotos e aléns.

Sempre que você tenta seguir algo ou alguém, você convida o que vai criar o pior resultado para sua vida. A ideia de seguir é a ideia de que alguém precisa ter controle sobre você ou que pode ter controle sobre você e é mais importante alguém ter controle sobre você do que você ser você.

Que estupidez você está usando para criar as invenções, as intensidades artificiais, e os demônios da necessidade de seguir o sexo oposto você está escolhendo? Tudo que isso é, vezes um deusilhão, você vai destruir e descriar? Certo e errado, bom e mau, POD e POC, todas as nove, garotos e aléns.

Participante da classe:

Estou com muita dificuldade em estar presente nesta chamada. Simplesmente não quero estar aqui. Quero arrancar meus fones de ouvido. Isso é coisa de demônio ou outra coisa?

Gary:

Demônios sempre tentam fazer você se afastar de qualquer coisa que o liberte deles. Então, agora mesmo, todos vocês, digam a todos os demônios que vocês já escolheram a fim de ter o sexo oposto ou ser o sexo oposto: "*Go back to from whence you came, never to return to me or this reality ever again*" ("Voltem para o lugar de onde vieram, para nunca mais retornar para mim ou esta realidade novamente").

Participante da classe: Uau, isso foi legal.

Participante da classe:

Obrigado.

Gary:

Melhorou a sensação para alguém?

Participante da classe:

Sim!

Gary:

Que estupidez você está usando para criar as invenções, as intensidades artificiais, e os demônios da necessidade de seguir o sexo oposto você está escolhendo? Tudo que isso é, vezes um deusilhão, você vai destruir e descriar? Certo e errado, bom e mau, POD e POC, todas as nove, curtos, garotos e aléns.

Você consegue permanecer presente agora?

Participante da classe:

Estou muito mais presente agora. Meu corpo está praticamente tremendo.

Gary:

Ótimo. É tremor – ou é ser a energia que seu corpo realmente pode ser? Você convida entidades e demônios para seu corpo e sua realidade a fim de ser o demônio que você deveria ser na cama. É aí que você deve exigir sexo de uma mulher e ela deve dar porque ela deve seguir você, mas você já a segue, então quem está no comando e como isso está funcionando?

Participante da classe:

Não está.

Participante da classe:

Gary, eu ouvi você dizer em uma chamada outro dia, e foi a primeira vez que ouvi você dizer que quanto mais conscientes nos tornamos, mais despertamos esses demônios.

Gary:

Quanto mais você se torna consciente, mais desperta demônios e entidades, porque quando não está mais disposto a ser o efeito das coisas, fica mais difícil para eles manterem seus trabalhos.

Participante da classe:

Eu notei, ao correr este processo de demônio, que por alguns dias as vozes somem e outros elas estão lá multiplicadas por dez.

Permeando consciência no mundo de um demônio

Gary:

Sim, porque um grupo novo deles desperta. Você pode correr: Que estupidez estou usando para evitar a consciência permeável que poderia estar escolhendo? Tudo que não permite que isso apareça, vezes um deusilhão, você vai destruir e descriar? Certo e errado, bom e mau, POD e POC, todas as nove, curtos, garotos e aléns.

Se você permear consciência no mundo de um demônio, ele não consegue manter-se aqui. Demônios têm feito o trabalho de criar seguidores e criar pessoas como efeito por trilhões de anos e eles não querem mais fazer isso. Eles não gostam do lugar onde estão; não gostam de onde estão presos tanto quanto você não gosta que fiquem presos a você. Quanto mais consciência vir à luz no planeta Terra, mais o trabalho deles perderá valor. Na Índia e na maior parte do Oriente Médio, por exemplo, eles têm adorado deuses demônios há séculos. E em outras parte do mundo, pessoas praticam magia negra.

A ideia de que você, como ser, precisa de algo externo a você é uma realidade inventada. As pessoas dizem algo como: "Ah, o demônio do álcool", ou "Os demônios me fizeram agir assim", ou " O diabo me fez agir assim". Essa são maneiras de convidarmos demônios à existência, mas eles não conseguem manter seu trabalho diante da consciência. Então, continue correndo:

Que estupidez estou usando para evitar a consciência permeável que poderia estar escolhendo? Tudo que não permite que isso apareça, vezes um deusilhão, você vai destruir e descriar? Certo e errado, bom e mau, POD e POC, todas as nove, curtos, garotos e aléns.

Participante da classe:

Há um demônio para o dinheiro?

Gary:

Sim. O dinheiro é considerado um demônio. As pessoas consideram o dinheiro o demônio que as impede de ter uma vida. "O dinheiro é a raiz de todo mal". Não importa como você coloca, o dinheiro é delineado como mal, não como algo que é fácil, alegre ou que é valioso ter. Você percebe como isso funciona?

Que estupidez você está usando para evitar ser as leis permeáveis da consciência, você poderia estar escolhendo? Tudo que não permite que isso apareça, vezes um deusilhão, você vai destruir e descriar? Certo e errado, bom e mau, POD e POC, todas as nove, curtos, garotos e aléns.

Aqui está outro processo que você pode querer rodar:

Que atualização física de ser as leis permeáveis da consciência você agora é capaz de gerar, criar e instituir? Tudo que não permite que isso apareça, vezes um deusilhão, você vai destruir e descriar? Certo e errado, bom e mau, POD e POC, todas as nove, curtos, garotos e aléns.

Se você colocar esses dois processos em *loop*, eles começarão a mudar as coisas em todos os aspectos da sua vida, não só com relacionamentos e mulheres.

Você está fazendo de alguém a pessoa certa?

Participante da classe:

Estou com dificuldade quanto ao que quero para a minha vida. Questiono a mim mesmo constantemente.

Gary:

Vamos tentar este processo:

Que estupidez você está usando para criar as invenções, as intensidades artificiais e os demônios que guardam e protegem a pessoa certa a seguir, estou escolhendo? Tudo que isso é, vezes um deusilhão, você vai destruir e descriar? Certo e errado, bom e mau, POD e POC, todas as nove, curtos, garotos e aléns.

Participante da classe:

Você disse, "a pessoa certa"? O que é isso?

Gary:

A pessoa certa a seguir, estou escolhendo? Digamos que você decide que alguém é a pessoa certa. Essa pessoa não é fácil; não é uma vagabunda. Não se entrega facilmente. Então você decide que é a pessoa certa e pessoa certa significa melhor que você. Sempre que você decide que alguém é melhor que você, você tem que se tornar errado sobre qualquer coisa que escolhe. Então tem que olhar o quanto está ferrado que a pessoa não o escolheu.

Não que os homens façam isso com as mulheres. Ah, sim, eles fazem! Vamos correr este mais uma vez.

Que estupidez você está usando para criar as invenções, as intensidades artificiais e os demônios que guardam e protegem a pessoa certa a seguir, estou escolhendo? Tudo que isso é, vezes um deusilhão, você vai destruir e descriar? Certo e errado, bom e mau, POD e POC, todas as nove, curtos, garotos e aléns.

Você já notou como você diz: "Ela é a garota perfeita?" Isso é torná-la a pessoa certa. "Esta garota é perfeita. Ela é muito linda." Pessoa certa. Essa é a maneira de você tornar alguém a pessoa certa em vez de ter você como valioso.

Tudo que isso é, vezes um deusilhão, você vai destruir e descriar? Certo e errado, bom e mau, POD e POC, todas as nove, curtos, garotos e aléns.

Que estupidez você está usando para criar as invenções, as intensidades artificiais e os demônios que guardam e protegem a pessoa certa a seguir, estou escolhendo? Tudo que isso é, vezes um deusilhão, você vai destruir e descriar? Certo e errado, bom e mau, POD e POC, todas as nove, curtos, garotos e aléns.

Participante da classe:

Quando liguei para você na semana passada, você me deu um processo sobre escolher por mim em vez de escolher pelos outros. Comecei a fazer este processo, especialmente com a minha parceira, e criou muitas situações bem intensas, porque ela está acostumada a me ver escolhendo-a em primeiro lugar, ou nós em primeiro lugar, e nunca a mim.

Gary:

Bem, ela tem a vagina de ouro.

Participante da classe:

(Risos) Absolutamente. Tudo o que aconteceu nas últimas duas semanas combina com a energia de tudo que você está dizendo hoje. Você pode me ajudar a esclarecer o que não estou vendo aqui?

Gary:

Que estupidez você está usando para criar a vagina de ouro, você está escolhendo? Tudo que isso é, vezes um deusilhão, você vai destruir e descriar? Certo e errado, bom e mau, POD e POC, todas as nove, curtos, garotos e aléns.

Acordo e Entrega

Participante da classe:

Ela reage intensamente quando escolho fazer ou ser algo diferente do que antes.

Gary:

Você está mudando coisas. Vocês nunca fizeram um Acordo e Entrega um com o outro, fizeram?

Participante da classe:

Não, absolutamente não.

Gary:

Relacionamento é um acordo comercial, então você tem que fazer um Acordo e Entrega, assim como faria em qualquer acordo comercial. Dificuldades em interações comerciais e relacionamentos surgem porque a maioria das pessoas não faz ideia do que gostaria. Elas acreditam que se forem bondosas e gentis, as pessoas entregarão coisas bondosas e gentis a elas.

Você não está disposto a ver o que as pessoas querem entregar, o que vão entregar e qual é o acordo para elas. Você tem um deusilhão de fantasias sobre o que deve acontecer, o que quer dizer que você não está olhando para o que realmente vai ocorrer. Você tem que fazer Acordo e Entrega ou não haverá espaço para expandir sua realidade. Você tem que ter clareza sobre o que você precisa e deseja exatamente e o que a outra pessoa precisa e deseja. Pergunte:

- Qual é o acordo?
- O que você vai entregar?
- O que você espera que eu entregue?
- Exatamente como isso vai parecer e como vai funcionar?
- O que terei que ser para você?

Você tem que dizer: "Ei, coração. Podemos fazer um Acordo e Entrega aqui? O que você espera de mim?" Se você a chamar de "coração" em vez de "docinho" ou "querida", ela terá que ser mais bondosa para estar à altura do título que você a deu.

Participante da classe:

Legal. Eu criei demônios com minhas escolhas em relação a ela?

Gary:

Sim. Quantos demônios você tem que criam você seguindo-a o tempo inteiro? Muitos, poucos, ou megatons?

Participante da classe:

Megatons.

Gary:

Você a tornou a guru da sua vida? Quantos de vocês, homens, tornaram mulheres as gurus que devem seguir? Tudo que você fez para criar os demônios que o mantém seguindo-a e suas ordens e fazendo o que ela diz e tudo que isso é, vezes um deusilhão, você vai destruir e descriar? Certo e errado, bom e mau, POD e POC, todas as nove, curtos, garotos e aléns.

Participante da classe:

Isso condiz com a pergunta que lhe fiz sobre seguir alguém para tentar ter poder sobre essa pessoa.

Isso vai expandir minha agenda?

Gary:

Por muitos anos, sempre que Dain e eu considerávamos fazer algo, fazíamos a pergunta: "Isso vai expandir minha agenda?"

A ideia era que se fazer algo expandisse nossa agenda, deveríamos ir em frente.

Foi muito chocante descobrir que os pênis de todos homens chamavam-se Agenda, e se houver uma mulher envolvida, todos vocês pensam que sua agenda vai expandir. Na verdade, vocês sabem que vai.

Participante da classe: (Risadas)

Gary:

Sua agenda é aquela coisa pendurada entre as suas pernas. Toda vez que você pensa em sexo, está expandindo sua agenda. Dain e eu descobrimos que uma maneira de contornar a pergunta sobre nossa agenda é:

- Se eu escolher isso, como será minha vida em cinco anos?

- Se eu não escolher isso, como será minha vida em cinco anos?

É a única maneira de você descobrir o que gostaria de criar, que expandiria sua agenda.

Participante da classe:

Como assim cinco anos? Isso é muito tempo. Por que não é só um ano?

Gary:

Cinco anos é um futuro tão longo que você não pode inventar como será algo. Colocar a cinco anos de distância possibilita que você perceba algo energeticamente, em vez de fazer isso a partir de pensamentos, sentimentos e emoções.

Participante da classe:

Obrigado.

Quando você é o líder, você se torna o produto valioso

Participante da classe:

Essa coisa de seguir a pessoa certa, descreve a maneira como sempre agi em meus relacionamentos sexuais com homens. Eu vejo um cara e digo: "Sim, é ele". O QI de um dígito entra em ação e nos distanciamos. Eu dou a ele todo meu poder, como você diz, torno-o certo, e se ele não me escolhe, estou errado. Você pode me mostrar uma maneira diferente de fazer isso?

Gary:

Sim. Você tem que perguntar: "Por que estou seguindo em vez de liderando?"

Que estupidez você está escolhendo para evitar a liderança que poderia estar escolhendo? Tudo que isso é, vezes um deusilhão, você vai destruir e descriar? Certo e errado, bom e mau, POD e POC, todas as nove, curtos, garotos e aléns.

Participante da classe:

Como é isso?

Gary:

Bem, quando você é o líder, você se torna o produto valioso. Em Access Consciousness, as mulheres chegam para o Dain e dizem: "Ah, eu adoraria fazer sexo com você". É isso que elas querem dizer?

Participante da classe:

Não.

Gary:

Não. O que elas querem dizer?

Participante da classe:

Elas querem poder sobre ele. Elas querem ser significantes.

Gary:

Sim. Elas querem ser significantes e querem ter um relacionamento. Eu recebi um recado de uma mulher este fim de semana que dizia: "Eu adoraria sair para jantar com você, nos divertir e tudo mais". Ela é bonita, mas é uma cadela demoníaca do inferno.

Participante da classe:

Não é esse o seu tipo, Gary? Não é dessas que você gosta?

Gary:

É dessas que eu gostava. Eu descobri que seguir a vagina de ouro funcionou muito mal para mim. Eu não faço mais dos outros o produto valioso. Eu me tornei o produto valioso, e há mais disponível para mim do que jamais houve.

Que estupidez você está usando para evitar ser o produto valioso e o líder, você poderia estar escolhendo? Tudo que isso é, vezes um deusilhão, você vai destruir e descriar? Certo e errado, bom e mau, POD e POC, todas as nove, curtos, garotos e aléns.

A maioria de vocês pensa que se alguém está disposto a ter você, ou a fazer sexo com você, esta pessoa não pode ter valor. E se não estiver disposta a fazer sexo com você, você não tem valor. Por que você se desvaloriza?

Tudo que isso é, vezes um deusilhão, você vai destruir e descriar? Certo e errado, bom e mau, POD e POC, todas as nove, curtos, garotos e aléns.

Participante da classe:

Recentemente conheci uma mulher e era como se ela dissesse: "Nós temos que fazer sexo agora, antes de partirmos".

Gary:

Tem que ser sobre o desejo dela, a realidade dela, o que ela escolhe e o que ela quer criar. O que isso tem a ver com o que você deseja?

Participante da classe:

Nada.

Gary:

A maioria das pessoas funciona a partir do que outras pessoas desejam e requerem, em vez de escolher o que funciona para elas.

Participante da classe:

Por que falta a mesma coisa no universo dela?

Gary:

Ela também está tentando encontrar a pessoa para seguir. Note que o primeiro processo que eu lhes dei não foi sobre homem ou mulher, mas sobre o sexo oposto:

Que estupidez você está usando para criar as invenções, as intensidades artificiais e demônios da necessidade de seguir o sexo oposto você está escolhendo? Tudo que isso é, vezes um deusilhão, você vai destruir e descriar? Certo e errado, bom e mau, POD e POC, todas as nove, curtos, garotos e aléns.

Isso se aplica aos dois lados do jogo. Você tem que estar consciente disso. Como você joga nos dois lados do jogo? Ao encontrar alguém com uma insanidade coincidente com a sua, você se verá muito atraído por ele ou ela. Não é bonitinho? A mesma insanidade atrai vocês um para o outro.

Participante da classe: (Risadas)

Participante da classe:

E o que é isso de querermos matar pessoas que conhecemos de outras vidas? É outra coisa?

Gary:

Quando você tem essas atrações bem intensas, em que você não consegue se separar da pessoa, geralmente é isso. É quando você diz: "Eu gostaria muito de fazer blá, blá, blá", ou "É muito importante para mim que nos encontremos", ou "Eu sei que já estivemos juntos em muitas vidas".

Participante da classe:

Recentemente comecei a fazer coisas diferentes. Não tenho entrado tanto quanto antes naqueles velhos padrões. Algo realmente mudou.

Gary:

Legal, estamos no caminho. E é isso que devemos buscar: o caminho.

O erro de desejar sexo

Participante da classe:

Você poderia falar sobre demônios com relação a desejar fazer sexo?

Gary:

Primeiramente, sexo e cópula sempre foram um erro.

Quantas vidas você escolheu demônios e pediu ajuda ao Senhor ou a alguém que pudesse conter sua vontade de fazer sexo? Quantos demônios você tem cortando a energia sexual?

Participante da classe:

Muitos.

Gary:

Tudo que isso é, vezes um deusilhão, você agora vai exigir que eles voltem para o lugar de onde vieram, para nunca mais retornar para você ou sua realidade por toda a eternidade?

Participante da classe:

Sim.

Gary:

Tudo que não permite que isso apareça, vezes um deusilhão, em três: um... dois... três! Obrigado.

Você alguma vez disse: Por favor Deus, não me faça querer fazer sexo o tempo todo porque sou tão errado por querer fazer sexo o tempo todo", ou "Eu tenho que fazer sexo. Alguém pode me ajudar para que eu possa fazer sexo?" Qualquer uma dessas frases convida demônios. Qualquer uma leva seu poder embora. Você precisa ter escolha e a disposição para receber.

Presença total no sexo e cópula

Participante da classe:

O que acontece quando você deixa o seu corpo durante o sexo? Isso está relacionado a demônios?

Gary:

Bem, geralmente deixar o corpo durante o sexo é uma maneira de estar presente, sem estar presente. Você está tentando deixar sua agenda em expansão no lugar, sem aparecer como você. Então não funciona, certo?

Participante da classe:

Não.

Gary:

Como seria se você estivesse totalmente presente?

Que estupidez você está usando para evitar a presença total durante o sexo e cópula você está escolhendo? Tudo que isso é, vezes um deusilhão, você vai destruir e descriar? Certo e errado, bom e mau, POD e POC, todas as nove, curtos, garotos e aléns.

Entranhamento cultural

Participante da classe:

Sou asiático, e me parece que os asiáticos são mais conservadores com relação ao sexo.

Gary:

Não, eles são mais reprimidos com relação ao sexo.

Participante da classe:

É uma programação cultural?

Gary:

Sim.

Participante da classe:

Sou solteiro e tenho problemas para abordar garotas. Não sei qual é a questão real. Às vezes é como um sentimento de medo ou ansiedade.

Gary:

Rapazes, vocês têm que perceber que são conscientes. Há tanto medo e ansiedade no mundo da mulher quanto no seu, isso se não houver mais. Você pode querer se perguntar: "Isso é meu?", porque muitas vezes, a garota tem tantos problemas quanto você.

Quando eu estava no ensino médio, havia uma garota que era considerada a mulher mais bonita da escola. Ninguém falava com ela ou a chamava para sair. Eles tinham medo porque tinham certeza que ela recusaria. Eu finalmente arrumei coragem e a chamei para sair. Ela acabou sendo a pessoa mais chata com quem já estive. Depois daquilo, eu escolhi pessoas feias para sair, porque pelo menos eram interessantes. Ficou claro que alguém que é muito bonita tem tanta ansiedade quanto a ser convidada para sair quanto alguém que é feia. Você tem que perguntar: "Isso é medo ou ansiedade, seja o que for, isso é meu? Ou é da outra pessoa?" Aí você saberá o que está acontecendo.

Participante da classe:

Como posso superar isso, independentemente do julgamento de todos sobre abordar garotas?

Gary:

Você pode reconhecer que você é o produto de valor.

Participante da classe:

Eu participei de uma classe de 3 dias de corpo e queria trocar processos com garotas, mas fui ensinado pela sociedade e minha mãe que tocar corpos de garotas é errado.

Gary:

Ensinaram para você que tocar corpos de garotas é errado. Você está errado se tocá-los e está errado se não tocá-los. Isso é entranhamento cultural. Entranhamento cultural é tudo que você comprou de todas as outras pessoas. É tudo que sua sociedade e sua cultura dizem. Todas essas coisas são montes de dejetos errôneos. Tente correr isso:

Que estupidez estou usando para criar o entranhamento cultural, estou escolhendo? Tudo que isso é, vezes um deusilhão, você vai destruir e descriar? Certo e errado, bem e mau, POD e POC, todas as nove, curtos, garotos e aléns.

Participante da classe:

Isso abrange religiões também?

Gary:

Sim, religião sempre é um entranhamento cultural. Quantas vidas você foi padre e quebrou seus votos e fez sexo com alguém, normalmente um garoto, mas não vamos falar sobre isso. Não é normal ser casto.

Tudo que isso é, vezes um deusilhão, e todas as vidas em que você se julgou por quebrar seus votos de ser casto, você vai destruir e descriar? Certo e errado, bom e mau, POD e POC, todas as nove, curtos, garotos e aléns.

Que estupidez você está usando para criar o *dessexo*, você está escolhendo? Tudo que isso é, vezes um deusilhão, você vai destruir e descriar? Certo e errado, bom e mau, POD e POC, todas as nove, curtos, garotos e aléns.

Sendo a energia sexual que você é

Participante da classe:

Gary, o que é *dessexo*?

Gary:

Dessexo é o lugar em que você, ao invés de ser o ser sexual que você é, tenta negar, reprimir, não ser e encontrar maneiras de eliminar.

Participante da classe:

Ah. Certo.

Gary:

Que estupidez você está usando para criar o *dessexo* e *incópula*, *você* está escolhendo? Tudo que isso é, vezes um deusilhão, você vai destruir e descriar? Certo e errado, bom e mau, POD e POC, todas as nove, curtos, garotos e aléns.

Vocês estão colocando muita energia no *dessexo* e *incópula*! É incrível que ainda consigam transar.

Que estupidez você está usando para criar o *dessexo* e *incópula*, *você* está escolhendo? Tudo que isso é, vezes um deusilhão, você vai destruir e descriar? Certo e errado, bom e mau, POD e POC, todas as nove, curtos, garotos e aléns.

Vocês têm tentado se *dessexuar* e *incopular* sempre! Eu não saio e faço sexo, mas tenho várias oportunidades e sempre faço as perguntas:

- Vai ser fácil?
- Vai ser divertido?
- Vou aprender alguma coisa?

Normalmente, quando pergunto, "Vou aprender alguma coisa?" percebo: "Sim, vou aprender o quanto será ruim!" Então não vou. Eu costumava achar que, já que minha agenda estava expandindo, devia estar certo fazer. Nenhum de vocês tem este ponto de vista, tem?

Que estupidez você está usando para criar as invenções, as intensidades artificiais e os demônios do seu pênis sempre sendo a fonte de expansão da sua agenda, você está escolhendo? Tudo que isso é, vezes um deusilhão, você vai destruir e descriar? Certo e errado, bom e mau, POD e POC, todas as nove, curtos, garotos e aléns.

Quanto do que é energia sexual você está reprimindo?

Participante da classe:

É a próxima coisa novamente, não é? Você vai mudar ou reprimir sua energia sexual com base no que você pensa que a mulher gosta.

Gary:

Sim, em vez de realmente ser você. Se você realmente for a energia sexual, estará sendo tudo que você é. Se estiver sendo tudo que você é, se tornará mais intensamente excitante, mais valioso e mais desejável.

Tudo que isso é, vezes um deusilhão, você vai destruir e descriar? Certo e errado, bom e mau, POD e POC, todas as nove, curtos, garotos e aléns.

Participante da classe:

Eu fiquei confuso aí porque tenho me perguntado: "O que esta pessoa requer de mim?", e "O que ela está disposta a receber?" Eu percebi o que ela estava disposta a receber e decidi ser aquilo – mas ela não estava disposta a receber muito.

O que eu gostaria de criar para mim?

Gary:

É isso que a maioria de nós faz. Tentamos dar só o que as outras pessoas podem receber e as tornamos erradas. E se, em vez de supor que a outra pessoa está certa, ou que é a pessoa certa, ou a bondade da pessoa, você estivesse disposto a olhar e dizer: "Eu realmente gostaria de criar algo diferente aqui. O que gostaria de criar para mim?"

Se você começasse a olhar para o que poderia criar para você, você criaria e geraria mais - ou menos? Você criaria pessoas em sua vida que estariam mais dispostas a receber se estivesse fazendo o que funciona para você?

Eu estava conversando com Dain recentemente e disse: "Você tem que parar de buscar o que as mulheres desejam e começar a buscar o que você deseja. Sua agenda expandida não tem consciência".

Sua agenda expandida deseja mais do que o que vem no início? Tudo que isso traz à tona, vezes um deusilhão, você vai destruir e descriar? Certo e errado, bom e mau, POD e POC, todas as nove, curtos, garotos e aléns.

Que estupidez você está usando para criar o erro de ser homem, você está escolhendo? Tudo que isso é, vezes um deusilhão, você vai destruir e descriar? Certo e errado, bom e mau, POD e POC, todas as nove, curtos, garotos e aléns.

Um homem é mole quando está duro e duro quando está mole. Sabe o que isso quer dizer?

Participante da classe:

Não.

Orgasmo por contração/orgasmo por expansão

Gary:

Se você tem uma ereção por alguém, você dará a esta pessoa tudo que ela quer. Quando você não dá o que ela quer, quando você consegue o que quer, de repente você não tem mais interesse. É assim que o corpo funciona. Não está certo ou errado. Se você procura sexo, pela ideia do orgasmo, e fizer orgasmo por contração, que é como a maioria das pessoas fazem, fazer sexo não estimula você a continuar a viver. Se você vai pela contração para criar orgasmo, não está criando a energia generativa do viver, que é o que você tem quando faz expansão para criar orgasmo.

Tudo que fez você não entender uma palavra do que acabei de dizer, você vai destruir e descriar? Certo e errado, bom e mau, POD e POC, todas as nove, curtos, garotos e aléns.

Quando criança, você deve ter entrado no banheiro para se masturbar e acabava o mais rápido possível porque não queria que ninguém soubesse o que estava fazendo. Muito provavelmente, seus pais não encorajavam você a se curtir. Pouquíssimos pais ou mães dizem: "Sem pressa. Curta-se e curta seu pênis". Eles perguntam: "O que você está fazendo aí dentro?"

Se você realmente quer aumentar sua energia sexual, eu recomendo que comece se masturbando de um jeito diferente. Pode fazer com a sua garota ou sem ela. Ela pode gostar se você tirar um tempo para se masturbar. Decida que não vai gozar nos primeiros três minutos e meio; demore mais que isso. Esteja disposto a passar uma hora brincando com seu pênis de maneira suave e gentil, e toda vez que sentir que está chegando perto, em vez de ir mais rápido para gozar, vá devagar. Faça mais lenta e suavemente. Coloque um pouco de lubrificante se quiser, mas faça lenta e gentilmente. Seja calmo, doce e gentil. Toda vez que você se sentir contraído, diga: "não", e expanda.

Você pode perder a ereção durante o processo, mas volte a brincar com seu pênis gentilmente até que tenha ereção novamente. Continue com movimentos gentis e calmos. Se fizer isso, você chegará ao ponto em que: a) Você se tornará um amante melhor, b) você ficará disposto a permitir-se ter amantes que terão esse tipo de tempo com você e por você, e c) em vez de explodir com um estouro de energia que se torna uma limitação, você começará a criar um orgasmo que gerará energia. Depois de ter um orgasmo assim – expandido e não contraído – você vai querer ir para o trabalho, vai querer se divertir, vai querer fazer mais do que ir dormir.

Se você já teve a experiência de querer ir dormir logo depois de gozar, tem feito contração para criar orgasmo. Usar contração para criar orgasmo sempre diminui as energias criativas e generativas do seu corpo a favor do orgasmo.

Participante da classe:

A intensidade artificial que estamos criando é a partir da excitação através de pornografia?

Gary:

Quando você movimenta seu negócio o mais rápido possível para gozar, está criando uma intensidade artificial para gozar.

Participante da classe:

Legal.

Gary:

Você está inventando isso como a única maneira que pode gozar, então quando faz sexo com uma mulher, tem que ir o mais rápido e forte possível o tempo todo, como se rápido e forte fossem a única maneira de ela ficar satisfeita, primeiramente, porque sempre é sobre como ela fica satisfeita, não sobre como você ficará satisfeito? Quando você está disposto a funcionar a partir da expansão, em vez de forçar o orgasmo, você convida o orgasmo. Você convida quem está fazendo sexo com você a uma possibilidade diferente e uma escolha diferente.

Participante da classe:

A mulher com quem estou saindo fez isso comigo outro dia. Ela estava acariciando meu pênis, chupando e lambendo, e eu estava pegando no sono. Eu até ronquei várias vezes. O que é isso? É só o corpo ficando relaxado?

Gary:

Sim, porque o corpo deve estar relaxado. Você já acordou com uma ereção?

Participante da classe:

Quando estou relaxado, tenho ereções bem duras.

Gary:

Exatamente! Relaxamento é a fonte do que cria a ereção. Relaxamento é a fonte da excitação. É por isso que quero que pratiquem isso. Tire a ideia de que está tentando criar um orgasmo. Em vez disso, você está buscando a habilidade de criar uma ereção mais sustentável, uma ereção mais proveitosa. É curtir sua ereção só por estar ereto. Isso vai começar a fazer você melhorar quando está na cama com alguém.

Isso também o levará a um lugar em que tem escolha do que quer criar e da maneira que quer criar, o que faz de você o produto valioso. No momento a maioria de vocês ficaria muito feliz só em ter um lugar úmido e quentinho para enfiar seu pênis. Isso é o suficiente para a maioria dos homens. E por isso ser o suficiente para a maioria dos homens, as mulheres começam a pensar que os homens são egoístas. Elas pensam que os homens são rápidos demais; não vão devagar o suficiente. Muitas mulheres têm o ponto de vista de que sexo é só socar, socar, socar. Elas pensam: "Você pode acabar logo com isso e gozar para podermos parar?" Não tem a ver com convidar as mulheres para uma vida e viver expansivos através da qualidade orgásmica do sexo. Trata-se de fazer você gozar ou fazê-la gozar. Nenhum desses deveria ser o alvo.

Participante da classe:

Você tem um processo aclarador para passar de contração para expansão para orgasmo?

Gary:

Infelizmente não posso criar isso. Vocês têm que praticar porque aprenderam a fazer isso da outra maneira. Não é que está errado. Só não vai criar o que penso que a maioria de vocês gostaria de ter. Estou enganado?

Participante da classe:

Não.

Gary:

Vocês gostariam que sexo fosse algo que os revigorasse e expandisse sua vida – não só sua agenda. Há uma possibilidade diferente aqui, até onde posso ver. Que outra possibilidade você gostaria de ter? A versão mais expansiva de sexo e cópula ou a versão mais contraente?

Participante da classe:

A versão mais expansiva.

Participante da classe:

Gary, você me deu uma pergunta que ajudou muito: No que posso relaxar que criaria a maior possibilidade de sexo e cópula que nunca soube que existiu?

Gary:

Obrigado por isso. Tinha esquecido dessa pergunta. Ela vai ajudar, mas realmente, não tem a ver com fazer pergunta. Você tem que estar disposto a praticar. Quando lhe dei esta pergunta, foi porque ninguém me deixava falar o tempo suficiente para explicar o que você precisa fazer. Então pratique – e use a pergunta. Qual era mesmo?

Participante da classe:

No que posso relaxar que criaria a maior possibilidade de sexo e cópula que nunca soube que existiu?

Gary:

Que atualização física de relaxamento total para sexo e cópula você agora é capaz de gerar, criar e instituir? Tudo que não permite que isso apareça, vezes um deusilhão, você vai destruir e descriar? Certo e errado, bom e mau, POD e POC, todas as nove, curtos, garotos e aléns.

Participante da classe:

Quando estou trabalhando e fica intenso, às vezes vou e me masturbo daquela maneira contraente. O que é isso?

Gary:

Você pensa que gozar vai te relaxar. Mas você quer gozar - ou quer expandir sua vida?

Participante da classe: A segunda opção.

Gary:

Quando você sente esse tipo de tensão, vá ao banheiro e se masturbe por quinze minutos em vez de três e meio; e faça isso sem gozar, então volte ao trabalho e veja como vai. A questão é que para ficar duro, você tem que relaxar.

Participante da classe:

Normalmente percebo que a intensidade não é minha.

Gary:

A intensidade não é sua, mas você quer relaxar em uma brincadeira não orgásmica com seu pênis, então você sai, as pessoas olham para a protuberância na sua calça e começam a querer você. Isso fará mais para expandir a sua agenda do que qualquer outra coisa.

Integridade consigo

Participante da classe:

Quando caminho pela rua, normalmente evito pessoas e contraio minha energia sexual. Posso até me sentir desaparecer. Isso é só uma questão de expandir a *sexualness* ou estar presente?

Gary:

É você que contrai sua energia sexual e se faz desaparecer? Ou são as outras pessoas que não conseguem ser nem um pouco sexuais?

Participante da classe:

A segunda, sim.

Gary:

Você está tentando se entranhar nas pessoas ao seu redor?

Participante da classe:

Sim.

Gary:

Que estupidez você está usando para se entranhar na *desintegridade* vibracional ao seu redor você está escolhendo? Tudo que isso é, vezes um deusilhão, você vai destruir e descriar? Certo e errado, bom e mau, POD e POC, todas as nove, curtos, garotos e aléns.

Participante da classe:

O que significa *disintegridade*? Como isso funciona?

Gary:

As pessoas funcionam a partir da integridade – ou funcionam a partir de conclusão e julgamento?

Participante da classe:

Conclusão e julgamento.

Gary:

Ok, é a partir daí que você quer funcionar?

Participante da classe:

Não. Eu deveria estar funcionando a partir da integridade, então?

Gary:

Sim. Integridade consigo. Você entra nas vibrações ao seu redor como se as vibrações ao seu redor fossem o que você deveria ser. Mas o que você realmente deveria ser é você, independentemente de qualquer coisa. Integridade é acessar a grandeza de você sem julgamento. Integridade é ser verdadeiro consigo.

Que estupidez você está usando para criar o entranhamento vibracional com as realidades *desíntegras* de outras pessoas, você está usando você está escolhendo? Tudo que isso é, vezes um deusilhão, você vai destruir e descriar? Certo e errado, bom e mau, POD e POC, todas as nove, curtos, garotos e aléns.

Participante da classe:

Isso volta ao que você estava dizendo sobre demônios? Você está dizendo que quando estou perto de outras pessoas eu as faço maiores do que eu, estou convidando demônios?

Gary:

Se você fizer alguém maior que você, em vez de simplesmente diferente de você, você tem que determinar se está sendo um seguidor. Verdade, você está sendo um seguidor? Eu disse "verdade" antes de fazer minha pergunta, então você tem que admitir o que é verdade.

Participante da classe:

Não, na verdade, não.

Gary:

Não, você é um bosta de um seguidor, é por isso que quando está em um relacionamento sempre chega ao ponto em que está irritado. Ou você faz a outra pessoa ficar irritada para que você esteja no que está certo sobre você.

Participante da classe:

Podemos mudar isso agora?

Gary:

Tudo que você fez para ter isso como sua realidade, você vai destruir e descriar? Certo e errado, bom e mau, POD e POC, todas as nove, curtos, garotos e aléns.

Como seria se você estivesse na integridade consigo e estivesse sendo tudo que você é sem desculpa? Você seria mais atraente ou menos atraente?

Participante da classe: Quem daria a mínima?

Gary:

Exato! Você não daria a mínima, e porque você não daria a mínima, todos achariam você muito desejável. Quando você dá a mínima, as pessoas procuram uma maneira de usá-lo, de persuadi-lo a se tornar quem elas querem que você seja e de lhe convencer que você deveria fazer o que elas querem que você faça.

Participante da classe:

Obrigado por tudo isso. Eu percebi esta energia e é, "uau!"

Gary:

Bem, pessoal. Acho que encerramos por aqui.

Participante da classes: Obrigado, Gary.

Gary:

Certo, meus amigos, cuidem-se. Amo muito vocês. Nos falaremos em breve.

4

TORNE-SE O REI DAS POSSIBILIDADES

E se você realmente for o que tem fingido não ser?
E se você realmente for o rei das possibilidades?

Gary:

Olá cavalheiros. Dr. Dain está conosco hoje.

A temporada eterna de descontentamento

Dain:

Olá para todos. Estou feliz por estar nesta chamada. Tenho que dizer que antes de começarmos essas chamadas, eu era resistente a conectar-me com outros homens, como é o caso de vocês, então acho que algo está mudando em nosso mundo. Algo definitivamente está mudando no meu. Espero que esteja mudando no de vocês também.

Por um lado, vocês sabem que estão aqui para mudar coisas no mundo; por outro lado, há um descontentamento familiar que surge na presença de outros homens. Vocês acham que não terão isso com mulheres, mas fica ainda mais amplificado com mulheres. Vocês não querem ver isso, porque as mulheres tendem a ter outros atributos que você acha... interessantes, por assim dizer.

Gary:

Que estupidez você está usando para criar as invenções, as intensidades artificiais e os demônios da temporada eterna de descontentamento você está escolhendo? Tudo que isso é, vezes um deusilhão, você vai destruir e descriar? Certo e errado, bom e mau, POD e POC, todas as nove, curtos, garotos e aléns.

Dain:

Ah, a alegria.

Gary:

Ah, o sofrimento.

Dain:

Eu imagino o que poderíamos criar juntos se superássemos a ideia de que a nossa separação vale mais do que a conexão das possibilidades que poderíamos criar.

Que estupidez você está usando para criar as invenções, as intensidades artificiais e os demônios da temporada eterna de descontentamento você está escolhendo? Tudo que isso é, vezes um deusilhão, você vai destruir e descriar? Certo e errado, bom e mau, POD e POC, todas as nove, curtos, garotos e aléns.

Participante da classe:

O que você quer dizer com *descontentamento*?

Gary:

Quer dizer que você nunca está plenamente satisfeito com nada. Você sabe que deveria estar, mas na verdade não se sente assim e fica tentando encontrar uma maneira de poder sentir-se satisfeito ou que deveria ser dessa maneira, porque é assim que você deveria sentir-se, que na verdade não é real para você.

Participante da classe:

Ah, isso aí.

Gary:

É como acreditar: "Agora que tenho uma mulher, serei feliz". Vocês estão sempre tentando estar contentes com o que têm e nunca estão. Por que você iria querer estar contente? Qual seria o valor disso?

Participante da classe:

Parece que não há uma resposta boa para isso.

Gary:

Por que vocês ficam buscando contentamento em vez de consciência? *Contentamento* é a ideia de que você deveria estar satisfeito com o que tem. Não há sequer um de vocês que não consiga uma vagina de ouro em sua vida - e vocês deveriam estar contentes com o fato de ter uma vagina disponível mediante pedido. Vocês nunca perguntam: Que escolhas tenho aqui que ainda nem considerei?

Tudo que isso trouxe à tona, vezes um deusilhão, você vai destruir e descriar? Certo e errado, bom e mau, POD e POC, todas as nove, curtos, garotos e aléns.

Dain:

Que estupidez você está usando para criar as invenções, as intensidades artificiais e os demônios da temporada eterna de descontentamento você está escolhendo? Tudo que isso é, vezes um deusilhão, você vai destruir e descriar? Certo e errado, bom e mau, POD e POC, todas as nove, curtos, garotos e aléns.

Gary:

Você já notou que você pensa que vai estar contente quando tiver uma mulher em sua vida - exceto que isso raramente funciona porque a mulher está dedicada a garantir que você nunca esteja contente? Assim que você se sente contente com alguma coisa, a mulher diz: "Querido, temos que conversar", que significa o quê? "Você está errado, você está fodido, você está ferrado", e não no bom sentido.

Que estupidez você está usando para criar as invenções, as intensidades artificiais e os demônios da temporada eterna de descontentamento você está escolhendo? Tudo que isso é, vezes um deusilhão, você vai destruir e descriar? Certo e errado, bom e mau, POD e POC, todas as nove, curtos, garotos e aléns.

Os homens pensam que as mulheres ficarão contentes com eles, mas nunca ficam. Os homens estão sempre buscando como podem criar contentamento com as mulheres, porque eles pensam que quando a mulher estiver contente, eles também finalmente terão contentamento. Não funciona!

Um descontentamento distorcido que cria separação entre homens

Dain:

Eu notei uma energia estranha entre os homens que tem a ver com isso. É como um descontentamento distorcido que cria separação entre eles e outros homens. Gary, eu sei que você não tem isso com outros caras, mas notei que muitos outros caras têm isso comigo. Quando eu conheço um cara, posso perceber esta energia.

A melhor maneira que posso descrever isso é: Gary me disse uma vez que estava trabalhando com um cara que disse: "Eu tenho um problema com Dain. Estou competindo com ele". O que Gary finalmente percebeu com ele foi que o cara queria mesmo era fazer sexo comigo e estava criando competição comigo a partir desse lugar. Ele tentava me diminuir. Tentava me tornar errado e falava mal de mim pelas minhas costas.

Vocês podem imaginar o que mais teríamos disponível para nós se isso desaparecesse totalmente? Eu não sei vocês, mas este é um dos lugares em que destruo as capacidades e potência que tenho disponíveis. É a habilidade de andar de cabeça erguida e um senso de facilidade. Eu não digo que tenho o caminho para superar isso; só estou trazendo à tona porque é algo que outros caras não estão dispostos a estar cientes ou falar. Eu digo: "Sabe de uma coisa? É hora de falar sobre isso, é hora de estar ciente disso, e é hora de mudar essa porra, porque se você está se separando de outros caras, também está criando separação entre você e você".

Se você acordasse amanhã e não fosse mais hétero, não fosse mais gay, ou não fosse mais a sexualidade que definiu que você é, percebe quanta liberdade isso criaria para você? Se você não tivesse que acordar e fazer a busca pela mulher ou busca pelo homem, se não tivesse que fazer a busca pelo sexo, no que mais poderia colocar sua energia? O que você poderia criar e gerar que criaria uma possibilidade diferente?

Gary:

E por que você se separaria de você? A questão é que para ter um ponto de vista fixo, você tem que criar separação entre você e você.

Quanto do que você tem tentado criar como sua sexualidade, na verdade é o lugar em que você criou a necessidade de estar inconsciente do que você pode ser? Tudo que isso é, vezes um deusilhão, você vai destruir e descriar? Certo e errado, bom e mau, POD e POC, todas as nove, curtos, garotos e aléns.

Dain:

Que estupidez você está usando para criar personalidade e sexualidade como a escolha de todas as escolhas para ser, você está escolhendo? Tudo que isso é, vezes um deusilhão, você vai destruir e descriar? Certo e errado, bom e mau, POD e POC, todas as nove, curtos, garotos e aléns.

E se não houvesse senso de necessidade em sua vida?

Gary:

Esse seria um lugar diferente a partir do qual funcionar. Seria um reconhecimento que não há necessidade em sua vida. Quando você sair do senso de necessidade, não tem mais que criar um lugar em que há limitação. Limitação é baseada em necessidade. Por quê? Porque sempre tem a ver com criar o menor denominador comum que você consegue. É sobre inventar coisas. Sempre que você inventa algo, você usa para criar um aborrecimento.

Que invenção você está usando para criar a sexualidade, você está escolhendo? Tudo que isso é, vezes um deusilhão, você vai destruir e descriar? Certo e errado, bom e mau, POD e POC, todas as nove, curtos, garotos e aléns.

Que invenção você está usando para criar o aborrecimento com mulheres que está escolhendo? Tudo que isso é, vezes um deusilhão, você vai destruir e descriar? Certo e errado, bom e mau, POD e POC, todas as nove, curtos, garotos e aléns.

Que estupidez você está usando para criar as invenções, as intensidades artificiais e os demônios da temporada eterna de descontentamento, você está escolhendo? Tudo que isso é, vezes um deusilhão, você vai destruir e descriar? Certo e errado, bom e mau, POD e POC, todas as nove, curtos, garotos e aléns.

Esse senso de descontentamento é a razão de muitos homens sempre procurarem uma nova mulher. É por isso que não pode existir relacionamentos. Você sempre tem que estar descontente com o que tem. Você supõe que se tivesse o que achou que deveria ter, você teria um resultado diferente, e é por isso que nunca pode ser feliz só com uma mulher. E por isso uma mulher nunca pode ser feliz só com você.

Tudo que isso é, vezes um deusilhão, você vai destruir e descriar? Certo e errado, bom e mau, POD e POC, todas as nove, curtos, garotos e aléns.

Dain:

Que estupidez você está usando para criar as invenções, as intensidades artificiais e os demônios da temporada eterna de descontentamento, você está escolhendo? Tudo que isso é, vezes um deusilhão, você vai destruir e descriar? Certo e errado, bom e mau, POD e POC, todas as nove, curtos, garotos e aléns.

Gary:

Quantos de vocês tentaram estar contentes com uma mulher e ao mesmo tempo estão sempre procurando outra mulher?

Quando eu era casado, ficava pensando: "Tem que haver algo maior", então tive uma experiência de vida passada em que fui um cara famoso e havia uma mulher que ficava me procurando. Eu percebi que tinha o ponto de vista que, em algum momento, haveria uma mulher que me amasse de verdade, que me quisesse de verdade e que me achasse verdadeiramente maravilhoso. Infelizmente, isso não ocorre. Este é o mundo da fantasia da insanidade de possibilidade, em vez da verdade da realidade.

Que estupidez você está usando para criar as invenções, as intensidades artificiais e os demônios da temporada eterna de descontentamento, você está escolhendo? Tudo que isso é, vezes um deusilhão, você vai destruir e descriar? Certo e errado, bom e mau, POD e POC, todas as nove, curtos, garotos e aléns.

Sorte que nenhum de vocês tem esse ponto de vista.

Participante da classe:

(Risadas) Não.

Gary:

Sim, vocês têm. Que gracinha! Amo todos vocês.

Dain:

Que estupidez você está usando para criar as invenções, as

intensidades artificiais e os demônios da temporada eterna de descontentamento, você está escolhendo? Tudo que isso é, vezes um deusilhão, você vai destruir e descriar? Certo e errado, bom e mau, POD e POC, todas as nove, curtos, garotos e aléns.

Eu tenho uma pergunta. Se você vir outro cara, que você julga semelhante a você, e o vê como mais que você, o que isso cria no seu mundo?

Participante da classe:

Faz com que eu me sinta patético.

Dain:

Faz você se sentir patético e assim cria uma separação em que você é inferior.

Participante da classe:

Sim.

Gary:

Que invenção você está usando para criar você como menos que as mulheres, você está escolhendo? Tudo que isso é, vezes um deusilhão, você vai destruir e descriar? Certo e errado, bom e mau, POD e POC, todas as nove, curtos, garotos e aléns.

Participante da classe:

Uau!

Dain:

Que invenção você está usando para criar você como menos que as mulheres, você está escolhendo? Tudo que isso é, vezes um deusilhão, você vai destruir e descriar? Certo e errado, bom e mau, POD e POC, todas as nove, curtos, garotos e aléns.

Gary:

Uau, vou mudar isso:

Que invenção você está usando para criar você como menos valioso que as mulheres, você está escolhendo? Tudo que isso é, vezes um deusilhão, você vai destruir e descriar? Certo e errado, bom e mau, POD e POC, todas as nove, curtos, garotos e aléns.

Estando indefeso

Dain:

Uau. Isso praticamente descreve tudo.

Que invenção você está usando para criar você como menos valioso que as mulheres, você está escolhendo? Tudo que isso é, vezes um deusilhão, você vai destruir e descriar? Certo e errado, bom e mau, POD e POC, todas as nove, curtos, garotos e aléns.

Há outras duas partes disso para olharmos. Uma é a invenção. Pergunte: Que invenção estou usando para criar o problema em abordar mulheres, estou escolhendo?

Outra coisa é que defendemos uma posição, e se você tiver alguma coisa para defender, terá dificuldade de chegar em alguém e ter uma conversa com a pessoa, a menos que você pense que está bem protegido contra ela.

Uma das coisas que mais atrai mulheres é o cara que está disposto a estar lá sem nada do que se defender. Elas dizem: "Ah, meu Deus, de onde você veio?" Todos os outros chegam a elas com essa atitude: "Ei, eu sou legal por causa disso, e sou legal por causa daquilo. Você deveria ver o quanto sou legal!" As mulheres estão acostumadas com isso, há certa astúcia nisso que pode ser divertido para elas, mas você fica muito mais atraente para elas quando está lá, sem nada do que se defender.

Estar indefeso não significa que você é um banana patético. Significa que você tem tanta consciência sobre você disponível que não tem que se defender de nada. Você só se aproxima e diz: "Oi, eu sei que você pode me dar um chute no saco. Sei que você pode não gostar de mim. Sei que pode rir de mim, mas tudo bem para mim porque sei que quando me afastar daqui, eu terei tanto de mim quanto quando estava falando com você." Quando você tem que defender uma posição, não tem isso como uma de suas escolhas.

Que posição de defesa você está escolhendo que verdadeiramente poderia estar recusando, que se recusasse defendê-la, lhe daria a liberdade de ser? Tudo que isso é, vezes um deusilhão, você vai destruir e descriar? Certo e errado, bom e mau, POD e POC, todas as nove, curtos, garotos e aléns.

Ela fará de mim o produto valioso?

Enquanto você está praticando a sexualidade das coisas, não tem a liberdade de ser. Você não tem a liberdade ou a facilidade, porque na maior parte do tempo, antes mesmo de você pensar em se aproximar de alguém, você analisa: "Ela atende a todos os critérios que farão de mim um produto valioso?" Primeiramente, esta é a única razão para você falar com ela. Noventa porcento das vezes, noventa porcento dos caras nem estão interessados nela. É mais como: "Uau, vamos ver. Essa aqui me fará valioso? Aquela me fará valioso? Aquela outra me fará valioso?", e não: "Uau, isso seria divertido para mim".

Nós tiramos alegria e diversão da equação para fazer o que nos tornará valiosos. Quando eu estava na faculdade, há muito, muito tempo, conheci uma garota. Ela era a garota com quem eu sabia que poderia fazer sexo, e eu não fazia sexo há muito tempo, então flertei com ela e a deixei excitada. Era divertido fazer sexo com ela, mas ela não tinha as qualidades que fariam de mim um produto valioso, então depois de fazermos sexo, tentei acompanhá-la até a saída de casa sem acordar ninguém para que eles não...

Gary:

Percebessem o quanto ela era feia?

Dain:

Sim, eles não perceberiam o quanto ela era feia e o quanto se tornou má. O que eu percebi com aquilo foi: "Isso não tem nada a ver com me divertir. Estou buscando um resultado pré-determinado para encontrar alguém que combina com ele. Não tem nada a ver comigo e não tem nada a ver com ela". Quanto do seu sexo e relacionamentos você tem criado a partir desse lugar?

A rejeição da alegria do sexo e cópula

Gary:

Que estupidez você está usando para criar a rejeição absoluta e total da alegria do sexo e cópula, você está escolhendo? Tudo que isso é, vezes um deusilhão, você vai destruir e descriar? Certo e errado, bom e mau, POD e POC, todas as nove, curtos, garotos e aléns.

Na década de 1970, eu conheci uma garota da Suécia. As suecas são supostamente muito mais livres sexualmente do que qualquer pessoa do mundo. Eu pensei que nos divertiríamos juntos, apesar de que ela era muito julgadora e rígida em seus pontos de vista. Onde está a liberdade nisso?

Participante da classe:

A rejeição da alegria do sexo e cópula. Isso tem a ver com os padrões de moralidade e todas as outras porcarias que aparecem no meu universo?

Gary:

Todos têm padrões. Todos têm a moralidade. Para sua sorte, se você for bonito o suficiente, pode superar todos os padrões e toda a moralidade. Mas se você não for bonito e sexy o suficiente, não consegue superá-los. Um dia quero ensinar vocês a andar para que possam superar sua própria rigidez.

Participante da classe:

O que você quer dizer?

Gary:

Vocês não andam como se gostassem do seu corpo ou como se realmente quisessem foder. Vocês não andam como se realmente quisessem fazer sexo. Vocês parecem a imagem do que gostaria de fazer sexo, não *alguém que realmente gosta de sexo.*

Vocês eliminam certos tipos de fluxo de energia no corpo para que não possam ser o que convida a *alegria do sexo.* Vocês só conseguem ser o que convida a *possibilidade de sexo.* Assim você convida a possibilidade e pode ter duas ou três mulheres por noite, o que é bom. É ótimo. É maravilhoso, mas onde você está na computação?

Participante da classe:

Está certo. Nem estou lá.

Gary:

Essa é a parte que tem que mudar.

Que estupidez você está usando para criar você como o príncipe encantado que nunca transa, você está escolhendo? Tudo que isso é, vezes um deusilhão, você vai destruir e descriar? Certo e errado, bom e mau, POD e POC, todas as nove, curtos, garotos e aléns.

Que invenção você está usando para evitar ser o rei, você está escolhendo? Tudo que isso é, vezes um deusilhão, você vai destruir e descriar? Certo e errado, bom e mau, POD e POC, todas as nove, curtos, garotos e aléns.

A excitação que você é

Quantos de vocês, quando criança, ficaram inapropriadamente excitados em ocasiões diferentes sem fazer ideia do motivo de estarem excitados?

Participante da classe:

Sim. Muitas vezes.

Gary:

Sim.

Tudo que você fez para suprimir e reprimir tudo isso, você vai destruir e descriar? Certo e errado, bom e mau, POD e POC, todas as nove, curtos, garotos e aléns.

A razão para você ficar ereto é que você excita os outros. Quando você é a sua energia sexual, você desperta a energia sexual no corpo de outras pessoas. Você excita outras pessoas e por excitá-las, você fica excitado, ou pelo menos seu corpo fica.

Quanto da excitação que recebeu de vez em quando é um lugar em que você invalidou sua consciência da excitação que você era e da excitação que outras pessoas eram para você? Tudo que isso é, vezes um deusilhão, você vai destruir e descriar? Certo e errado, bom e mau, POD e POC, todas as nove, curtos, garotos e aléns.

Há muita insconsciência anexada a isso. Quando tinha quinze anos, eu ficava excitado na minha aula de álgebra todos os dias e o professor me chamava. O que há de excitante em álgebra? Por anos achei que eu que era muito estranho por me excitar com álgebra. E um dia olhei e disse: "Uau! Eu não percebia que o professor de matemática era gay e eu estava excitado por ele. Quando eu ficava ereto, ele tentava me fazer levantar e ir ao quadro negro para resolver uma equação.

Todos os lugares em que você não está disposto a reconhecer o fato de que tem tanto tesão quanto tinha aos quinze anos, e tudo que você fez para tentar suprimir e reprimir isso, você vai destruir e descriar tudo isso? Certo e errado, bom e mau, POD e POC, todas as nove, curtos, garotos e aléns.

Participante da classe:

Eu tenho uma pergunta. Às vezes, quando estou com uma mulher e há um espaço muito legal entre nós, eu tenho uma ereção. Isso cria um lugar muito assustador, esquisito em meu universo, tipo: "Eu não sou um homem aqui."

Gary:

Então, quando você está com uma mulher e há um espaço muito legal entre vocês, mas você não fica excitado, você reconhece que ela pode não estar disposta a fazer sexo? Ou que ela está disposta a fazer sexo, mas você e seu corpo podem não ter nenhum desejo? Você pensa que se uma mulher o deseja, você deve fazer algo.

Participante da classe:

Verdade.

Gary:

Porque você é completa e totalmente pegador.

Dain:

Gary disse isso como se fosse uma coisa ruim, mas eu acho que não é.

Gary:

Eu não tenho o ponto de vista de que ser pegador é algo ruim, mas a menos que você reconheça que você é um pegador, quando alguém quer você, você vai lá não se importando com a aparência da pessoa. Dain estava falando da garota com quem fez sexo porque sabia que seria fácil. Fácil significa que não custa nada para você, então você vai lá. Vocês ficam tentando dizer: "Sim, mas ela tem que estar dentro dos meus padrões". Seus padrões são as coisas que vocês usam para evitar o que poderiam escolher.

Que invenção de padrões você está usando para evitar o que poderia estar escolhendo que seria fácil e divertido? Tudo que isso é, vezes um deusilhão, você vai destruir e descriar? Certo e errado, bom e mau, POD e POC, todas as nove, curtos, garotos e aléns.

Participante da classe:

Esta coisa de pensar que você tem que fazer algo, tem a ver com um padrão também?

Gary:

Não, isso tem mais a ver com ser um príncipe encantado. Se você não é casado, tem que ser um príncipe. Depois de casado, é um escravo. Nunca consegue ser rei.

Participante da classe: Infelizmente.

Gary:

Que estupidez você está usando para evitar ser o rei, você poderia estar escolhendo? O legal de ser rei é que reis podem ser sujos, podem ser fedorentos, podem ser todos os tipos de coisas e mesmo assim conseguem tudo que querem.

Tudo que isso é, vezes um deusilhão, você vai destruir e descriar? Certo e errado, bom e mau, POD e POC, todas as nove, curtos, garotos e aléns.

Participante da classe:

Estamos falando de masturbações, ereções e sentir-se sexual. Ontem eu recebi uma sessão de barras de uma senhora e tive uma ereção muito boa enquanto ela corria minhas barras. Isso acontece muitas vezes. Isso quer dizer que ela gostaria de fazer sexo comigo? Ou que eu a excito ou fico excitado por ela? O que se faz com isso?

Dain:

Sim.

Gary:

Correto, sim. Sinto muito, você é homem. Você tem um pênis. Você está respirando. Você quer ter uma ereção. É um fato. Quando você é mais útil? Quando está duro feito uma rocha. Quando você é inútil? Quando não está. A maioria dos homens tenta evitar este tipo de energia sexual. A senhora estava olhando para você e pensando: "Posso ter isso, por favor?" e seu corpo disse: "Ah, obrigado. Aqui, vou lhe mostrar o quanto seria bom", então você teve a ereção. Não é que você queria ela. É o fato de que ela queria você e você estava disposto a receber dela porque ela não está dentro do seu padrão.

Dain:

Isso também faz parte da energia do viver. Quando você está vivendo, está excitado. Quando está morrendo, não está. A maioria das pessoas no planeta está morrendo, então não sabemos o que é estar excitados como uma questão de percurso e como uma questão de vida e viver. Esta realmente é a energia do viver, não importa o quanto outra pessoa ou outra coisa tenta tirar isso de você.

Participante da classe:

Voltando a quando tínhamos quinze anos, eu tinha ereções o tempo todo – no ônibus, indo para casa no trem, em qualquer lugar. Eu ficava excitado pela vida e viver. Agora parece ser mais irregular. Não acontece tanto. Seria ótimo voltar àquele tempo em que eu tinha ereções mais regularmente e ficava mais excitado pela vida e viver.

A excitação suprema

Gary:

Sim, esta é a excitação suprema – vida e viver. A excitação suprema é alguém que está disposto a viver. Aquela senhora estava disposta a viver e olhou para você como uma possibilidade de viver ainda melhor. Quando você tem quinze anos, há muitas pessoas que lhe desejam e você não nota porque não se deve notar esse tipo de coisa; você pensa que significa que teria que fazer algo a respeito. Mas, não significa que tenha que fazer algo a respeito disso. Apenas significa que as pessoas sentem desejo por você.

Quanta energia você está usando para garantir que nunca desejem você e isso nunca permeie sua vida, seu viver, sua realidade ou sua ereção? Tudo que isso é, vezes um deusilhão, você vai destruir e descriar? Certo e errado, bom e mau, POD e POC, todas as nove, curtos, garotos e aléns.

Dain:

Seria ruim se você realmente tivesse desejo permeando sua realidade novamente. Quando era adolescente, saia do controle. E você era como Gary na aula de álgebra dele, dizendo: "Ai meu Deus!", e pensava: "Ai não, tive outra ereção", e então, é claro que o professor o chamava e ele pensava: Não, eu não entendo matemática."

Gary:

"Eu não sei a resposta. Não faço a menor ideia. Não, não sei resolver esse problema". Eu cortei minha capacidade nesta área da minha vida. Eu fiquei deficiente algébrico porque não queria me levantar para mostrar minha ereção.

Dain:

O que teria sido legal viver em uma realidade em que ele poderia ter se levantado e mostrado que estava ereto: "Ei, tem uma coisa legal acontecendo comigo agora. Estou tão ereto que estou prestes a explodir em todo mundo. O que você queria saber mesmo sobre equações de segundo grau?" E se vivêssemos em uma realidade em que isso fosse possível? Quando você considera esta possibilidade, percebe o quanto estamos distantes de podermos ter e ser o que quer que esteja acontecendo conosco e com nossos corpos no momento. Somos cortados muito dinamicamente de nossos corpos. Se não tivessemos que fazer isso, o que mais seria possível?

Gary:

Que invenção estou usando para evitar a ereção, eu poderia estar escolhendo? Tudo que isso é, vezes um deusilhão, você vai destruir e descriar? Certo e errado, bom e mau, POD e POC, todas as nove, curtos, garotos e aléns.

Participante da classe:

Esta chamada está me deixando muito excitado.

Gary:

Se você tivesse ereção pela vida e viver, isso lhe daria mais criação e mais geração do que você tem atualmente?

Participante da classe:

Ah, certamente!

Gary:

Se você não estiver disposto a ter este lugar em que o desejo, a alegria de viver e a alegria da cópula são parte da sua realidade, não está disposto a ter uma maneira de viver em uma capacidade generativa e criativa. Uma qualidade orgásmica do viver vem da disposição de ter a intensidade do desejo e os sucos criativos que vêm com orgasmo.

Que invenção você está usando para evitar a ereção que poderia estar escolhendo? Tudo que isso é, vezes um deusilhão, você vai destruir e descriar? Certo e errado, bom e mau, POD e POC, todas as nove, curtos, garotos e aléns.

Alguém aqui já percebeu que pode estar ficando só um pouco excitado com a vida e viver?

Participante da classe:

Sim.

Gary:

Quantos de vocês notaram que, quando têm ereção, vocês se sentem bem?

Dain:

É meio que um momento feliz. É como: "Ah, oi!"

Gary:

É um momento feliz, descontraído.

Dain:

Que estupidez você está usando para criar as invenções, as intensidades artificiais e os demônios da temporada eterna de descontentamento, você está escolhendo? Tudo que isso é, vezes um deusilhão, você vai destruir e descriar? Certo e errado, bom e mau, POD e POC, todas as nove, curtos, garotos e aléns.

Que invenção você está usando para evitar a ereção, você poderia estar escolhendo? Tudo que isso é, vezes um deusilhão, você vai destruir e descriar? Certo e errado, bom e mau, POD e POC, todas as nove, curtos, garotos e aléns.

Que invenção você está usando para criar a supressão e repressão da energia sexual, você está escolhendo? Tudo que isso é, vezes um deusilhão, você vai destruir e descriar? Certo e errado, bom e mau, POD e POC, todas as nove, curtos, garotos e aléns.

Que invenção você está usando para criar você como "não rei", você está escolhendo? Tudo que isso é, vezes um deusilhão, você vai destruir e descriar? Certo e errado, bom e mau, POD e POC, todas as nove, curtos, garotos e aléns.

Que estupidez você está usando para criar você como o príncipe encantado que nunca transa, você está escolhendo? Tudo que isso é, vezes um deusilhão, você vai destruir e descriar? Certo e errado, bom e mau, POD e POC, todas as nove, curtos, garotos e aléns.

Gary:

Bem, você acrescentaria essa parte! Você só transa com princesas em vez de qualquer pessoa inteligente o suficiente para divertir-se com você. Sabe, princesas são todas virgens e não sabem como dar – e certamente não sabem fazer boquete.

Tudo que isso é, vezes um deusilhão, você vai destruir e descriar? Certo e errado, bom e mau, POD e POC, todas as nove, curtos, garotos e aléns.

Dain:

Que invenção você está usando para criar você como menos valioso do que as mulheres você está escolhendo? Tudo que isso é, vezes um deusilhão, você vai destruir e descriar? Certo e errado, bom e mau, POD e POC, todas as nove, curtos, garotos e aléns.

Que invenção você está usando para evitar a ereção, você poderia estar escolhendo? Tudo que isso é, vezes um deusilhão, você vai destruir e descriar? Certo e errado, bom e mau, POD e POC, todas as nove, curtos, garotos e aléns.

Gary:

Você percebeu o quanto seu corpo ficou excitado quando corremos este processo?

Participante da classe:

Sim.

Gary:

Então, o que quer que você faça, não coloque isso em *loop* e ouça nos próximos trinta dias. Por favor, não faça isso, ou você pode se achar ficando excitado pela vida e viver em geral.

Dain:

E isso seria mau.

Gary:

Quando você tem quinze anos, você está excitado pela vida e deprimido ao mesmo tempo. Você fica grato quando tem uma ereção, e todo o restante parece menos importante, desde que você tenha uma ereção. E se você usasse isso como uma energia generativa em sua vida, em vez de um erro?

Que invenção você está usando para evitar a ereção, você poderia estar escolhendo? Tudo que isso é, vezes um deusilhão, você vai destruir e descriar? Certo e errado, bom e mau, POD e POC, todas as nove, curtos, garotos e aléns.

Sexo é uma força da vida

Participante da classe:

Parece a minha vida no momento. Quando não estou fazendo sexo, não estou me masturbando ou não estou tendo uma ereção, tudo parece não ter significância.

Gary:

Sim, eu sei. Qual é a razão disso? Você faz ideia?

Participante da classe: Não, por que isso?

Gary:

Quando você tem uma ereção, recebe a força da vida que existe em você e seu corpo. Sexo é uma força da vida. É algo que dá a você a consciência das possibilidades de criar e gerar além dos limites desta realidade – mas não é assim que é apresentado a nós nesta realidade. É apresentado como algo certo ou errado, não como uma energia que insiste na vida e viver. Sexo é tratado como algo que requer que limitemos a vida e o viver.

Participante da classe:

Isso está pirando a minha cabeça.

Gary:

Isso é uma coisa boa. Se você pirasse sua cabeça grande e sua cabeça pequena ...

Dain:

Seria incrível.

Gary:

Tudo que isso trouxe à tona, vezes um deusilhão, você vai destruir e descriar? Certo e errado, bom e mau, POD e POC, todas as nove, curtos, garotos e aléns.

Que invenção você está usando para passar por cima da sua cabeça pequena com a sua cabeça grande você está escolhendo?

Participante da classe:

Eu tenho uma cabeça grande. De qual você está falando?

Gary:

De ambas. Se sua cabeça pequena for tão grande quanto sua cabeça grande, você precisa fazer filmes pornôs, cara.

Dain:

Que invenção você está usando para passar por cima da sua cabeça pequena com a sua cabeça grande você está escolhendo? Tudo que isso é, vezes um deusilhão, você vai destruir e descriar? Certo e errado, bom e mau, POD e POC, todas as nove, curtos, garotos e aléns.

Que invenção você está usando para evitar a expansão da sua agenda, você poderia estar escolhendo? Tudo que isso é, vezes um deusilhão, você vai destruir e descriar? Certo e errado, bom e mau, POD e POC, todas as nove, curtos, garotos e aléns.

Vendo você como valioso

Participante da classe:

Ultimamente tenho esperado as mulheres escolherem, em vez de escolher por mim. Esses processos ajudarão com isso?

Gary:

O processo aclarador sobre ser valioso: "Que invenção você está usando para criar mulheres como mais valiosas que você, você está escolhendo?" criará mais mudança. É aí que você pode mudar os lugares em que olha como a mulher é valiosa, ao invés de você. Você não se vê como valioso.

Participante da classe:

Eu sei.

Gary:

Quando você não se vê como valioso, você chega nas mulheres com um tipo de energia desagradável de sacanagem que é perniciosa e não é legal. Dá às mulheres o ponto de vista de que você é algum tipo de tarado. Não é um convite para elas virem até você. Faz sentido?

Participante da classe:

Eu conheci uma mulher e no início eu era o produto valioso. Eu puxava energia e simplesmente era eu; então, depois de um tempo era: "Ah, estou de volta aos meus antigos padrões novamente". Não sei como contornar isso.

Gary:

Você poderia correr:

Que invenção estou usando para criar o problema com esta mulher eu estou escolhendo? Tudo que isso é, vezes um deusilhão, você vai destruir e descriar? Certo e errado, bom e mau, POD e POC, todas as nove, curtos, garotos e aléns.

O que se requer para que este relacionamento funcione?

Participante da classe:

Obrigado. Eu ouvi uma chamada do Clube de cavalheiros da Austrália e alguém perguntou: "Como crio um relacionamento?" Você disse algo como: "A mulher cria sua ideia de relacionamento e o homem cria a ideia dele de relacionamento, e se tentarem juntar as duas, não funciona".

Gary:

Basicamente, se resume a isso: Você tenta ver como se encaixar no mundo da mulher a fim de criar um relacionamento com ela. Ela tenta ver como você poderia se encaixar no mundo dela, do que é relacionamento para ela, e nada disso é estar presente com: "O que realmente vai funcionar aqui?"

Vocês começam a inventar fotos lindas e românticas de vocês dois juntos. Vocês estão sorrindo e se beijando, e tudo está perfeito. Você diz: "Ah, ela é perfeita. Isso vai ser perfeito". Isso são perguntas? Não. "Vai dar tudo certo. Mal posso esperar para ver como isso vai funcionar". Nada disso é pergunta. A invenção da ideia de um relacionamento perfeito não é a consciência do relacionamento que você realmente tem. Você está criando um aborrecimento para você ou um aborrecimento para ela, um dos dois, em vez de ver o que realmente é possível.

Você tem que perguntar:

- O que se requer para que este relacionamento funcione?
- O que está acontecendo aqui e o que eu gostaria que fosse isso?

A sutileza da consciência que você realmente tem

Dain:

É baseada em conclusão, em vez da sutileza da consciência que você realmente tem. Você tem uma sutileza de consciência. É a consciência de toda sutileza de energia que há. É uma consciência do que é possível, do que não é possível, do que é possível com alguém e do que não é.

Nós fomos ensinados a ir para a conclusão, em vez da consciência e quando você vai para a conclusão, corta todas as sutilezas da consciência que você tem; você corta tudo que pode ver e tudo que pode perceber. Tudo que pode fazer é funcionar a partir da conclusão que tem. Quando você pensa em uma garota, se você se permitir fazer uma pergunta, terá leveza, terá o peso, ou você terá algo meio que distorcido que acontece, e pode se perguntar: "Ok, isso é a sutileza da minha consciência?" Se for, então torna-se um trabalho investigativo de descobrir o que é essa coisa. Se você perceber que tirou muitas conclusões, pode perguntar: "O que posso mudar agora para tornar isso diferente? Ou isso é capaz de ser mudado?"

Gary:

Essa é a pergunta que você tem que fazer. A maioria dos caras vai para a conclusão: "Ah, esta mulher é maravilhosa! Esta mulher é ótima! Ela é tudo que eu sempre quis", e que pergunta é essa?

Participante da classe:

Nenhuma.

Gary:

Não ter pergunta é mais real para nós. Nós inventamos a ideia de que é assim que algo tem que ser, em vez de perguntar: "O que isso pode ser? O que eu realmente gostaria que fosse que ainda nem percebi?"

Participante da classe:

Recentemente, eu estava ouvindo *O Lugar* pela segunda vez e simplesmente chorei. Foi: "Eu sei que isso é possível. Como chego lá?"

Gary:

Sim, eu sei. Para mim, esta é a realidade também. Pergunte: "O que realmente é possível que ainda não considerei aqui?"

Dain:

E se fosse possível criar isso como uma realidade de viver, respirar, em vez de todas as coisas que tentamos tornar reais que todos sabemos que não são reais?

A ereção que você poderia estar escolhendo

Gary:

Que invenção você está usando para evitar a ereção, você poderia estar escolhendo? Tudo que isso é, vezes um deusilhão, você vai destruir e descriar? Certo e errado, bom e mau, POD e POC, todas as nove, curtos, garotos e aléns.

Por que esta é a pergunta que cria mais alegria em seus corpos?

Dain:

Essa é a que fica se repetindo, e repetindo e repetindo.

O presente que continua dando. Uma ereção.

Dain:

Que invenção você está usando para evitar a ereção. você poderia estar escolhendo? Tudo que isso é, vezes um deusilhão, você vai destruir e descriar? Certo e errado, bom e mau, POD e POC, todas as nove, curtos, garotos e aléns.

Gary:

Isso não é incrível? *Ser* uma ereção, ainda mais do que *ter* uma ereção, é o que é a realidade. Quando você tem uma ereção, é o único momento em que está mais disposto a buscar algo como ter uma vida mais grandiosa. Você sempre está procurando: "Onde posso colocar esta coisa? O que mais posso fazer com isso?" O único momento em que você vai para a pergunta é quando tem uma ereção.

Dain:

Mas também é a única vez em que você não faz absolutamente pergunta nenhuma.

Gary:

É o momento em que você chega a sérias conclusões também.

Participante da classe:

Exige muito você ter uma ereção.

Gary:

Sim. Exige muito. E se você estivesse disposto a ter o seu desejo e não a sua exigência? Como seria?

Gary:

Se você usasse essa mesma energia para criar uma possibilidade diferente, como seria a vida?

Dain:

Que invenção você está usando para evitar a ereção, você poderia estar escolhendo? Tudo que isso é, vezes um deusilhão, você vai destruir e descriar? Certo e errado, bom e mau, POD e POC, todas as nove, curtos, garotos e aléns.

Este poderia ser o processo para correr para sempre.

Gary:

Este é o processo para sempre. Coloque em *loop*, especialmente se estiver dormindo perto de uma mulher. Ela pode ter uma ereção e procurar você de manhã. Se ela tiver uma ereção, e uma ereção no clitóris dela, vai querer fazer sexo com você.

Que invenção você está usando para evitar a ereção, você poderia estar escolhendo? Tudo que isso é, vezes um deusilhão, você vai destruir e descriar? Certo e errado, bom e mau, POD e POC, todas as nove, curtos, garotos e aléns.

Eu posso sentir todos os seus corpos dizerem: "Sim! Sim! Sim!" Você percebe o quanto do seu corpo você está tentando desligar? É assim que criamos envelhecimento. É por isso que você nunca é um garoto eterno – está usando o desligamento da sua ereção para envelhecer seu corpo e tornar menos real e menos valioso ter um. Você quer juvenescer? Corra este processo.

Dain:

Que invenção você está usando para criar a rejeição da ereção, você poderia estar escolhendo? Tudo que isso é, vezes um deusilhão, você vai destruir e descriar? Certo e errado, bom e mau, POD e POC, todas as nove, curtos, garotos e aléns.

Isso é interessante. Estávamos fazendo: "Que estupidez você está usando?" agora estamos fazendo "Que invenção você está usando?"

Você se fez inconsciente de coisas, mas agora não é só a inconsciência que você escolhe; é o lugar em que inventamos coisas que escolhemos como de alguma forma mais reais do que a nossa capacidade de escolher algo diferente, então faz parte disso, mas é levemente diferente também.

Que invenção você está usando para evitar a ereção, você poderia estar escolhendo? Tudo que isso é, vezes um deusilhão, você vai destruir e descriar? Certo e errado, bom e mau, POD e POC, todas as nove, curtos, garotos e aléns.

Alguém aqui sente que tem mais sangue circulando pelo seu corpo?

Participante da classe:

Tem algo sobre suprimir a energia da vida, e tudo o que vem à tona porque seria inapropriado ter ereção o tempo todo.

Gary:

Você está errado. Não seria inapropriado para você ter ereção o tempo todo. Seria um convite para mais mulheres usarem você.

Dain:

Ahá.

Gary:

Se você não tiver ereção, não é útil, é?

Participante da classe:

Não.

Gary:

Se você não evita a ereção que você é, se torna uma pessoa mais útil nas vidas das outras pessoas, e para se ver como não valioso, você tem que se tornar inútil, certo? Então você pode perceber que evitar a ereção que você poderia estar escolhendo está afetando todas as áreas da sua vida.

Participante da classe:

Afeta totalmente. É como se eu estivesse segurando até que possa ser liberado no momento apropriado. Não na vida toda. Como a imagem da moralidade padrão no homem.

Gary:

Ter uma ereção pela vida é diferente de ter seu órgão sexualmente ereto, como era. Há tantas áreas da sua vida que você suprime porque não é aceitável você ter uma ereção. Você não se permite ter este elemento entusiástico em sua vida e viver, o que quer dizer que você não se permitirá ser.

Participante da classe:

Exatamente. Uau.

Gary:

Que invenção você está usando para evitar a ereção, você poderia estar escolhendo? Tudo que isso é, vezes um deusilhão, você vai destruir e descriar? Certo e errado, bom e mau, POD e POC, todas as nove, curtos, garotos e aléns.

Se você estiver disposto a ser uma ereção, está disposto a ser a energia que cria uma ereção. Você está sendo a energia que cria e gera. Se estiver sendo menos que isso, está tentando instituir o que a mulher quer que você faça ou seja, que não é escolher ser você.

Este é o lugar em que os homens se cortam de ser a energia que dá o que pode ser recebido, mas não tem que dar o que não pode ser recebido, que é o que você é se estiver disposto a ser essa ereção. Se não estiver disposto a ser isso, você tem que defender o ponto de vista dela, recusar-se a dar o que ela pode receber e recusar-se a ser o que pode ser recebido.

Se você está disposto a ser o tipo de energia que é um convite – porque ter uma ereção é um convite. Se a pessoa puder receber, ótimo. Se a pessoa não puder receber, é errado você ter uma ereção?

Por alguma razão, você não parece perceber que ser uma ereção é um convite. Não quer dizer que as pessoas têm que aceitar. Só significa que é um convite. E se você simplesmente fosse sexy e este fosse o início da possibilidade da energia do sexo, cópula e o pau duro? Se você tivesse esse tipo de energia de ser, "Estou pronto quando você estiver pronta", seria uma energia diferente e um convite diferente de: "Há algo errado comigo porque estou de pau duro?"

Participante da classe:

Sim. Você pode falar mais sobre isso?

Gary:

Sim. Você tem isso disponível para você quando está disposto a ter esse tipo de fluxo de energia. Mas você transformou isso em "pau duro para poder foder alguém". Você tem que estar disposto a criar o que vai criar algo mais grandioso.

Assuma o papel do rei

Dain:

Quando você está disposto a ser algo mais grandioso, você se demite do papel do príncipe. Príncipe é aquele que pode ficar só de brincadeira, deixar o mundo acontecer ao seu redor, e se transar, ele fica feliz e isso basta. Você tem que assumir o papel do rei. É aí que você percebe que é você que cria a realidade ao seu redor. Ninguém mais vai fazer isso por você. Ninguém mais será responsável por você. Eles tentarão derrubar você e julgarão você, mas é irrelevante. Você é a porra do rei. E assim, em vez de viver sua vida acreditando que você é um qualquer e que desde que você esteja transando, está tudo bem, você pergunta: "O que estou criando aqui?"

Se você estiver disposto a ser o rei e a ereção que tem recusado ser, perceberá que você é uma força criativa e um controle criativo no mundo que tem se recusado ser. Se você olhar para quanta merda fazemos sobre mulheres – quer gostem de nós, ou transemos, ou outra pessoa está transando mais do que nós, ou estamos transando menos, e blá, blá blá – toda essa merda que usamos para nos impedir de ser o ser criativo e generativo que realmente somos.

Que invenção você está usando para criar você não como a fonte, força e controle criativo e generativo, você poderia estar escolhendo? Tudo que isso é, vezes um deusilhão, você vai destruir e descriar? Certo e errado, bom e mau, POD e POC, todas as nove, curtos, garotos e aléns.

Gary:

Temos que acrescentar mais uma coisa: "fonte, força, controle e energia generativa".

Dain:

Que estupidez você está usando para criar as invenções, as intensidades artificiais e demônios de nunca ser a fonte, força, controle e contribuição criativa e generativa e a capacidade generativa, você está escolhendo? Tudo que isso é, vezes um deusilhão, você vai destruir e descriar? Certo e errado, bom e mau, POD e POC, todas as nove, curtos, garotos e aléns.

Participante da classe:

Uau. Esse foi um foguete.

Participante da classe:

Isso também esta ligado à coisa da imagem?

Gary:

Você tenta se criar como alguém que *parece*, em vez de alguém *que é*. Você quer parecer um pegador. Você quer parecer o que você acha que uma mulher vai querer. Você quer parecer alguém que é bem-sucedido. Você quer parecer alguém que é valioso, mas *ser* essas coisas e *parecer* essas coisas são dois mundos diferentes.

E se você estivesse disposto a ser o rei das possibilidades?

Dain:

Você tem que estar ciente de que o mundo vai olhar para você de todas as maneiras diferentes. As pessoas olharão para você de todas as maneiras. Você tem que saber qual é seu alvo, qual é o seu objetivo e o que de fato é verdade para você.

E não sei vocês, mas eu tenho feito papel de príncipe encantado há muito tempo. Parecia um lugar ideal para estar e agora percebo que não é o suficiente para mim. Não sei se é o suficiente para vocês. Não sei se alguma vez vocês olharam para o lugar a partir do qual eu estava funcionando e disseram: "Uau, isso seria suficiente para mim. Deixa eu pegar a vaga dele".

E se vocês pudessem perceber isso em seu próprio mundo, mesmo ao comparar vocês com quem quer que vocês se comparem - as comparações comigo, comparações com Gary, as comparções com qualquer pessoa? Elas são suficientes para você? Talvez haja algo muito mais grandioso em ser a fonte, força, controle e capacidade criativa e generativa que somos, que nos leva além dessa coisa de príncipe que temos feito, onde somos felizes por ter alguma mulher que nos receba.

E se estivessemos sendo o rei das possibilidades?

Gary:

Ah! Essa é boa!

Que estupidez você está usando para criar a invenção e a intensidade artificial de evitar ser o rei das possibilidades, você poderia estar escolhendo? Tudo que isso é, vezes um deusilhão, você vai destruir e descriar? Certo e errado, bom e mau, POD e POC, todas as nove, curtos, garotos e aléns.

Eu já lhe disse o quanto amo quando você abre a boca, Dain?

Participante da classe:

É aí também que criamos separação e competição entre homens, quando olhamos para alguém e dizemos: "Ah, uau!" e nos diminuímos?

Dain:

Sim, porque se você percebesse que era o rei das possibilidades, teria uma visão totalmente diferente de você. Seria, "Me desculpe, eu competiria com quem?" Você conseguiria ver onde outros reis por si mesmos poderiam ser uma contribuição, um dar e receber nesta capacidade criativa e generativa e a força, fonte e controle de algo diferente.

Normalmente não usamos as palavras *força*, *fonte* e *controle* como algo a ser incluído, mas este é um lugar em que os homens não têm estado dispostos a abraçar suas capacidades naturais. Se vocês abraçassem essas capacidades, o que mais seria possível? E se a saída da competição que você tem feito comigo, outros homens em Access Consciousness ou homens de fora de Access for reconhecer que você tem uma capacidade mais grandiosa do que tem estado disposto a reconhecer? E se você realmente for o que tem fingido não ser? E se você realmente for o rei das possibilidades? E se você estiver disposto a ser isso, eliminaria a competição com outros homens do mundo?

Gary:

Não há competição de verdade. Competição é uma mentira. Competição é o que se faz no campo dos esportes. Mais do que qualquer coisa, competição entre homens é uma maneira de você nunca ter que reivindicar você na totalidade. É uma maneira de você garantir que não tem que escolher a grandeza que você é. É um lugar em que pode escolher contra outros homens como se fazer isso fosse encontrá-lo, em vez de ver o que realmente é possível e como você poderia trabalhar por você.

Você já teve a experiênca de trabalhar com outro homem e foi tão coesivo e fácil que você terminou tudo que tinha de fazer rapidamente?

Participante da classe:

Sim.

Gary:

Isso porque não há competição de verdade. Se houvesse, nunca haveria uma situação em que homens poderiam cooperar uns com os outros. E eu vejo muitos exemplos de homens cooperando com homens facilmente. Como seria se você estivesse disposto a ter um mundo totalmente diferente? Eu gostaria que todos colocassem isso em *loop*:

Que energia, espaço e consciência eu posso ser que me permitiria ser o rei das possibilidades que verdadeiramente sou por toda a eternidade? Tudo que não permite isso, vezes um deusilhão, você vai destruir e descriar? Certo e errado, bom e mau, POD e POC, todas as nove, curtos, garotos e aléns.

Dain:

Vamos brincar, cavalheiros. Vamos criar uma realidade diferente.

Gary:

Sim. Vamos ter um monte de reis das possibilidades em vez de rainhas da estupidez.

Dain:

E príncipes da insanidade.

Gary:

E príncipes da invisibilidade.

Dain:

Então, por favor, façam este processo, rapazes. Muito obrigado por vocês.

O que mais é possível criarmos juntos?

Gary:

Muito obrigado por estarem nesta chamada. Vocês são demais.

Participante da classe: Obrigado!

5

O SEXO, CÓPULA E RELACIONAMENTO FENOMENAIS QUE VOCÊ PODERIA ESTAR ESCOLHENDO

Se você estiver disposto a funcionar a partir do ponto de vista da possibilidade mais grandiosa e da escolha mais grandiosa em vez do erro do seu ponto de vista, o que mais pode ser possível?

Gary:

Olá, cavalheiros.

Criando ocorrências aumentadas por demônios

Recentemente, Dain e eu notamos que quando as mulheres vão atrás dos homens, os caras cortam sua consciência a fim de transar. Eles nunca perguntam se é isso que querem ou se vai tornar a vida deles melhor.

Você diz coisas como: "Bem, aconteceu", "Eu não pude evitar", "Eu escorreguei" ou "Ocorreu por acidente", mas não é assim que é. Você pensa que se pode ocorrer, *deve* ocorrer; portanto convida demônios para certificar-se de que *ocorra*.

Que estupidez você está usando para criar as ocorrências aumentadas por demônios que está escolhendo? Tudo que isso é, vezes um deusilhão, você vai destruir e descriar? Certo e errado, bom e mau, POD e POC, todas as nove, curtos, garotos e aléns.

Participante da classe:

O que você quer dizer com "convidar demônios"?

Gary:

Você deve convidar demônios a fim de criar o poder que tem como impotência. Nenhum de vocês já ficou impotente diante do seu pau, ficou?

Participante da classe:

Sim.

Gary:

Tipo, você está sempre impotente. Quando seu pau se enche de energia, é como se não tivesse mais cérebro disponível. Você fica com um QI de um dígito. Isso funciona em outras áreas da sua vida também. Toda vez que você diz: "Bem, aconteceu" ou "Não pude evitar", você está convidando demônio para certificar-se de não ser responsável por nada que ocorreu. Todos os lugares em que você diz: " Há, não sei como isso aconteceu", é mentira. Isso é o que você faz para certificar-se de não estar no controle e de não ter capacidade para criar nada. Você se torna o efeito de tudo que ocorre ao seu redor.

Que estupidez você está usando para criar as ocorrências aumentadas por demônios que está escolhendo? Tudo que isso é, vezes um deusilhão, você vai destruir e descriar? Certo e errado, bom e mau, POD e POC, todas as nove, curtos, garotos e aléns.

Bem, a boa notícia é que vocês têm sido *aumentados* por demônios desde que possuem um pênis!

Participante da classe:

O que significa *aumentado*?

Gary:

Aumentado significa que os demônios vêm e ajudam você a ser estúpido. Eles o ajudam a estar menos ciente. Eles o ajudam a se colocar em uma situação ruim. Eles ajudam a garantir que você não faça ideia do que vai acontecer, e é por isso que coisas ruins ocorrem que não o deixam feliz. Pode ser com dinheiro, pode ser com sexo — mas geralmente para vocês é com sexo. Eu amo todos vocês e vocês são um bando de paus procurando um lugar para acontecer.

Que estupidez você está usando para criar as ocorrências aumentadas por demônios que está escolhendo? Tudo que isso é, vezes um deusilhão, você vai destruir e descriar? Certo e errado, bom e mau, POD e POC, todas as nove, curtos, garotos e aléns.

Participante da classe:

Minha parceira e eu estamos seguindo por caminhos separados. Estamos mudando de casa e tudo. Depois da classe de Síntese Energética do Ser do Dain, eu tive tanta clareza do que queria criar e gerar, e voltei para me mudar da casa que minha parceira e eu compartilhamos. Mas quando entrei na casa, esbarrei em uma parede de tijolos. Isso é uma ocorrência aumentada por demônios?

Gary:

Você está disposto a ver o que é verdade para você? E eu lembro que pensei "verdade" antes de perguntar isso.

Participante da classe:

Eu estava até entrar na casa, agora estou infeliz.

Gary:

Sim, porque você percebeu com o que tem convivido o tempo todo.

Participante da classe:

Sim.

Gary:

Quando você tem clareza de que quer fazer outra coisa, de repente torna-se consciente, finalmente, de todas as coisas para as quais têm bloqueado sua consciência a fim de manter o que tem. Você tem a ocorrência do relacionamento como está, onde você corta sua consciência para certificar-se de continuar a ter algo da maneira que está.

Participante da classe:

Então, eu só estou mais ciente de onde tenho me prendido?

Gary:

Sim. Você está consciente do que estava se recusando a estar ciente antes. Toda vez que seu pênis está envolvido, toda vez que entra em um relacionamento de qualquer tipo, você vai para o relacionamento confiável e crível. Você não escolhe o relacionamento irreal e inacreditável. Por que você quer um relacionamento que seja crível e confiável?

Participante da classe:

Sim, isso só prende você de volta a esta realidade.

Gary:

Sim. Traz você de volta a esta realidade. Prende você a esta realidade, em vez de lhe dar escolha de uma realidade diferente. Por que você não iria querer uma escolha diferente?

Participante da classe:

Ah, eu quero.

Gary:

Se você tivesse escolha, se estivesse realmente escolhendo e tivesse escolha e consciência, não deixaria ocorrências aumentadas por demônios assumirem o controle de sua vida. Mas você deixa ocorrências aumentadas por demônios controlarem sua vida. Você diz: "Ah, perdi esse dinheiro. Fiquei sem esse dinheiro". Você age como se não tivesse escolha quando tem.

Que estupidez você está usando para criar as ocorrências aumentadas por demônios que está escolhendo? Tudo que isso é, vezes um deusilhão, você vai destruir e descriar? Certo e errado, bom e mau, POD e POC, todas as nove, curtos, garotos e aléns.

Que estupidez você está usando para se defender do sexo, cópula e relacionamentos irreais, inacreditáveis, fantásticos e fenomenais que poderia estar escolhendo? Tudo que isso é, vezes um deusilhão, você vai destruir e descriar? Certo e errado, bom e mau, POD e POC, todas as nove, curtos, garotos e aléns.

Uau, vocês não querem ter nada que não seja normal, querem?

Que estupidez você está usando para se defender do sexo, cópula e relacionamentos irreais, inacreditáveis, fantásticos e fenomenais que poderia estar escolhendo? Tudo que isso é, vezes um deusilhão, você vai destruir e descriar? Certo e errado, bom e mau, POD e POC, todas as nove, curtos, garotos e aléns.

Que estupidez você está usando para criar as ocorrências aumentadas por demônios que está escolhendo? Tudo que isso é, vezes um deusilhão, você vai destruir e descriar? Certo e errado, bom e mau, POD e POC, todas as nove, curtos, garotos e aléns.

Não é que "simplesmente aconteceu"

Quando você, de repente, decide que quer fazer sexo com alguém, não é por acidente. Não é algo que ocorreu simplesmente. Não aconteceu simplesmente. Essas mulheres vão atrás de você. Isso é real para você? Eu observo as pessoas. Outro dia, em classe, eu observei uma mulher ir atrás de um cara. Ficou óbvio que ela estava atrás dele e foi ridiculamente feia a maneira que as coisas estavam sendo feitas. Ele não conseguia ver nada por causa da ocorrência aumentada por demônio. Ele não fazia ideia de que poderia induzir sua própria morte pela escolha que estava fazendo.

Participante da classe:

Nós escolhemos isso a partir do momento em que garotas começam a ir atrás de nós?

Gary:

Sim. Você escolhe quando ela começa a passar as unhas em você. Um cara e uma garota saíram para almoçar. Eu os vi e pensei: "Ah, coitado do otário. Ele está condenado". A garota era má e perversa e eu sabia que ela faria coisas más e perversas a ele. Mas a agenda dele ficou dura, seu cérebro saiu de cena e ele teve uma ocorrência aumentada por demônios chamada de "o amor do sexo". Ele deixava todos de lado para estar com ela. Tudo que ele prometia fazer para os outros, ele recusava-se a fazer. Tudo que ele dizia que realizaria, tudo que compunha seu negócio, sua vida e suas amizades com todos no mundo se perdeu a favor da vagina dourada que estava cobrindo todo o seu mundo.

Participante da classe:

Uau.

Gary:

Tudo que isso é, vezes um deusilhão, você vai destruir e descriar? Certo e errado, bom e mau, POD e POC, todas as nove, curtos, garotos e aléns.

Participante da classe:

Eu tenho usado meu relacionamento para me defender das mulheres que fazem isso comigo?

Gary:

Bem, você tem se defendido disso. Primeiramente, não são só as mulheres que fazem isso com você; homens também farão isso com você.

Participante da classe:

Sim.

Gary:

Você se defende de tudo que lhe dá escolha.

Participante da classe:

Agora estou ficando vesgo. O que você quer dizer com isso?

Gary:

Se você se define como gay ou hétero, ou se tem uma sexualidade particular, você cria um conjunto de julgamentos para garantir essa definição e torná-la real. Você se defende de tudo que desafia isso ou coloca você em um lugar em que pode questionar isso.

E se o melhor relacionamento que você teve foi com um grande amigo? Há anos, eu tinha um amigo de quem era muito próximo. Fazíamos de tudo juntos. Era muito divertido. Ele era inteligente, brilhante e engraçado, e nos divertíamos muito juntos. Aí ele arrumou uma namorada. Ele me jogou fora como se fosse uma mala velha e eu disse: "Ah, espere um minuto! Éramos tão próximos e agora ele nem pode falar comigo?"

Eles terminaram e ele me ligou. Ele queria me encontrar para reatar a amizade. Ele disse: "Ei, vamos intensificar nossa amizade".

Eu disse: "Não, porque da próxima vez que você arrumar uma garota, você vai me deixar de lado novamente. Não estou interessado". Ele estava disposto a destruir sua amizade comigo a fim de ter um relacionamento exclusivo com uma garota. Ele achava que o relacionamento era o mais importante.

Você está disposto a deixar seus amigos de lado pela vagina que está encobrindo você atualmente? É isso que você faz, quer tenha o compromisso de fazer algo ou não.

Participante da classe:

E até os compromissos com você mesmo.

Gary:

Mais que qualquer coisa, os compromissos com você mesmo. Ir contra o que você se comprometeu é como dizer: "Ela é mais importante. Tudo que ela tem é mais importante que minha própria vida".

Participante da classe:

E quando você perde esse compromisso com você mesmo...

Gary:

Aí você começa a trazer a morte para perto. É aí que você provoca a morte. Aqui vai outro processo que eu quero que vocês façam em vocês mesmos:

Que sedução estou usando para criar a indução da morte que estou escolhendo? Tudo que isso é, vezes um deusilhão, você vai destruir e descriar? Certo e errado, bom e mau, POD e POC, todas as nove, curtos, garotos e aléns.

Nós nos permitimos ser seduzidos para morrer. O cara de quem eu estava falando foi seduzido a abrir mão de todos os seus outros amigos, pessoas que o haviam apoiado e que o amavam, a favor da mulher. Isso era tudo o que importava para ela. Quando ela o deixou, ela se sentiu como um milhão de dólares e ele se sentiu como um monte de merda.

Que sedução estou usando para criar a indução da morte que estou escolhendo? Tudo que isso é, vezes um deusilhão, você vai destruir e descriar? Certo e errado, bom e mau, POD e POC, todas as nove, curtos, garotos e aléns.

Por favor, coloquem isso em um *loop* e toquem sem parar, cavalheiros. Vocês têm que chegar àquele lugar em que não são seduzidos a abrir mão de sua vida por uma mulher, só porque ela quer você.

"Eu quero que ele abra mão da vida dele por mim"

Há anos estava fazendo uma classe e havia um casal lá. Eu perguntei para a mulher: "O que você quer dele?", e ela disse: "Eu quero que ele abra mão da vida dele por mim".

Eu disse: "O quê?!" E todos na sala disseram: "Ah, que fofo!"

Eu disse: "Fofo? Você quer que o cara abra mão da vida dele por você? Basicamente, você está dizendo que ele deve fazer tudo que você quiser, que ele deve fazer tudo que você requer e deseja e que não deve ter vida própria".

Ela disse: "Sim".

É dessa maneira que a maioria dos relacionamentos são criados. Eu perguntei: "Por que as pessoas pensam que isso é uma coisa boa?" Você tem que estar disposto a ver o que realmente quer ter como sua realidade e o que você quer ter em um relacionamento.

A quem ou a que você está disposto a se doar que, se você não se doasse, lhe daria tudo de você? Tudo que isso é, vezes um deusilhão, você vai destruir e descriar? Certo e errado, bom e mau, POD e POC, todas as nove, curtos, garotos e aléns.

Participante da classe:

Nós criamos a sedução na indução da morte ao nos doar?

Gary:

Sim. Você se doa para criar isso.

Que estupidez você está usando para criar a defesa do sexo, cópula e relacionamentos irreais, inacreditáveis, fantásticos e fenomenais que poderia estar escolhendo? Tudo que isso é, vezes um deusilhão, você vai destruir e descriar? Certo e errado, bom e mau, POD e POC, todas as nove, curtos, garotos e aléns.

Dain estava com uma mulher noutro dia que disse: "Acho que deveríamos passar uns dias juntos".

Ele perguntou: "Por quê?"

Ela disse: "Para nos conhecermos melhor".

Ele disse: "Mas, eu não preciso fazer isso. Conheço você". Ele está disposto a saber. Ela não estava disposta a saber. Ela queria passar tempo juntos porque o ponto de vista dela era que se tem que passar tempo juntos para conhecer alguém. E se você não tivesse que passar tempo juntos para conhecer alguém? E se você pudesse simplesmente conhecer a pessoa?

A quem ou a que você está disposto a se doar que, se você não se doasse, lhe daria tudo de você? Tudo que isso é, vezes um deusilhão, você vai destruir e descriar? Certo e errado, bom e mau, POD e POC, todas as nove, curtos, garotos e aléns.

Participante da classe:

Quando "passamos uns dias para conhecer alguém", não é aí que encontramos maneiras de podermos cortar partes de nós para cabermos na realidade da outra pessoa?

Gary:

Sim. É aí que você pode induzir sua morte a favor da vida da outra pessoa.

Quantos de vocês abririam mão da própria vida para ter uma mulher? Tudo que isso é, vezes um deusilhão, você vai destruir e descriar? Certo e errado, bom e mau, POD e POC, todas as nove, curtos, garotos e aléns.

Romance

Participante da classe:

Doar-se é o que chamam de romance nesta realidade? É isso que se chama romântico?

Gary:

Bem, o que se chama romance é divertir-se e ter a alegria de fazer o que estimula você e a mulher com quem está, que cria algumas ilusões de que vocês terão algo mais grandioso. Romance é o que você usa como estimulante para criar uma resposta da mulher.

Eu, pessoalmente, gosto de romance. Gosto de jantares e olhar nos olhos dela com desejo, dar flores, tomar um bom vinho e música, conversar com ela, fazer perguntas sobre ela incessantemente e nunca dizer a ela nada sobre mim. Ao final da noite, quando ela diz: Uau, você é o homem mais interessante que já conheci", eu sei que vou transar. Sou mais pragmático que vocês, pessoal. Eu sei qual é o meu alvo. Vocês pensam que seu alvo é pegar uma mulher. Quantos de vocês pegaram uma mulher e ficaram felizes com ela depois?

Você faz romance para estimular uma mulher a baixar suas barreiras e dar o que você quer. Você não abre mão de você para conseguir uma mulher. Vocês abririam mão de qualquer coisa para conseguir uma vagina. Se ela disser: "Quero que você lata como um cão", vocês vão latir como um cão. Vocês farão tudo que ela pedir porque ela tem a vagina.

Quanto você abriu mão de você a vida inteira por uma vagina? Tudo que isso é, vezes um deusilhão, você vai destruir e descriar? Certo e errado, bom e mau, POD e POC, todas as nove, curtos, garotos e aléns.

Por quem ou pelo que você está disposto a abrir mão de você que se não estivesse disposto a abrir mão de você por isso, lhe permitiria ter tudo de você? Tudo que isso é, vezes um deusilhão, você vai destruir e descriar? Certo e errado, bom e mau, POD e POC, todas as nove, curtos, garotos e aléns.

"Parece que atraio mulheres casadas"

Participante da classe:

Parece que atraio mulheres casadas que estão buscando diversão comigo e então entro no erro de dar o meu corpo a elas. Entro no erro do que isso vai criar depois com o marido, e assim por diante. Eu gostaria de saber qual é a sua abordagem sobre isso e como você lidaria com isso.

Gary:

Mulheres casadas que não estão felizes em suas vidas farão qualquer coisa para conseguir um homem com quem possam fazer sexo. Elas realmente deixarão seus maridos por você? Isso seria um não. Por que elas estão fazendo isso? Elas estão escolhendo você porque você é seguro e não está disposto a assumir um compromisso com elas. As mulheres casadas que estão lhe procurando são mais masculinas do que femininas no ponto de vista delas. A maioria das mulheres vai atrás do marido de outra mulher. Você é marido de alguém?

Participante da classe:

Não.

Gary:

Você é um pegador?

Participante da classe:

Possivelmente, sim. Eu gostaria de não entrar no erro disso e me divertir um pouco, mas fico pensando no que poderia criar depois para elas e seus...

Gary:

Você é um homem humanoide?

Participante da classe:

Acredito que sim.

Gary:

Homens humanoides não gostam de ir atrás de mulheres casadas porque não querem ferrar com a brincadeira de outro homem.

Participante da classe:

Sim.

Gary:

Mas você tem que olhar para o que realmente é. A brincadeira já está ferrada?

Sim ou não?

Participante da classe:

Sim.

Gary:

É real que você tem que ter um problema? Ou você está tentando criar um problema para justificar que você, como homem humanoide que é, não pode acreditar que pode ser certo para você fazer sexo com uma mulher casada?

Participante da classe:

Sim, é isso mesmo.

Gary:

Você está criando uma ocorrência aumentada por demônios. Aqui está um processo que você precisa fazer. Vai lhe dar clareza sobre o fato de que se uma mulher casada procura você, é porque ela decidiu sair do casamento e está buscando você como a fonte. Agora, se esse fosse o caso, você teria que ter um monte de dinheiro e um bom emprego e teria que parecer ser alguém que tenha mais do que você tem. Isso estaria correto?

Que sedução você está usando para criar a indução da morte que está escolhendo? Tudo que isso é, vezes um deusilhão, você vai destruir e descriar? Certo e errado, bom e mau, POD e POC, todas as nove, curtos, garotos e aléns.

Participante da classe:

Bem, eu tenho um trabalho muito bom.

Gary:

Você é um colírio para olhos?

Participante da classe:

Depende dos olhos de quem está olhando para mim. Claro. A beleza está nos olhos de quem olha. Não sei. Não sei disso. Você teria que perguntar a elas.

Gary:

Você tem que admitir o que você é e parar de tentar ser o que você pensa que deve ser. Se você é apenas um pênis que é usado, então seja um pênis que é usado e aproveite muito ser usado. Na realidade, é isso que a maioria dos jovens são. Mulheres casadas tendem a procurar caras jovens que consideram um pênis que podem usar. Por que elas escolhem colírios para os olhos? Porque elas batem tanto nos maridos em casa, que seus maridos não querem mais fazer sexo.

Vocês têm que ser totalmente sinceros com vocês mesmos, pessoal, com relação ao que são. Se você é um puto, você é um puto. Não é um erro; é simplesmente algo que você é. Pare de tentar criar algo que não é real para você. Você tem que olhar para o que é real para você – não o que é real para os outros.

Que sedução você está usando para induzir a morte que está escolhendo? Tudo que isso é, vezes um deusilhão, você vai destruir e descriar? Certo e errado, bom e mau, POD e POC, todas as nove, curtos, garotos e aléns.

Toda vez que você entra no julgamento, você entra na morte. Você está induzindo a morte toda vez que entra em julgamento.

Você está desistindo?

Vamos considerar o amigo de quem eu estava falando. A propósito, não é o Dain. É um amigo diferente. Todos pensam que quando falo de um amigo, estou falando do Dain. Não estou. Quando esse cara foi em frente com aquela mulher, ele criou aborrecimentos com todas as pessoas com e para quem ele tinha concordado em fazer coisas. Ele abriu mão da própria vida por ela e pelos pontos de vista dela só porque ela queria. Isso parou muito do movimento de crescimento que ele tinha na vida que criava dinheiro, possibilidade e escolhas. Ele levou uns dois anos para virar o jogo.

Toda vez que você escolhe ir contra você, pode ser seduzido a sair do que é consciência para você e as coisas se configuram de tal maneira que você acaba abrindo mão de tudo que começou a favor do que tem. Você perde seu futuro inteiro com isso.

Que sedução você está usando para induzir a morte que está escolhendo? Tudo que isso é, vezes um deusilhão, você vai destruir e descriar? Certo e errado, bom e mau, POD e POC, todas as nove, curtos, garotos e aléns.

Participante da classe:

Gary, Estou tendo um momento "Ai meu Deus". É isso que tenho feito no último ano?

Gary:

Sim, você tem tentado se ajustar à pessoa com quem está para fazê-la feliz. Isso é uma justificativa, não é verdade. Você não está fazendo isso para fazê-la feliz. Você está fazendo isso para abrir mão de você. Está fazendo isso para se matar. Quanto você se importa consigo? Pouco ou nada.

Participante da classe:

Bem, é óbvio que eu não me importava.

Gary:

Tudo que isso é, vezes um deusilhão, você vai destruir e descriar? Certo e errado, bom e mau, POD e POC, todas as nove, curtos, garotos e aléns.

Participante da classe:

Este processo de sedução me ajudará a ir para o mundo para criar e gerar o que eu desejo?

Gary:

Espero que sim. Pelo menos você começará a ver o que deseja. Não será seduzido pela ideia de "ela não ficará feliz comigo se eu fizer isso". Você não vai se seduzir a não fazer algo como se isso fosse fazê-la feliz. Isso não a faz feliz. Nada faz uma mulher feliz, exceto quando ela decide ser feliz. E nada faz um homem feliz, exceto abrir mão de si mesmo por uma vagina. Ele pensa que é feliz quando faz isso, mas no final de tudo, está ferrado, sofrendo e quer se matar. Como isso está funcionando para vocês cavalheiros?

Participante da classe:

Nada bem!

Gary:

Que sedução você está usando para induzir a morte que está escolhendo? Tudo que isso é, vezes um deusilhão, você vai destruir e descriar? Certo e errado, bom e mau, POD e POC, todas as nove, curtos, garotos e aléns.

Alguém de vocês já notou que ao entrar em relacionamentos, começa a coisa de anda-para em tudo na sua vida? Você começa algo, fica interessado em uma mulher e logo está desistindo de tudo que começou a criar para estar com ela. Por que você faria isso?

A quem ou a que você está disposto a se doar, que se não se doasse por isso, lhe permitiria ter tudo de você? Tudo que isso é, vezes um deusilhão, você vai destruir e descriar? Certo e errado, bom e mau, POD e POC, todas as nove, curtos, garotos e aléns.

Por que você não está completo sem uma mulher?

Que estupidez você está usando para se defender de escolher você em troca de uma mulher ou parceira sexual você está escolhendo? Tudo que isso é, vezes um deusilhão, você vai destruir e descriar? Certo e errado, bom e mau, POD e POC, todas as nove, curtos, garotos e aléns.

Escolha o que você quer escolher. Não escolha porque ela quer que você escolha. Escolha porque você quer escolher.

Que estupidez você está usando para criar a sedução da indução da morte que está escolhendo? Tudo que isso é, vezes um deusilhão, você vai destruir e descriar? Certo e errado, bom e mau, POD e POC, todas as nove, curtos, garotos e aléns.

Inculcação de realidade

Participante da classe:

Dain estava falando comigo noutro dia sobre a maneira como inculco a realidade dos outros. Eu pego a realidade de alguém e misturo com a minha.

Gary:

Inculcar é onde você coloca todas as partes e pedaços de ambos juntos em um liquidificador e tenta sair com os dois sendo o mesmo. É a maneira que a maioria das pessoas tenta criar relacionamentos.

Nós pensamos que temos que criar um relacionamento misturando nossas realidades e saindo com algo que seja palatável para nós dois. Porém, a única parte que você pega é a merda dela e a única parte que ela pega é o seu ouro. Você pegará a merda dela em troca do seu ouro, o tempo todo. O quê?

Participante da classe:

É isso que as pessoas fazem com as famílias também?

Gary:

É isso que as pessoas fazem com famílias.

Participante da classe:

Seitas?

Gary:

Seitas e religiões - e tudo em que você tenta se encaixar. Infelizmente, a maioria de vocês é péssimo em se encaixar porque estão muito mais dispostos a serem líderes do que seguidores. Na realidade, vocês são como gatinhos. Ninguém pode controlá-los, mas vocês ficam tentando fingir que de alguma maneira podem ser controlados. Não funciona, mas se vocês estão felizes com isso, tudo bem. Se os deixa felizes, fiquem à vontade. Fodam-se e sintam-se bem com isso.

Há também *esculcar,* que é onde, em vez de você e sua parceira tentarem misturar todas as partes e pedaços de vocês, vocês tentam separar essa coisa toda. Vocês são óleo e água, em vez de escolha.

Entrelaçamento do estado de ser é onde você está tão próximo de alguém que você ouve e percebe o que essa pessoa não está disposta a ouvir e perceber.

Dain e eu somos muito próximos, e quando ele se recusa a ver o que realmente é possível, eu sempre consigo ver e saber.

Para mim, é ver onde a pessoa precisa entender o que realmente está acontecendo e olhar a partir de um lugar diferente. Por exemplo, eu pegava coisas estranhas das garotas com quem Dain estava transando, sobre elas não quererem que ele estivesse com ninguém mais. Eu pensava: "Ai meu Deus. Eu não quero que Dain esteja com mais ninguém", e então eu dizia: "Mas ele não está comigo! O que é isso?"

Eu sabia que ele não estava disposto a receber. Estou disposto a saber de muitas coisas. Eu sabia que o cara que estava na classe estava sendo encoberto pela mulher. Eu conseguia ver exatamente o que estava acontecendo, mas ele não via, não importa o que eu dizia a ele, então eu ficava de boca fechada e deixava ele seguir a estrada para se matar para que pudesse ter aquela oportunidade novamente. Não era a melhor escolha dele. Vocês não vão querer seguir por esses caminhos.

Participante da classe:

E escolha cria consciência.

Gary:

Escolha realmente cria consciência. Ele escolheu. Ganhou muita consciência. Não era a consciência que ele queria, mas ganhou muita consciência.

Que estupidez você está usando para criar a inculcação de realidade como relacionamentos está escolhendo? Tudo que isso é, vezes um deusilhão, você vai destruir e descriar? Certo e errado, bom e mau, POD e POC, todas as nove, curtos, garotos e aléns.

Há anos, quando me divorciei, havia uma mulher que dizia: "Mal posso esperar para passarmos tempo juntos".

Eu perguntei: "O que você quer dizer?"

Ela disse: "Bem, calculo que passaremos setenta e cinco por cento do nosso tempo juntos daqui para frente".

Eu disse: "Setenta e cinco por cento do nosso tempo? Vamos ver, em um dia de vinte e quatro horas, isso significa que passarei dezoito horas com você? Não gosto de passar dezoito horas com ninguém. Não quero passar dezoito horas com alguém".

Quantas horas você realmente gostaria de passar com alguém – e estar totalmente presente com essa pessoa o tempo todo? Se disser mais de duas horas e meia, está mentindo.

Participante da classe:

Sim. Duas ou três horas.

Participante da classe:

Três horas e meia por semana.

Gary:

O tempo que você quer passar com alguém é cerca de dez por cento do tempo que você tem em um dia, porque isso significa que estará totalmente presente com essa pessoa. E essa pessoa estará totalmente presente com você. Quantos de vocês poderiam estar totalmente presentes com alguém sem estar em julgamento, sem conclusão, sem consideração, mas só estar lá, totalmente na pergunta e presença? Quantos de vocês conseguem fazer isso por mais de duas horas e meia?

Participante da classe:

Duas horas e meia parece muito tempo.

Gary:

A maioria de vocês quer estar com alguém até gozar, depois já estão prontos para ir embora.

Que sedução você está usando para induzir a morte que está escolhendo? Tudo que isso é, vezes um deusilhão, você vai destruir e descriar? Certo e errado, bem e mau, POD e POC, todas as nove, curtos, garotos e aléns.

Seja sincero sobre onde está em sua vida

Gary:

Pessoal, sejam sinceros com vocês. Se vocês são um pênis procurando um lugar para acontecer, então são um pênis procurando um lugar para acontecer. Isso não é algo errado, certo ou qualquer outra coisa. Você simplesmente é um pênis procurando um lugar para acontecer.

Você tem que ser sincero sobre onde está na vida. Que tipo de pessoa você é. O que realmente é importante para você. O que você quer criar. Se estiver disposto a fazer isso, pergunte: "Ok, como posso usar isso?", em vez de: "Como posso abusar de mim com isso?" Ser um pegador e um puto são consideradas coisas ruins nesta realidade, mas e se fossem o maior poder que tinha disponível para você? Se você estivesse disposto a funcionar a partir do ponto de vista da maior possibilidade e maior escolha, em vez do erro do seu ponto de vista, o que mais seria possível?

Participante da classe:

É como se estivesse usando, "Eu sou puto" como uma justificativa para me matar.

Gary:

Sim, é usar "puto" como justificativa em vez de dizer: "Ok, sou puto. Farei sexo com qualquer pessoa. Como posso usar isso para criar minha vida?" Não é: "Como posso usar isso para destruir minha vida, para me matar?"

Tudo que isso é, vezes um deusilhão, você vai destruir e descriar? Certo e errado, bom e mau, POD e POC, todas as nove, curtos, garotos e aléns.

Você é um pegador. É simplesmente o que você é. Você pode usar isso para induzir sua morte ou pode usar isso para criar sua vida. De que maneira você tem usado?

Participante da classe:

Para induzir a morte.

Gary:

Sim. Não é sua melhor escolha, é?

Participante da classe:

Para criar a vida. Como seria isso?

Gary:

Pergunte: Como posso usar, o fato de ser um puto para criar mais na vida, não menos? Com quem posso transar que vai expandir meu universo, me dar a vida que quero e fazer tudo funcionar? Em vez de ir para o que vai criar sua vida, você busca o que vai se tornar uma transa, porque transar tornou-se o produto valioso – não o fato de que você pode transar, não o fato de que você é atraente e que você atrai as pessoas para transar, não o fato de que você pode se curtir demais. Você torna transar a meta final da sua vida, o alvo de tudo. A maioria dos homens faz isso.

Participante da classe:

Estou rindo. Vejo isso tão claramente.

Gary:

A criação para no momento em que você chega a este ponto: "Esta mulher vai transar comigo". Você não olha para: "Como posso usar isso a meu favor?" Eu odeio dizer isso, cavalheiros, mas as mulheres gostam de transar tanto quanto os homens. Elas só querem o romance para poder escolher.

Como posso usar ser um cafajeste a meu favor?

Gary:

Por exemplo, alguns de vocês fazem papel de cafajeste. Isso geralmente funciona bem para vocês? Não. Então vocês têm que perguntar: "Como posso usar o fato de ser um cafajeste a meu favor?" Se você acrescentasse humor, poderia usar isso a seu favor. Se visse a diversão e brincadeiras, se visse as possibilidades em vez da destruição, da maldade, do quanto é terrível ou qualquer coisa desse tipo, apareceria uma realidade diferente?

Participante da classe:

Você pode me dar um exemplo disso?

Gary:

Se você bancar o cafajeste com humor, as pessoas vão pensar que você não é um cafajeste. Cafajeste significa que você dá uma volta nas garotas. Você pergunta: "Ei, posso tirar minha calça e mostrar meu pênis para você? Você não quer ele agora que você viu?", e a mulher diz: "Que nojento!" Você ainda não viu como pode usar isso de maneira diferente. E se você fizesse algo diferente, em vez de bancar o cafajeste com as mulheres e dizer: "Você vai querer fazer sexo comigo".

Não é sobre mudar o fato de você bancar o cafajeste. É sobre ver como você pode usar isso a seu favor. O que estou tentando dizer é que você banca o cafajeste e isso não traz os resultados que você quer. Então, o que você teria que ser ou fazer diferente para obter os resultados que realmente quer? Como você poderia fazer ou ser diferente com isso?

Pergunte: Como posso usar isso de uma maneira diferente? Você tem que aprender a usar isso de maneira que funcione para você. No momento você está usando de maneira que não está funcionando. Você tem que ter clareza do que quer. Você quer um relacionamento?

Você só quer transar? Se você só quer transar, ganhe muito dinheiro e contrate uma prostituta. É descomplicado. Ou vire gay, porque isso também é sexo descomplicado.

É o mesmo com qualquer coisa. Se você tem boa aparência, tem que reconhecer que tem boa aparência e perguntar: "Como uso isso para criar minha vida?", e não: "Como posso usar isso para conseguir uma mulher?" Você usará sua aparência para conseguir uma mulher e depois destruirá sua vida para tê-la. Você usará sua aparência para se matar. Você é seduzido pelo fato de que sua boa aparência faz você transar, então você seduz alguém para transar a fim de se matar.

Que sedução você está usando para induzir a morte que está escolhendo? Tudo que isso é, vezes um deusilhão, você vai destruir e descriar? Certo e errado, bom e mau, POD e POC, todas as nove, curtos, garotos e aléns.

Que estupidez você está usando para criar a defesa contra o você irreal, inacreditável, fantástico e fenomenal que você é em vez de transar que está escolhendo? Tudo que isso é, vezes um deusilhão, você vai destruir e descriar? Certo e errado, bom e mau, POD e POC, todas as nove, curtos, garotos e aléns.

Usando sua energia sexual

Participante da classe:

Eu não me vejo como um pegador ou cafajeste. Você poderia me ajudar a encontrar o que eu poderia usar para criar a minha vida?

Gary:

Você está tentando se criar como altamente sexual ou assexual?

Participante da classe:

Assexual no momento.

Gary:

Ok, então tudo que você tem feito é se fazer assexual. Quando você tenta se fazer assexual, está tentando colocar de lado a energia sexual que tem para não ser seduzido para um relacionamento que não funciona mais? Ou você está tentando se fazer assexual para não criar problemas nos mundos de outras pessoas?

Participante da classe:

A última.

Gary:

Tudo que isso é, vezes um deusilhão, você vai destruir e descriar? Certo e errado, bom e mau, POD e POC, todas as nove, curtos, garotos e aléns.

Quando você tenta se fazer assexual, como se isso não fosse causar problemas nos mundos das pessoas, você atrai muitas pessoas que tentam seduzir você, que é a parte que você gosta. Você não gosta quando as pessoas tentam seduzir você e você pode dizer não?

Participante da classe:

Sim.

Gary:

Você gosta de poder dizer não. "Não sou esse tipo de garota... Quero dizer, não sou esse tipo de garoto. Não vou desistir por tão pouco. Não sou um puto barato. Não sou um cafajeste. Não sou um pegador. Sou um bom garoto".

Participante da classe:

Então, bancar o assexual cria pessoas querendo seduzir você? Isso é só intimidação?

Gary:

Sexualness total pode ser intimidação. Se você está disposto a ser totalmente sexual e usar sua *sexualness* como maneira de intimidar outros, um mundo totalmente novo se abre. Uma vez eu fiz uma classe de sexo e uma coisinha novinha linda olhou para mim e disse: "Eu poderia colocar minha cinta com vibrador e pegar você".

Eu perguntei: "Você realmente acha que dá conta de mim, querida?", e ela ficou totalmente interiorizada. Ela fazia sexo como força. Ela não estava fazendo sexo como uma realidade. Você tem que chegar aonde reconhece que sexo como realidade é um universo totalmente diferente. Sexo como realidade é: "Quem posso intimidar com minha energia sexual? Quem posso convidar com minha energia sexual? Quem posso induzir em minha vida que não vai me matar? E com quem posso criar o que criará mais da vida que eu realmente gostaria de ter?"

Muitas pessoas usam sua energia sexual a fim de criar arte e literatura; elas sublimam sua energia sexual pela cópula e em vez disso a usam de maneiras artísticas, como se isso resolvesse as coisas para elas. Energia sexual não é a *fonte* da criação; é uma *contribuição* para isso. Você deve expandir sua energia sexual para que ela seja uma contribuição para tudo que você pode criar, seja arte, literatura, pintura, música ou qualquer outra coisa.

Você tem que estar disposto a ser intimidador sexualmente, e isso significa que em vez de dizer: "Ah, ela me quer. Legal. Sou muito grato por ela me querer. Vou deixar ela arranhar meu corpo todo com as unhas e ninguém mais vai me tocar", você pergunta: "Você realmente acha que me satisfaz, querida? Tchau. Até mais. Tenho coisas para fazer, pessoas para ver e lugares para estar!", e não: "Sim. Vou abrir mão da minha vida por você".

Tudo que isso é, vezes um deusilhão, você vai destruir e descriar? Certo e errado, bom e mau, POD e POC, todas as nove, curtos, garotos e aléns.

A maioria de vocês não quer ser sexualmente intimidadora porque acha que se for sexualmente intimidador, ninguém vai querer você. Não, as divertidas vão querer você.

Quando você é sexualmente intimidador, nunca está disposto a ser menos porque outra pessoa não pode receber a *sexualness* que você é. Quando você é sexualmente intimidador, as pessoas têm que escolher se querem ou não estar com você, em vez de você tentar seduzi-las a fazer algo que não querem fazer. Quando você tenta não ser sexualmente intimidador, as pessoas tentam entender o que você quer delas em vez de poder escolher o que elas querem. Se você estiver disposto a ser sexualmente intimidador, elas saberão o que você quer delas e poderão escolher se querem fazer isso – ou não.

Quantas vezes você não tem estado disposto a ser sexualmente intimidador? E todos os lugares em que você decidiu que ser sexualmente intimidador é um erro, você vai destruir e descriar tudo isso? Certo e errado, bom e mau, POD e POC, todas as nove, curtos, garotos e aléns.

A maioria de vocês, quando tem uma experiência sexual muito boa, a tornará mais tola da próxima vez para certificar-se de não perder a pessoa.

Tudo que isso é, vezes um deusilhão, você vai destruir e descriar? Certo e errado, bom e mau, POD e POC, todas as nove, curtos, garotos e aléns.

Você prefere ter uma tola querendo você em vez de alguém que seria divertido e que curtiria foder com você. E se você dissesse que não gostaria de fazer o que ela queria que você fizesse, ela diria: "Ah, ok. Vou fazer o que você quiser".

Dain finalmente ficou sexualmente intimidador. Quando a mulher disse que queria passar dois dias com ele, ele disse: "Eu não quero passar dois dias com você". Ela enviou uma mensagem de texto para ele no dia seguinte e disse: "Você está certo. Eu só quero estar com você. O tempo que você tiver é um convite imenso, uma contribuição imensa. Eu quero ter isso". Se você não está disposto a se ajustar ao mundo das pessoas, elas se ajustarão ao seu. Pare de ser florzinha.

Tudo que você fez para se criar como florzinha que qualquer um cheira ou lambe você, você vai destruir e descriar tudo isso? Certo e errado, bom e mau, POD e POC, todas as nove, curtos, garotos e aléns.

Participante da classe:

Então, se eu estou escolhendo *assexualness*, estou me seduzindo para a indução da morte?

Gary:

Sim. Você está seduzindo a si mesmo para a morte. É isso que é *assexualness*. Você não tem sexualidade. Você não tem homem nem mulher na sua vida. Você não tem energia sexual no seu corpo. Como você pode curar seu corpo se não tiver energia sexual?

Participante da classe:

Não pode.

O que você está criando com sua energia sexual?

Gary:

Energia sexual é a energia criativa. Você pode voltar a ativar sua energia sexual, mas não tem que usá-la para transar.

Participante da classe:

Não, eu posso usá-la para criar e gerar minha vida. Então, que perguntas posso fazer a partir daqui?

Gary:

Pergunte: Que sedução estou usando para induzir a morte que estou escolhendo? Você está se seduzindo para a *assexualness* como se isso fosse criar a sua vida. Não, isso vai criar a sua morte.

Você tem que olhar o que está criando com sua energia sexual. Se está sendo um pegador, pensa que desde que esteja transando três vezes por dia está criando sua vida. Não, está criando seu pênis. Não está criando sua vida. A vida não é um pênis, não precisa ser dura o tempo todo para você aproveitá-la. Você tem que começar a olhar para todas essas coisas a partir de um lugar diferente e começar a perguntar: O que realmente gostaria de criar como minha vida?

Quando aquela mulher me disse: "Podemos passar setenta e cinco por cento do nosso tempo juntos", eu tive que olhar duro por um tempo e perguntar: "Eu verdadeiramente desejo um relacionamento?" Ela desejava. A propósito, ela era casada e deixaria o marido por mim. Quando olhei, percebi que ela não estava interessada em mim; estava interessada em eu estar interessado nela. Qual é a diferença?

Participante da classe:

Esse é o espaço de você não estar disposto a abrir mão de si mesmo.

Gary:

Não estou disposto a abrir mão de mim mesmo por ninguém, por dinheiro algum ou qualquer outra coisa.

Por quem ou por que você está disposto a abrir mão de si mesmo que se não abrisse mão de si mesmo por isso, lhe permitiria ter tudo de você? Tudo que isso é, vezes um deusilhão, você vai destruir e descriar? Certo e errado, bom e mau, POD e POC, todas as nove, curtos, garotos e aléns.

Sexo ótimo

Um cara estava me contando sobre uma experiência de sexo ótimo que teve. Ele perguntou: "O que se requer para ter mais disso?" Quando você tem experiência de sexo ótimo, em vez de perguntar: "O que se requer para ter mais disso na minha vida?" tente: "O que se requer para eu perceber esta energia nas pessoas?" Você tem que estar disposto a perceber a energia nas pessoas que cria sexo ótimo.

Participante da classe:

E escolher.

Gary:

Sim, e escolher o que vai criar isso. Vocês criam padrões esquisitos com base nos pontos de vista de outra pessoa sobre o que é uma pessoa atraente. Eu posso ver uma mulher com um corpo bonito ou um homem com um corpo bonito e dizer: "Ah, uau, que bonito! Seria divertido fazer sexo com essa pessoa?" Não? Ok. Corpo bonito. Bonito para olhar. Incrivelmente sedutor – e inútil do meu ponto de vista.

Vocês veem um corpo bonito, seios bonitos, ou que os deixa excitados e.... Por que vocês veem algo que os excita em vez de simplesmente ficarem tão excitados que excitam a todos os demais?

Participante da classe:

O primeiro tipo de excitação é a sedução a indução da morte?

Gary:

Sim. É a sedução para a indução da morte porque a pessoa pela qual você está excitado é a pessoa que induzirá a morte em você.

Tudo que isso é, vezes um deusilhão, você vai destruir e descriar? Certo e errado, bom e mau, POD e POC, todas as nove, curtos, garotos e aléns.

Você são todos uma gracinha, mas têm QI de um dígito e que está pendurado entre suas pernas.

Participante da classe:

Eu gosto muito dessa chamada. Essas chamadas são incríveis.

Gary:

Se eu levar dois ou três de vocês ao ponto em que realmente podem se divertir, criar sua vida e ainda conseguir ser um pegador, um cachorro no cio ou um cafajeste, então terá valido a pena.

Não torne os julgamentos das outras pessoas reais

Pessoal! Eu amo vocês, mas vocês são simplesmente muito tolos. Quando alguém tenta fazê-los errados porque vocês são o que são, não torne isso errado. Diga: "Sim, obrigado" ou "Caramba! Você está brincando comigo?" Você tem se feito de errado por um de seus melhores atributos. Em vez de usar isso em *seu favor*, tem usado isso *contra* você. Quando as pessoas me diziam que eu era um tarado, cachorro no cio, eu dizia: "Sim, eu sou!"

Elas diziam: "Bem, isso não é uma coisa boa!" E eu dizia: "Com base no quê? Para mim funciona".

Participante da classe:

Então nós criamos a indução da morte para validar o ponto de vista de outra pessoa?

Gary:

Sim, para validar o ponto de vista de outra pessoa que você está errado. Você não está errado; você só é um puto. Puto não é errado. Puto só é puto.

Participante da classe:

Cuidado! Aqui vem o cachorro no cio!

Gary:

Muito bem, agora estamos chegando a algum lugar! Vou chamar você de cachorro no cio, em vez de assexual.

Participante da classe:

Tudo isso tem base na validação dos julgamentos de outras pessoas?

Gary:

Tudo tem como base validar o ponto de vista dessa realidade – os julgamentos das realidades de outras pessoas. Eu diria: "Ok, e se eu for um puto?" Quando as pessoas têm um julgamento de você, você o torna real e verdadeiro. Eu nunca fui para esse espaço. Eu perguntava: "O quê? Você pensava que isso era bom ou mau ou certo ou errado, e nem via esse outro ponto de vista por que razão?"

Quando estava na escola, eu dançava bem e era bonito. Eu não sabia que era bonito, mas eu era. Desde o primeiro ano do ensino médio, eu era convidado para todos os bailes de formatura. Eu era convidado pelas garotas mais feias do mundo, mas não me importava. Eu iria me casar virgem, então não seria tentado a fazer sexo com mulheres feias. Eu tomava vinho com elas, jantava com elas, dançava com elas e elas se sentiam muito especiais e lindas e estava tudo bem.

Tudo que isso é, vezes um deusilhão, você vai destruir e descriar? Certo e errado, bom e mau, POD e POC, todas as nove, curtos, garotos e aléns.

Quando finalmente decidi que perderia minha virgindade e não esperaria até casar, eu procurei a mulher que era considerada a maior puta do lugar em que eu trabalhava. Ela dispensava todos os caras. Não estava interessada em nenhum deles. Então eu a entretive, sorri para ela, conversei com ela, eu era engraçado, agradável e incrível. Eu puxei energia dela e nunca a convidei para sair. Por três meses, não a convidei para sair. Então finalmente a convidei para sair. Fizemos o melhor sexo! Eu aprendi a fazer sexo de todas as posições. Em todos os carros. Em todos os móveis. Em qualquer lugar a qualquer momento. Era maravilhoso. Ela era uma garota que gostava de sexo e eu estava interessado em alguém que gostava de sexo. Meus critérios eram: Será fácil? Será divertido? E vou aprender alguma coisa? Não:

Posso abrir mão de mim e morrer por esta mulher e assim ela saberá o quanto a amo?

Por favor, corram este processo durante o próximo mês:

Que sedução estou usando para induzir a morte que estou escolhendo? Tudo que isso é, vezes um deusilhão, você vai destruir e descriar? Certo e errado, bom e mau, POD e POC, todas as nove, curtos, garotos e aléns.

Eu posso garantir a vocês que cada mulher que vocês acharem tão sedutora que não poderão deixar passar foi projetada para induzir a sua morte. Sim, ela vai expandir sua agenda, mas não foi projetada para criar suas possibilidades.

Use as perguntas:

- Se eu escolher isso, como será minha vida em cinco anos?

- Se eu não escolher isso, como será minha vida em cinco anos?

E seja sincero, para variar. Você acha que se transar a vida será melhor. Não será melhor. Será mais da mesma coisa que você tem criado que não tem funcionado. Não abra mão de nenhuma parte da sua vida por outra pessoa, porque se o fizer, abrirá mão do futuro que começou a criar e terá que começar do zero novamente. Amo todos vocês. É isso por hoje.

Participante da classe:

Obrigado, Gary.

Gary:

Obrigado. Vocês são bons. Agora sejam maus. É muito mais divertido.

Tchau.

6

O QUE VOCÊ REALMENTE DESEJA?

Sua consciência pode criar um relacionamento, se você quiser.
Pode criar o que você desejar, mas você tem que desejar.
A pergunta é: O que você realmente deseja?

Gary:

Olá cavalheiros. Alguém tem pergunta?

E se todos estivessem dispostos a ser putos?

Participante da classe:

Na última chamada vocês falaram que ser um puto e um pegador não é um erro. Eu sempre comprei o ponto de vista de que ser um puto ou pegador é errado e que um cavalheiro legal e decente não seria ou faria isso. Você poderia falar mais sobre isso?

Gary:

O que faz de você um cavalheiro? Com quanta delicadeza você coloca enquanto está duro? Se todos estivessem dispostos a ser putos, teríamos um mundo muito mais fácil, mas todos tentam estar no julgamento sobre como as coisas deveriam ser "apropriadas". Eles pensam que se pudessem fazer as coisas apropriadas e corretas, não

167

teriam problemas, mas os problemas existem não porque você está sendo um puto ou pegador. Os problemas existem por causa dos julgamentos que as pessoas usam como armas contra você.

Quantos de vocês tiveram alguém que usou julgamentos próprios acerca da sua energia sexual contra você? Toda vez que energia sexual vem à tona, a primeira coisa que você faz é entrar no erro de você, porque o julgamento tem sido que isso é o que você tem que fazer.

Tudo que isso é, vezes um deusilhão, você vai destruir e descriar? Certo e errado, bom e mau, POD e POC, todas as nove, curtos, garotos e aléns.

O que você quer ter na sua vida?

Você tem que passar tempo demais sendo errado por tudo que escolheu. Você não pergunta: "O que realmente quero criar aqui?" E se você estivesse disposto a ver o que realmente é possível?

Você tem que perguntar: "Verdade, eu desejo ter um relacionamento? Ou só quero fazer sexo? E o que estou disposto a pagar para ter o sexo que quero?"

Dain:

Se você perguntar: "Eu desejo ter um relacionamento?", você pode dizer: "Bem, não necessariamente, mas gosto de fazer sexo. Também gosto de sair para encontros e brincar ou ficar agarradinho. Quando chega no relacionamento, é um puta peso. Só um monte de obrigações". Eu não penso necessariamente que sexo seja suficiente para a maioria de nós. Nós tendemos a passar tempo com as pessoas também, então onde isso nos deixa?

Gary:

Você tem que ver o que gostaria de criar para você. O que quer ter em sua vida? Como seria se você fosse capaz de ter tudo que deseja?

Dain:

E o que seria isso? Nós tendemos a definir isso como "Você só quer sexo ou quer um relacionamento?" Não há outra coisa? Não há um espectro mais amplo de possibilidades?

Gary:

Nesta realidade, não há um espectro mais amplo de realidade.

Dain:

Certo. Isso faz parte da razão pela qual é tão desafiador e difícil – porque ficamos pensando que não deveria ser uma coisa ou outra, pois é aí que todo homem tende a colocar isso?

Gary:

Você pensa que a única escolha que tem é ser uma coisa ou outra do ponto de vista de todas as outras pessoas. Você supõe que existe algum tipo de problema ou erro com a maneira que você é. Você tem que perguntar: Qual seria a coisa mais incrível que eu poderia ter na vida? Infelizmente, vejo a maioria das pessoas tentando entender o que *não deveriam* ter, em vez de o que *podem* ter.

Dain:

Acho que fazemos tudo isso. Há algum lugar em nossos mundos em que nos damos bem, digamos, na área de sexo e relacionamento, e encontramos alguém e fazemos sexo com essa pessoa. Fazemos sexo mais algumas vezes, então de repente, antes de percebermos, já aconteceu, estamos em um lugar difícil que não é nada divertido. Há obrigações. Nós dizemos: "Espere um minuto. Como chegamos aqui? Tudo estava fácil até há um momento e agora estamos neste lugar impossível. O que está acontecendo?" Tentamos cortar mais de nós para desfazer o lugar impossível em que nos encontramos em vez de perceber que se tivéssemos reconhecido com antecedência, poderíamos não ter que ir para esse lugar.

Escolhendo consciência

Gary:

Em vez de escolher consciência, você escolhe cortar sua consciência.

Todos os lugares em que você escolheu cortar sua consciência em vez de escolhê-la, como se cortá-la fosse uma fonte maior de escolha, você vai destruir e descriar? Certo e errado, bom e mau, POD e POC, todas as nove, curtos, garotos e aléns.

Todos os lugares em que você escolheu cortar sua consciência, como se isso fosse uma fonte maior de escolha, você vai destruir e descriar tudo isso? Certo e errado, bom e mau, POD e POC, todas as nove, curtos, garotos e aléns.

Você torna as mulheres insondáveis. Quantos de vocês reconheceram que tendem a ver as mulheres como algum tipo de coisa insondável que não conseguem entender? Vocês não perguntam:

- O que posso descobrir com esta mulher?
- Do que posso estar consciente?
- O que posso saber?

Que estupidez você está usando para se defender totalmente das mulheres insondáveis, sexo, cópula e relacionamentos está escolhendo? Tudo que isso é, vezes um deusilhão, você vai destruir e descriar? Certo e errado, bom e mau, POD e POC, todas as nove, curtos, garotos e aléns.

Você passou toda a sua vida tentando descobrir como lidar com as mulheres, mas parece não conseguir compreender, ir fundo o suficiente para descobrir o que é. Torna-se um lugar insondável. Você não consegue ir fundo o suficiente para entender ou perceber do que estão falando.

Que estupidez você está usando para se defender totalmente das mulheres insondáveis, sexo, cópula e relacionamentos está escolhendo? Tudo que isso é, vezes um deusilhão, você vai destruir e descriar? Certo e errado, bom e mau, POD e POC, todas as nove, curtos, garotos e aléns.

É uma defesa eterna. Você não tem escolha, a não ser se defender de tudo.

Dain:

Gary, ao fazer o processo no início, você disse: "se defender da," e da próxima vez que você fez, você disse: "a defesa a favor". Estamos fazendo as duas? Defendendo *e* nos defendendo disso?

Gary:

Sim, parece que sim.

Que estupidez você está usando para criar a defesa eterna a favor e contra os homens, mulheres, sexo, cópula e relacionamentos insondáveis está escolhendo? Tudo que isso é, vezes um deusilhão, você vai destruir e descriar? Certo e errado, bom e mau, POD e POC, todas as nove, curtos, garotos e aléns.

Participante da classe:

Você acaba em uma terra de ninguém.

Gary:

Bem, não é aí que você sente que está na maior parte do tempo? Em algum tipo de terra de ninguém, onde você não faz ideia do que está acontecendo e por quê?

Participante da classe:

Absolutamente.

Você tem que desejar

Gary:

Este é o resumo de toda a situação. Você não faz ideia do que está ocorrendo ou por quê. Tudo que sabe é que, de alguma maneira, algo não está certo. E geralmente é você que não está certo. E porque você determinou e decidiu que não está certo e que há algo errado com você, você tem que estar em um estado constante de olhar para o erro de você. Você não olha para a escolha e consciência que você é. Você não se vê como o produto valioso.

Sua consciência pode criar um relacionamento se você quiser. Pode criar o que você desejar, mas você tem que desejar. A pergunta é: O que você realmente deseja? Eu estava falando com um cara há um tempo e ele dizia: "Eu não quero filhos, mas eu meio que talvez..." É uma fantasia total e blá, blá, blá.

Eu disse: "Sabe de uma coisa? Você não tem escolha aqui. Verdade, você realmente quer um relacionamento?"

Ele disse: "Parece pesado".

Eu perguntei: "Você quer um relacionamento fantasia?" Ele disse: "Sim, eu quero".

Eu perguntei: "Ok, você pode criá-lo?" Ele disse: "Não, não seria bom".

Eu perguntei: "Como você sabe? Você ainda não o criou". Alguém de vocês já alcançou o relacionamento fantasia que pensou ser possível?

Participante da classe:

Não.

Gary:

Certo. Você não tenta fazer a partir da consciência! Você tenta fazer a partir do relacionamento, sexo, cópula, homens e mulheres insondáveis.

Que estupidez você está usando para criar a defesa eterna a favor e contra os homens, mulheres, sexo, cópula e relacionamentos insondáveis está escolhendo? Tudo que isso é, vezes um deusilhão, você vai destruir e descriar? Certo e errado, bom e mau, POD e POC, todas as nove, curtos, garotos e aléns.

Participante da classe:

Isso é como defender o fundamento desta realidade.

Você está se fazendo errado pela verdade de você?

Gary:

Sim, é o fundamento do relacionamento, sexo e cópula desta realidade. Eu gostaria de levá-lo ao lugar em que você começa a olhar para o tipo de relacionamento que gostaria de criar, em vez de um relacionamento com base nesta realidade.

Participante da classe:

Quando eu tinha vinte e poucos anos, conheci uma garota em uma festa e a amiga dela disse para mim: "Você só quer foder". Eu lembro de ter dito claramente: "Sim, e daí?" Depois me fiz de errado pelo que verdadeiramente sou.

Gary:

Vamos ver, isso faz uns quinze anos. A boa notícia é que você tem se feito errado por quinze anos, quando na verdade o que estava acontecendo com você era a verdade para aquela idade.

Que estupidez você está usando para se defender do pegador, cachorro no cio que você verdadeiramente é, você está escolhendo? Tudo que isso é, vezes um deusilhão, você vai destruir e descriar? Certo e errado, bom e mau, POD e POC, todas as nove, curtos, garotos e aléns.

Quanto da sua consciência você tem que cortar para não reconhecer que o que realmente quer fazer é foder? Você se faz de errado e depois passa todo seu tempo tentando provar que não é bem isso que você quer, então as outras pessoas pensarão que não é bem isso que você quer quando na verdade é bem isso que você quer. Mas as outras pessoas são psíquicas também, então sabem que você quer muito isso.

Você tem que mentir para elas e tem que mentir para você em dobro a fim de provar que não está querendo o que realmente quer, pois isso seria muito mal e triste.

Tudo que isso é, vezes um deusilhão, você vai destruir e descriar? Certo e errado, bom e mau, POD e POC, todas as nove, curtos, garotos e aléns.

Que estupidez você está usando para criar a defesa eterna contra ser o pegador, cachorro no cio que realmente é, você está escolhendo? Tudo que isso é, vezes um deusilhão, você vai destruir e descriar? Certo e errado, bom e mau, POD e POC, todas as nove, curtos, garotos e aléns.

Que estupidez você está usando para criar a defesa eterna a favor e contra os homens, mulheres, sexo, cópula e relacionamento insondáveis você está escolhendo? Tudo que isso é, vezes um deusilhão, você vai destruir e descriar? Certo e errado, bom e mau, POD e POC, todas as nove, curtos, garotos e aléns.

Participante da classe:

O que se requer para gerar e criar contribuição aonde vamos além da merda que inventamos como mais real do que quem realmente somos?

Gary:

É sobre isso que é toda essa sequência de chamadas.

Um relacionamento ideal com uma mulher

Participante da classe:

Você conseguiria descrever um relacionamento ideal com uma mulher?

Gary:

Sim. Ela mora do outro lado do país. Vocês se visitam por três dias. Estou brincando.

Você fica tentando criar um relacionamento que será um relacionamento ideal. Se você estiver fazendo relacionamento do ponto de vista de um relacionamento ideal, você está olhando para a pessoa a sua frente? Ou está olhando para quem você gostaria que ela fosse, quem você pensa que ela deveria ser e quem pensa que ela poderia ser?

Que estupidez você está usando para criar a defesa a favor e contra o ideal utópico de relacionamento, você está escolhendo? Tudo que isso é, vezes um deusilhão, você vai destruir e descriar? Certo e errado, bom e mau, POD e POC, todas as nove, curtos, garotos e aléns.

O melhor relacionamento com uma mulher é o que vocês podem viver um com o outro, e cada um permite que a outra pessoa seja quem ela é. Vocês não têm julgamento, ambos gostam do sexo, seja muito ou pouco, e vocês não têm que passar o tempo todo juntos.

Passando tempo juntos

Uma das coisas que todos vocês têm que olhar é quanto tempo vocês gostariam de passar com uma mulher. Eu, pessoalmente, gosto de passar de uma a uma hora e meia conversando com ela e depois disso, quero fazer sexo com ela.

Que percentual da sua vida você gostaria de passar com uma mulher? Dez? Vinte? Trinta? Quarenta? Ou qual?

Participante da classe:

Dez.

Gary:

Ok, então você quer passar duas horas e meia com ela.

Participante da classe:

Sim.

Gary:

Duas horas e meia por dia, provavelmente, é um bom percentual. Mais do que isso é provável que você fique entediado.

Participante da classe:

Parece que as mulheres querem passar mais tempo comigo do que eu quero passar tempo com elas.

Gary:

Sim, porque você nunca se compromete a estar lá, mesmo quando passa dez por cento do seu tempo com ela. E você não está disposto a ser intimidador. Você tende a funcionar a partir de uma incapacidade total de intimidá-la. E se você exigisse que ela passasse mais tempo com você?

Participante da classe:

Isso seria intimidador?

Gary:

Sim, porque se um homem exige que a mulher passe tempo com ele, adivinha o que ela quer fazer? Fugir. Se você quiser fazer uma garota fugir, exija mais tempo com ela.

Participante da classe:

Você pode me dar um exemplo de como fazer isso? É algo energético? É isso que digo?

Gary:

Você tem que começar com a energia disso. Tem que olhar para ela e dizer: "Sabe de uma coisa? Acho que não estamos passando tempo suficiente juntos".

Quando você está longe dela, ligue para ela e diga a ela o quanto está com saudade dela. Se continuar fazendo isso, ela logo achará razões para não estar disponível. Se ela parar de atender o telefone, então você saberá que finalmente tem controle. Quantos de vocês tiveram mulheres fazendo isso com vocês? Elas ligam para vocés com tanta frequência que você nem atende seu telefone.

Participante da classe:

Sim.

Gary:

Então, você não está fazendo isso com ela? Você resiste ser tão exigente delas que elas têm que ser tranquilas, boas e calmas perto de você, em vez de você ser calmo, bom e tranquilo perto delas.

Participante da classe: Sim, caramba!

Gary:

Você quer que uma mulher lhe dê espaço? Isso é outra coisa que a maioria dos homens quer em um relacionamento – alguém que lhes dê espaço. Quantos de vocês percebem que, como homem, gostam do seu tempo sozinhos?

Participante da classe:

Sim.

Gary:

Homens requerem tempo de folga. É seu tempo de processo. É quando você pega todas as coisas que coletou o dia todo, coloca sua atenção nelas e chega a uma consciência ou a uma conclusão do que quer fazer com todas as consciências de todas essas coisas.

Tudo que não permite que isso apareça na sua vida, você vai destruir e descriar? Certo e errado, bom e mau, POD e POC, todas as nove, curtos, garotos e aléns.

Os homens aprenderam que têm que fazer coisas para indicar que amam ou cuidam. São treinados a acreditar que fazer é igual a cuidar. Então, eles têm que lidar com todas as coisas que coletaram e perguntar: "O que faço com todas essas coisas?" até chegarem ao "Ah! Eu sei o que tenho que fazer." É dessa maneira que eles chegam a uma consciência do que "precisam fazer". Mas, na verdade não é uma consciência – é uma conclusão, que não lhes dá a liberdade que a consciência daria.

Mulheres podem falar sobre algo o dia inteiro e nunca ter que chegar a uma conclusão. Um homem tem que processar algo até poder chegar a uma conclusão e determinar o que precisa fazer. É uma maneira diferente de lidar com a vida.

Qual é a coisa mais importante para mim?

Participante da classe:

Você falaria mais sobre criar nossas vidas?

Gary:

Bem, uma coisa que você tem que olhar é: O que eu gostaria de ter como minha vida? Você tem que fazer perguntas como:

- Como eu gostaria que fosse a minha vida em cinco anos?

- Quero viajar?

- Quanto dinheiro quero ganhar?

- O que é mais importante para mim?

Veja se há um relacionamento incluído nisso. Eu descobri que a maioria dos homens coloca a vida nos trilhos e depois decide acrescentar um relacionamento, o que elimina metade da vida deles. E se um relacionamento fosse para somar à sua vida, não uma substituição à sua vida?

Todos os lugares em que você fez do relacionamento uma substituição da vida e viver, você vai destruir e descriar tudo isso? Certo e errado, bom e mau, POD e POC, todas as nove, curtos, garotos e aléns.

Participante da classe:

Parece que tenho que assumir um compromisso comigo mesmo para perguntar: "O que eu gostaria?"

Gary:

Sim, você tem que ver se realmente quer um relacionamento e então assumir um compromisso com o que gostaria. A maioria de vocês entra em relacionamento por padrão. Vocês reconhecem isso?

Participante da classe:

Sim.

Faça uma lista: o que eu gostaria em uma parceira?

Você precisa perguntar: "O que eu gostaria em uma parceira?" Você tem que ter clareza sobre o que quer em um relacionamento. O problema é que você não faz essa pergunta. Você olha para alguém e diz: "Ah, eu gosto dela". Você nunca pergunta: "Ela gosta de mim? Ela gosta de homem?" Você supõe, por gostar dela, que ela vai gostar de você e ela vai gostar de homem e tudo será perfeito.

Descubra o que você deseja. Como você gostaria que fossem suas interações um com o outro? Como seria interagir com ela? O que você quer criar com ela? Você quer alguém que tem um bom senso de humor? Alguém com quem possa ter uma boa conversa?

A propósito, há uma grande diferença entre conversa e comunicação. Comunicação é: "Tire seus pés sujos do sofá". Esta é uma comunicação sincera; é uma boa comunicação. Descubra o que você quer criar com ela. Faça uma lista do que você gostaria de ter em uma parceira.

Você também precisa de uma lista de "não quero ter"

Antes de me unir à minha ex-esposa, fiz uma lista de coisas que *queria* em uma mulher com quem estaria em um relacionamento. Ela tinha todas essas coisas. O que eu não fiz foi uma lista das coisas que *não queria* naquela pessoa. Então eu ganhei tudo que eu queria e também ganhei tudo que eu não queria.

Participante da classe:

O quanto a lista do "não quero" tem que ser específica? Isso não é criar uma limitação?

Gary:

Não se trata de limitação. Você tem que olhar e dizer: "Eu não desejo ter uma mulher que vai reclamar o tempo todo", ou "Não quero uma mulher que sempre briga". Alguém aqui notou que escolheu uma mulher que é bem semelhante à última mulher que escolheu? É como se fosse a mesma mulher com um corpo diferente?

Participante da classe:

Sim.

Gary:

Você está escolhendo a mesma mulher várias vezes e esperando um resultado diferente. Quem é a única pessoa que você pode mudar?

Participante da classe:

Eu.

Que estupidez você está usando para criar as mulheres que está escolhendo?

Gary:

Você tem que mudar *sua* perspectiva. Não pode mudar a de mais ninguém. Dê uma olhada na sua perspectiva. "Eu escolhi a mesma mulher várias vezes e não consegui nada do que quero com isso. Por que eu faria isso?" Se você for atravessar um rio e der o mesmo número de braçadas da mesma maneira o tempo todo, você vai chegar a um lugar diferente no rio? Não, vai chegar ao mesmo lugar que chegou antes. Então pergunte: Que estupidez estou usando para criar a mulher que estou escolhendo?

Participante da classe:

Farei isso.

Participante da classe:

No mês passado, participei da Classe Síntese Energética do Ser do Dain, on-line. Apesar de não estar fisicamente presente lá, descobri que estava julgando algumas das mulheres da classe. Eu não suportava a maneira que faziam perguntas. Parecia que só estavam tentando chamar a atenção do Dain.

Gary:

Claro! Ele é o líder da classe. Elas querem chamar a atenção dele. E aí, qual é o problema?

Tudo que você não está disposto a reconhecer sobre sua consciência, você vai destruir e descriar? Certo e errado, bom e mau, POD e POC, todas as nove, curtos, garotos e aléns.

Participante da classe:

Eu notei que Dain estava totalmente bem com elas. Ele as recebeu sem julgamento, independentemente do que diziam ou perguntavam. Como posso ser isso? Receber todas as garotas e mulheres por quem elas são. Há algum processo aclarador que podemos fazer para fazer isso também?

Gary:

Que estupidez estou usando para criar as mulheres estou

escolhendo? Tudo que isso é, vezes um deusilhão, você vai destruir e descriar? Certo e errado, bom e mau, POD e POC, todas as nove, curtos, garotos e aléns.

Continue fazendo este processo.

Não estar carente de mulher

Participante da classe:

No passado, eu ouvi você falar sobre não ser carente. Você pode falar mais sobre ser carente quando se trata de garotas, mulheres, sexo, relacionamento e cópula? Esta é uma grande questão para mim. Se não houvesse todas essas coisas que eu pensava que precisava, eu poderia ter o verdadeiro valor de mim.

Gary:

Quanto mais você puder funcionar a partir da não necessidade, do que quer que seja, mais você começará a reconhecer as escolhas que realmente tem que fazer. Recentemente perguntei ao Dain: "Você percebe que essas mulheres querem você?", e ele disse: "Não, eu não percebo isso".

Eu disse: "Sim, você fica pensando que você as quer, mas a realidade é que elas querem você".

Quando você não tem necessidade de mulher, ela quer você o tempo todo. Quanto menos carente você é, mais ela quer você. Você tem uma necessidade de ser necessário porque lhe ensinaram que você precisava conseguir consertar as coisas para a mulher para provar que a ama. Você está tentando fazer a prova do amor, em vez de não ter necessidade de ter amor ou dar amor.

Participante da classe:

Sim.

Gary:

Que estupidez você está usando para se defender da não necessidade você poderia estar escolhendo? Tudo que isso é, vezes um deusilhão, você vai destruir e descriar? Certo e errado, bom e mau, POD e POC, todas as nove, curtos, garotos e aléns.

Participante da classe:

Quando comecei a procurar relacionamento, não tinha nada a ver comigo. Eu *precisava* de um relacionamento para ser o produto valioso. Há todas essas coisas que nos disseram que precisamos.

Gary:

Por que você precisa de um relacionamento? Você precisa de um relacionamento para provar algo. Precisa de um relacionamento para provar que não é um monte de dejetos inútil. Precisa de um relacionamento para provar que não é gay. Precisa de um relacionamento para provar que tem valor. Você precisa de um relacionamento. Alguma dessas coisas é verdade?

Participante da classe:

Não, e é o mesmo com tudo. Nós vamos para esse lugar de necessidade. "Preciso ter filhos. Preciso me casar. Preciso ter essa quantia de dinheiro".

Gary:

É aí que você completa a escolha. Quanto da sua vida você transformou em fazer um escolha baseada na necessidade de ser algo que você não é? Tudo que isso é, vezes um deusilhão, você vai destruir e descriar? Certo e errado, bom e mau, POD e POC, todas as nove, curtos, garotos e aléns.

"Eu parei de criar"

Participante da classe:

Eu sinto que estou em um lugar em que parei de criar. Você pode me ajudar com isso?

Gary:

Você parou de criar porque outra pessoa estava fazendo toda a criação?

Participante da classe:

Há.... Sim.

Gary:

Você parou de criar porque não havia mais necessidade de você criar?

E você identificou e aplicou equivocadamente a *não necessidade como desnecessário*?

Participante da classe:

Sim. Identifiquei equivocadamente *não necessidade como desnecessário*.

Gary:

Tudo que isso é, vezes um deusilhão, você vai destruir e descriar? Certo e errado, bom e mau, POD e POC, todas as nove, curtos, garotos e aléns.

Participante da classe:

Uau.

Participante da classe:

Obrigado por fazer essa pergunta. Me mostrou a bagunça que criei para ter algo para fazer. E agora não estou criando.

Gary:

Seu problema é que você criou necessidade como a fonte de escolha, em vez de escolha como a criação da sua vida.

Participante da classe:

Sim.

Gary:

Que atualização física de criação através de escolha você agora é capaz de gerar, criar e instituir? Tudo que não permite que isso apareça, vezes um deusilhão, você vai destruir e descriar? Certo e errado, bom e mau, POD e POC, todas as nove, curtos, garotos e aléns.

Abdicando da Sua Voz

Participante da classe:

Na classe de facilitadores de A Voz Certa Para Você, você mencionou que os homens abdicaram de suas vozes.

Gary:

Sim. A maioria dos homens do mundo pensa que é importante ser o tipo forte e silencioso. Quanto da sua voz no mundo você tem abdicado para ser forte e silencioso? Muito, pouco ou megatons?

Participante da classe:

Megatons.

Gary:

Certo e errado, bom e mau, POD e POC, todas as nove, curtos, garotos e aléns.

Você abdica da sua voz com relação as mulheres porque não quer entrar em discussão com elas. Você acha que se entrar numa discussão, elas irão embora. Mulheres têm uma característica estranha. Elas gostam de discutir tudo sem chegar à conclusão alguma. Você, como homem, está sempre tentando chegar à conclusão sobre tudo que você diz ou faz. Então, para você, uma discussão significa uma conclusão. Para uma mulher, significa: "Só estamos discutindo e você está errado".

Tudo que isso é, vezes um deusilhão, você vai destruir e descriar? Certo e errado, bom e mau, POD e POC, todas as nove, curtos, garotos e aléns.

Participante da classe:

Conclusão é tentar resolver que ação tomar?

Gary:

Você só precisa entender que ação tomar com base na conclusão de que está errado, para início de conversa. (Não que alguma vez o tornaram errado no relacionamento!). É aí que os homens abdicam da sua voz.

Que estupidez você está usando para defender o que está certo em abdicar da sua voz, você está escolhendo? Tudo que isso é, vezes um deusilhão, você vai destruir e descriar? Certo e errado, bom e mau, POD e POC, todas as nove, curtos, garotos e aléns.

Bem, a má notícia, cavalheiros, é que não acabamos. A boa notícia é que vocês podem sair e praticar. Lembre-se, entre deslizando suavemente. É isso que faz de você um cavalheiro.

Participante da classe:

Adorei. Agora temos uma definição do que é ser um cavalheiro.

Dain:

Finalmente!

Participante da classe:

Você é maravilhoso, Gary. Obrigado.

7

SENDO BOM NA CAMA

Eu decidi que é melhor eu aprender tudo o que puder sobre como fazer uma mulher gozar, assim ela ficará satisfeita, não importa o que eu faça.

Gary:

Olá cavalheiros. Vamos começar com uma pergunta.

Participante da classe:

O manual do Nível Um de Access Consciousness diz que ser bom na cama é um dos três elementos de um bom relacionamento. Você pode falar sobre isso? O que você quer dizer com "bom na cama"? Há um critério para o que é bom na cama?

Crie uma resposta galvânica no corpo dela

Gary:

Sim, há vários critérios. Vamos começar olhando para a resposta galvânica da pele das pessoas. É sobre a maneira como seu toque cria um efeito na outra pessoa. Arregace suas mangas e passe sua mão cerca de meia polegada sobre seu braço e puxe energia. Você sentirá os pelos do seu braço começarem a subir ao encontro da sua mão. Se você usar isso com alguém com quem está fazendo sexo, ela verá você como diferente dos outros amantes e ficará mais excitada. As respostas galvânicas que você cria no corpo de alguém são parte do que cria você como alguém bom de cama. Também é parte do que convida o corpo da sua parceira a um orgasmo, o que também faz você melhor na cama. Você tem que perguntar: "Quanto tempo estou disposto a levar para fazer sexo com essa pessoa?"

Vá devagar

A maioria de nós aprendeu a fazer tudo rápido. Vocês aprenderam a ejacular olhando algumas fotos e batendo com toda força que podiam para acabar rapidamente porque alguém bateria na porta, entraria e pegaria você em flagrante a qualquer momento. Você tem que superar esse ponto de vista. Trata-se de aprender a ir devagar.

Aprenda sobre as partes do corpo de uma mulher

A outra coisa é que você deve aprender sobre as partes do corpo de uma mulher. O clitóris é a parte mais sensível do corpo dela. Não seja bruto com o clitóris. Use o toque mais leve de borboleta que você puder criar com a sua língua e convide esse clitóris a ser como os pelos do seu braço querendo subir e alcançar a sua mão.

Toque o clitóris tão suavemente que cria um formigamento no corpo da mulher, mas também uma percepção de você e do que está fazendo-a formigar. Espere até o clitóris começar a subir ao seu encontro. Curve as laterais para baixo e coloque sua língua na vagina. Então volte a tocar o clitóris bem suavemente. Se você usar sua língua como uma borboleta no clitóris de uma mulher, geralmente pode levá-la a um orgasmo em cinco a sete minutos. Se ela tiver dois ou três orgasmos antes de você penetrá-la, ela vai pensar que você é o melhor que ela já teve na cama. Então, use essa técnica.

Que tipo de toque ela gostaria?

E pergunte: Que tipo de toque essa pessoa gostaria? O que criaria uma resposta galvânica dinâmica nela? Quando você faz isso, em vez de olhar como pode ficar ereto, preparado e meter para dentro sem estragar seu penteado, você começará a perceber a partir de onde ela funciona e como ela pode fazer coisas. Você quer um ponto de vista diferente. Você quer olhar a possibilidade do que *poderia* ser - não o que você *quer* que seja ou *não quer* que seja. Isso é muito importante.

Libido reduzida

Participante da classe:

Você conhece algo que ajudará homens com disfunções sexuais, como libido reduzida ou ejaculação precoce?

Gary:

Você tem libido reduzida porque não escolheu fazer sexo com pessoas que desejam fazer sexo com você. É nosso cérebro que cria a libido, não nosso corpo. O que você está fazendo para estimular seu cérebro? A maioria dos homens pensa que estimular o cérebro significa assistir pornografia ou algo que vai excitá-los e fazê-los querer fazer mais sexo. Não. Olhe para as partes do corpo que excitam você. Algumas mulheres têm uma curva maravilhosa atrás e alguns homens também. Note como a bunda de uma mulher se mexe e como funciona a bunda dela. Essas são coisas que estimulam em você um senso de possibilidades que pode ocorrer ao trabalhar com aquele corpo.

Que parte do corpo é mais excitante para você? A maioria dos homens foi treinada a acreditar que seios e vagina são a soma total do desejo sexual. Pessoalmente, não acredito nisso. Eu acho que a maneira que uma mulher caminha é uma ótima indicação se ela será boa na cama. Ela precisa conseguir mexer o quadril. Ela precisa conseguir mexê-lo com você na cama.

E, a propósito cavalheiros, vocês também precisam conseguir caminhar assim. Vocês precisam saber que podem mover seus quadris em todas as direções possíveis. O propósito de ter um bom porte físico é para foder melhor, não para sua aparência no espelho. Vocês tendem a focar na aparência no espelho, e isso é só para inspirar outros homens a pensarem que você não está competindo com eles - ou para pensarem que você está. Essa não é necessariamente sua melhor escolha. Note como as pessoas movem seus quadris. Isso provavelmente não seria verdadeiro para um homem gay. Ele pode querer ver como alguém come, porque essa seria uma indicação melhor de que a pessoa o comeria bem.

Se você tem libido reduzida, pode usar coisas como Viagra. Há também uma variedade de substâncias naturais que os chineses têm usado há anos para criar ereções maiores e que durem mais. Você só tem que encontrar a que funciona para o seu corpo. Pergunte ao seu corpo:

- Isso seria bom para você?

- Você vai gostar?

- Como funcionaria para você?

Não é: "Ah, bem, isso vai me deixar de pau duro". Não é essa a perspectiva. Primeiramente, ficar de pau duro é uma coisa; criar uma capacidade dinâmica na cama é um universo totalmente diferente. Você tem que perguntar: "Como crio estímulo no corpo dessa pessoa? Você deve chegar ao ponto em que está tão presente com a maneira como você faz sexo que você sente o corpo da outra pessoa sentindo o que você está fazendo ao corpo dela, enquanto seu corpo sente também, assim você percebe cada direção. Esse seria o maior estímulo que você pode fazer pela sua libido.

Participante da classe:

Há um processo aclarador para isso, Gary?

Gary:

Que estupidez você está usando para defender ou se defender das respostas galvânicas, toques estimulantes e as possibilidades revigorantes que alterariam suas capacidades limitadas, você está escolhendo? Tudo que isso é, vezes um deusilhão, você vai destruir e descriar? Certo e errado, bom e mau, POD e POC, todas as nove, curtos, garotos e aléns.

Participante da classe:

Eu tenho uma pergunta sobre criar meu corpo para foder melhor. Há alguma pergunta ou processo aclarador que me auxiliaria com isso?

Gary:

Que atualização física da criação do meu corpo como uma máquina de foder eu poderia estar escolhendo que não estou escolhendo? Tudo que não permite isso, vezes um deusilhão, você vai destruir e descriar? Certo e errado, bom e mau, POD e POC, todas as nove, curtos, garotos e aléns.

Participante da classe:

Gary, quando você diz, "máquina de foder", o que surge na minha mente é um coelho. É como se você estivesse fazendo sexo como coelho.

Gary:

Você já se julgou por fazer sexo como coelho porque gozou rápido demais?

Participante da classe:

Não porque eu gozei rápido demais, mas porque estava curtindo a crueza do ato.

Gary:

E quem julgou você por isso?

Participante da classe:

A mulher e eu.

Gary:

Isso foi olhar como você poderia usar uma resposta galvânica para criar algo diferente? Não. Olhe a resposta galvânica sobre a qual falei e como usar o clitóris. Há também o ponto G, que está no lado superior da área vaginal.

Participante da classe:

Gary, você pode me explicar isso? Não sei o que é isso.

Gary:

O ponto G está no lado superior da área vaginal. Entre pela frente com sua mão e faça pequenos movimentos circulares tocando o lado frontal da vagina e sentirá uma dureza começando a ocorrer. O mesmo ocorre na parte inferior da vagina se você usar essa mesma técnica. Agora, porque isso ocorreria? Porque tudo isso foi desenhado para funcionar junto. Pense nisso. Se você entrasse por trás e colocasse seu pênis - a maioria dos pênis tem uma inclinação em direção ao corpo - e esse ângulo sobe e atinge um lugar na cavidade vaginal que permitiria mais estímulo. E seu saco batendo no clitóris pode ter um efeito sobre este. É por isso que algumas mulheres gostam muito de fazer por trás.

Estimulando o corpo dela

Quando comecei a fazer sexo - e "sexo" se tratava de três garotos indo se masturbar atrás da biblioteca - nós batíamos uma para ver quem conseguia gozar mais rapidamente. Um dos caras tinha um pênis de uns trinta centímetros com cerca de sete centímetros de diâmetro, o outro tinha um pênis de uns vinte e cinco centímetros que tinha cerca de nove centímetros de diâmetro, e eu tinha cerca de treze centímetros. Eu achava que definitivamente era um garoto retardado e que todos tinham pênis de vinte e cinco ou trinta centímetros.

Foi muito interessante quando, posteriormente, descobri que não era assim, mas por pensar que estava em desvantagem no departamento de pênis, decidi que era melhor aprender tudo que podia sobre como fazer uma mulher gozar, e assim ela ficaria satisfeita, não importaria o que eu fizesse. Eu aprenci sobre sexo oral, aprendi a fazer um bom meia nove, aprendi sobre a resposta galvânica e aprendi como tocar o corpo de uma mulher a ponto de ela gritar para ter a cópula, não outra coisa.

Eu comecei a aprender como o clitóris funciona e que parte do corpo dela tocar, e em vez de só colocar meu pênis, eu ia devagar. Passava bastante tempo acariciando os seios, as axilas, acariciando a dobra do cotovelo na frente e no lado, e tocando diferentes partes do corpo. Se você passar suas mãos bem devagar descendo pela parte externa da lateral do corpo da mulher, dos seios até os joelhos, pode criar resposta galvânica suficiente para começar a deixá-la arrepiada e você terá um sexo incrível. Você tem que levá-la ao ponto em que está disposta a receber este tipo de estímulo no corpo dela.

A maioria das mulheres nunca aprendeu a receber esse tipo de estímulo em seu corpo porque a única razão de elas fazerem sexo é para conseguir um relacionamento. E os homens aprenderam a fazer sexo. Nem uma das duas coisas é amar sexo.

Que atualização física do sensual, sexual, cópula e inervação eu agora sou capaz de gerar, criar e instituir? Tudo que não permite que isso apareça, vezes um deusilhão, você vai destruir e descriar? Certo e errado, bom e mau, POD e POC, todas as nove, curtos, garotos e aléns.

Masturbação

E se o propósito da masturbação fosse criar mais sensibilidade em seu corpo para que pudesse ser um amante mais grandioso?

Participante da classe:

Então eu deveria ser o amante mais grandioso do planeta!

Gary:

Sim, mas você tem feito com este propósito - ou tem feito para gozar?

Participante da classe:

Ah, tenho feito para gozar.

Gary:

Quando a única razão para se masturbar é gozar, você está tentando dissipar a energia sexual que é parte da vida e viver.

Participante da classe:

Ao se masturbar, qual é o valor, se houver algum, de fantasiar sobre fazer sexo ou cópula com as diversas mulheres que entraram na minha vida? Por muitos anos, tenho feito sexo com mulheres na minha mente e minha mão, e então senti que o ato foi completo.

Gary:

E foi. Essa é uma das razões para fazê-lo. A pergunta que você não está fazendo é: Essas mulheres desejam fazer sexo comigo? E se desejarem, pergunte: Qual seria a coisa mais prazerosa para dar a elas?

Se você for fantasiar, penso no que faria para levar o corpo delas a um nível superior de pulsação e vitalidade, porque esse deveria ser o propósito do sexo. É por isso que você não deve ir para a masturbação para chegar lá; você deve chegar ao ponto em que seu corpo está estimulado e você sente mais energia entrando. Quando isso ocorrer, pare. Saia e vá fazer outra coisa. Isso fará duas coisas: primeira, começará a criar um lugar em seu corpo em que estar sexualmente excitado é um produto de valor; e segundo, criará mais libido para você. Olhe para masturbação a partir do ponto de vista: O que estou criando aqui? Para que estou fazendo isso?

Se você estiver se masturbando só para gozar, não vai alcançar um senso da energia mais grandiosa que pode ocorrer a partir da cópula. O propósito da cópula deveria ser deixar você mais estimulado a viver, não criar a pequena morte. A pequena morte é o que os franceses chamam de ejaculação. Então, continue observando: O que estou tentando alcançar através do que estou fazendo?

A maioria das pessoas se masturba como uma maneira de dessensibilizar seu pênis em vez de sensibilizá-lo. Eu conheço alguém que tomou dois *Rockhards*, que é um estimulante para o pênis. Ele disse: "Tudo que tinha que fazer era passar meu pênis em alguma coisa e ele ficava duro". Esse é um nível de sensibilidade que a maioria dos homens não suporta e a maioria das mulheres não quer saber que você tem. Outro amigo mencionou que tomava *Rockhard* quando usava calça folgada sem cueca e a calça meio que esfregava no corpo dele. Ele disse: "Eu tinha que parar no meio da rua e pensar em coelhos mortos porque não conseguia amolecer". Há maneiras diferentes de se sensibilizar. Pergunte: Como posso me sensibilizar para estar pronto para ir a qualquer momento?

Tente estimular seus mamilos e o resto do seu corpo passando seus dedos e fazendo resposta galvânica até ficar excitado. A próxima vez que fizer sexo com uma mulher, você será um amante muito melhor porque estará mais sensível e mais consciente. Você também terá uma disposição para receber que atualmente não está no seu repertório. A maioria dos homens não sabe receber um boquete, e a maioria das mulheres não sabe fazer. Agora, por que isso?

Recebendo

Participante da classe:

Trata-se de receber, não é?

Gary:

Sim. Você nunca ensinou a si mesmo a receber. Você nunca se ensinou a gozar. Se você passar sua vida se masturbando para gozar, não estará aumentando sua capacidade de receber, que também limita a quantidade de dinheiro que pode ter em sua vida. Você tem que sensibilizar seu corpo novamente, porque você praticamente cortou isso. A maioria dos esportes tem a ver com esbarrar em outros caras. É isso que você chama de sensibilidade? Na verdade, isso é a eliminação da sensibilidade. Pergunte: Como sensibilizo meu corpo de modo que suas respostas galvânicas criem uma resposta galvânica em outros?

A resposta galvânica é um sistema que seu corpo tem que você pode não estar usando. Seu corpo tem sistemas automáticos nele. Você tem respostas somáticas por toda parte em seu corpo. A maneira como seu corpo responde a algo é parte das informações que seu corpo deve receber. Você tem elementos em seu corpo que lhe permitem "responder" às coisas de maneira diferente. Você pode criar um lugar em seu corpo em que sua sensibilidade e seu senso de receber sejam mais extremos. Por exemplo, a maioria dos homens nunca recebeu toque no ânus. É uma das partes mais sensíveis do corpo, mas eles nem se incomodam em tocá-la. Eles o limpam com papel higiênico e é o máximo que fazem.

Aprenda o quanto cada parte do seu corpo pode ser responsiva. Não é que você vai tornar-se gay. Não significa que uma mulher vai colocar uma cinta com um pênis e foder o seu cú, apesar de que isso poderia ser divertido também. Reconheça que há uma possibilidade diferente na maneira que seu corpo recebe. Como seria se você estivesse disposto a ter mais disso e menos do que tem atualmente? O que você tem atualmente é suficiente? O que você tem é o que você quer?

As pessoas raramente percebem que há uma escolha diferente. A maioria das pessoas tem a ideia de "Tenho que fazer isso", ou "Tenho que fazer aquilo", ou "Essa é a única maneira que há", ou "É assim que deve ser". E se nada disso fosse real?

Criando uma vibração molecular entre você e a mulher

Participante da classe:

Você diz que mulheres geralmente fazem sexo a fim de ter um relacionamento e homens têm um relacionamento a fim de fazer sexo. Em vez de ser limitado por esta realidade, como posso ter uma possibilidade diferente? Por exemplo, como posso fazer sexo sem relacionamento? Conheço algumas pessoas que são típicos pegadores, mas não consigo entender por que ou como podem ser pegadores. Parece tão natural para eles. Como isso é possível?

Gary:

Que estupidez você está usando para defender-se totalmente do pegador que poderia estar escolhendo? Tudo que isso é, vezes um deusilhão, você vai destruir e descriar? Certo e errado, bom e mau, POD e POC, todas as nove, curtos, garotos e aléns.

Ser um pegador não é bom nem ruim. Você tem que fazer perguntas: "Esta mulher realmente quer fazer sexo comigo ou deseja outra coisa?" Na maioria das vezes, as mulheres que gostariam de fazer sexo com você querem algo mais de você do que somente sexo, mas você não quer saber disso. Você pensa: "Ok, posso transar com ela" e corta sua percepção para garantir que vai conseguir transar.

Quando você ficar muito bom no sexo oral, quando ficar muito bom em usar seus dedos no corpo de uma mulher e fazê-la gozar quatro ou cinco vezes antes de gozar dentro dela, mulheres vão querer visitar você várias e várias vezes.

É assim que você começa a criar o lugar em que torna-se um produto valioso. Você tem que fazer de você um produto valioso, sensibilizando seu corpo o suficiente para ter uma percepção do que o corpo dela está sentindo e fazer seu corpo sentir o que o corpo dela sente. Faça essas coisas da resposta galvânica para que possa chegar ao ponto em que pode criar uma comunhão entre as estruturas moleculares de seus corpos. Pergunte: Como podemos criar uma vibração molecular entre nós como algo mais grandioso do que cada um de nós pode ter sozinho?

Participante da classe:

É isso que você está descrevendo em *The Place* (O Lugar), não é?

Gary:

Sim. É isso que estou descrevendo em *The Place*. É o que estou tentando fazer as pessoas reconhecerem: esse lugar existe. Eu já tive este lugar pessoalmente? Sim. Eu pude alcançá-lo com algumas mulheres diferentes.

Não que eu fosse um pegador. Eu usava minha língua de prata de mais de uma maneira para conseguir qualquer coisa que eu quisesse. Eu tive colegas de quarto que eram atraentes, caras machões que usavam mulheres. Eles arrumavam uma namorada e ficavam entediados com elas depois de fazer sexo as primeiras três vezes.

Eu perguntava: "O que é chato sobre a maneira que ela faz sexo?"

Converse com ela

Meus colegas de quarto diziam: "Só estou cansado de ter que conversar com ela". Percebi que se você está disposto a conversar com alguém, você chega bem mais longe. Então comecei a conversar com essas garotas e acabei indo para cama com elas. A parte engraçada é que todas me disseram que eu era melhor do que meus colegas porque para mim não era só meter. Elas diziam que gostavam do sexo comigo. Você tem que perguntar: "O que será prazeroso para ela?" Você pode perguntar à mulher: "Qual é a coisa mais prazerosa para você?"

Eu era um pouco diferente. Quando era jovem, meu ponto de vista era que eu precisava aprender tudo que podia porque não era adequadamente dotado, então tentava descobrir o que outras pessoas faziam. Eu perguntava para as mulheres com quem estava: "Então, você ficou com este cara. O que ele fez que eu não fiz?", ou "O que ele fez que foi realmente ótimo?" As mulheres ficavam surpresas que eu perguntava e ficavam estimuladas a responder. Você tem que estar disposto a perguntar: "Qual foi a melhor coisa que alguém já fez com você sexualmente?" Descubra o que é, então pergunte: "Você pode me ensinar a fazer isso?" Adivinha? Se você pedir para elas lhe ensinarem, elas começarão a contribuir para você. É assim que você as traz para o seu time. "Me ensine a fazer a melhor coisa que você já teve. Me ensine

a fazer. Eu fiz bem o suficiente ou há algo que eu possa melhorar?"
Você pergunta ao corpo da pessoa: "O que posso fazer diferente que
seria um aperfeiçoamento aqui?"

As pessoas se conectam como corpos

Há outra coisa sobre sensibilizar seu corpo. Reconheça que as
pessoas não se conectam como seres; elas se conectam como corpos.
Se você não perceber que as pessoas se conectam como corpos em vez
de seres, seu comportamento não fará sentido para você. Nós tendemos
a olhar para a pessoa com quem estamos ou para a pessoa com quem
gostaríamos de estar com base em onde está o corpo dela e onde ela
está no tempo. É por isso, que quando alguém morre, ou quando você
perde um animal de estimação, por exemplo, você sente tanta saudade.
Você sente saudade de poder tocá-los. Quando se sente separado um
do outro, você não sente mais que seu corpo está conectado ao deles.

Quando você passa pelas grandes mudanças que Access
Consciousness cria para você, a tendência é haver um senso de
separação. É aí que você pergunta: "Meu corpo e eu mudamos tanto
que os sistemas de outras pessoas não nos localizam mais?

Por sistema, quero dizer os tipos de coisas que as pessoas buscam
para ter um senso de estar conectado ao seu corpo. Elas querem saber
onde está o seu corpo no espaço e onde você está em relação a ele.
Essa não é necessariamente a escolha mais fácil ou melhor, mas é assim
que é feito aqui. Ao passar por essas mudanças, seu relacionamento
com dinheiro também muda - porque o dinheiro é para você, o ser,
ou dinheiro é para o corpo? É para o corpo.

"Você é minha"

Participante da classe:

Eu fui a um *workshop* em que homens formavam pares com
mulheres e a mulher tinha que pedir ao homem o toque que ela

quisesse. Minha parceira me pediu: "Você pode me tocar como se eu fosse sua?" Ela queria que eu a tocasse como se eu a possuísse ou como se ela fosse minha mulher.

Gary:

O que a mulher estava lhe dizendo? Que ela gostava de homens? Que não gostava de homens? Ou que queria possuir um?

Participante da classe:

Que ela queria possuir um.

Gary:

Sim. O que as pessoas dizem é uma indicação do que é. Você conseguiu satisfazê-la?

Participante da classe:

Na verdade, consegui, e isso expandiu meu universo porque eu não estava disposto a entrar nessa energia antes. Eu tinha o julgamento de que a energia "Você é minha" era ruim.

Gary:

Há uma diferença entre "Você é meu" e "Eu possuo você".

Participante da classe:

A energia era "Você é meu". Esta era a energia que ela queria experimentar.

Gary:

Isso é o que você tem que estar disposto a olhar:

- Como posso possuir essa mulher para sempre?
- O que posso fazer que a deixaria tão excitada sexualmente que nem consegue se imaginar fazendo sem mim?

O que essa pessoa quer?/O que eu quero?

Participante da classe:

Dain falou sobre como nós, homens humanoides, às vezes, gostamos de ficar agarradinhos e ser românticos. Você poderia falar mais sobre isso? Isso estava fora do meu universo. Eu sempre entro em sexo ou relacionamento.

Gary:

Não é uma coisa ou outra. Você tem que ver o que a pessoa que está com você quer. Eu pergunto: Vai ser fácil? Vai ser divertido? Vou aprender algo? O que aprendi é que muitas mulheres só queriam ficar agarradinhas e não fazer sexo, aí eu podia ir para casa. Você tem que olhar para:

- O que quero?

- Para que vim?

- Por que estou aqui?

- Por que quero gozar com essa pessoa?

- O que realmente desejo?

- O que realmente requeiro?

- Aonde quero chegar com isso?

A maioria de nós, homens, nunca fazemos estas perguntas. Eu, pessoalmente, percebi: "Tenho todos esses pontos de vista sobre como devo ser como homem com base no que as mulheres me disseram que eu deveria ser, não no que realmente funcionaria para mim. Ah, preciso olhar para o que realmente quero e não tentar descobrir isso de acordo com o que as mulheres querem". A maioria dos homens tenta descobrir o que vai ser bom para a mulher e ignora o que vai ser bom para eles.

Que estupidez você está usando para se defender totalmente de ser o homem que verdadeiramente pode ser você está escolhendo? Tudo que isso é, vezes um deusilhão, você vai destruir e descriar? Certo e errado, bom e mau, POD e POC, todas as nove, curtos, garotos e aléns.

Você pode querer correr:

Que atualização física de uma realidade sexual totalmente diferente além dessa realidade eu agora sou capaz de gerar, criar e instituir?

Eu tenho tentado tirar você deste lugar em que faz das mulheres a autoridade, a razão e a justificativa para tudo. Quando você para de fazer isso, começa a ter a escolha de ser você, ter você e ser você como valioso.

Eu gostaria de ver você chegar ao ponto em que, em vez de escolher qualquer pessoa para fazer sexo com você, você começa a procurar quem faria sexo com você que realmente seria divertido para você.

Então não é: "Ah, ela fará sexo comigo" igual a "Eu vou pegá-la". Em vez disso é:

- Será divertido para mim?
- Vou gostar?
- Isso vai tornar minha vida mais grandiosa?
- Isso tornará tudo que desejo mais valioso e mais fenomenal?

Você vê como essas perguntas são diferentes de: "Será que ela vai mesmo fazer sexo comigo?" Quando você olha para uma mulher e diz: "Aposto que ela será assim", isso é uma conclusão. Não é um pergunta. Uma pergunta é:

- Ela é o que estou buscando?
- Isso vai ser o que eu quero que seja?

Quantos de vocês estão se contentando com o que conseguem, em vez de saber exatamente o que vocês querem e não estarem dispostos a aceitar menos? Tudo que isso é, vezes um deusilhão, você vai destruir e descriar? Certo e errado, bom e mau, POD e POC, todas as nove, curtos, garotos e aléns.

Que compromisso você se recusa a fazer que, se fizesse, lhe daria o tipo de sexo e relacionamento que verdadeiramente gostaria de ter? Que estupidez você está usando para defender ou se defender do sexo e relacionamentos está escolhendo? Tudo que isso é, vezes um deusilhão, você vai destruir e descriar? Certo e errado, bom e mau, POD e POC, todas as nove, curtos, garotos e aléns.

Pessoal, vocês não estão se comprometendo com vocês. Vocês estão se comprometendo com suas mulheres. Por que isso é mais importante para vocês do que comprometer-se consigo mesmos?

Chateações

Participante da classe:

É para mantê-la satisfeita, aí ela não me chateia.

Gary:

Em outras palavras, você espera que ela chateie você. Você espera que as mulheres chateiem você. Aqui está o problema com isso: por você evitar ser chateado, sempre escolhe mulheres que chatearão você. Isso se aplica a todos vocês.

Participante da classe:

Podemos liberar isso agora, por favor?

Gary:

Tudo que isso é, vezes um deusilhão, você vai destruir e descriar? Certo e errado, bom e mau, POD e POC, todas as nove, curtos, garotos e aléns.

Participante da classe:

Isso é engraçado porque no meu relacionamento, a única coisa a que eu reajo é ela me chatear. Não me importo com mais nada, mas quando ela me chateia, fico muito irritado.

Gary:

Mas você sempre faz o que pode para criá-la chateando você.

Participante da classe:

O que ainda estou defendendo ou de que ainda estou me defendendo com minha parceira?

Gary:

Você está defendendo o fato de ela ser uma chateação, assim você pode escolher deixá-la enquanto se defende das chateações dela para que possa amá-la?

Participante da classe:

Isso é assustador.

Gary:

Na verdade, ela é um relacionamento perfeito para você. Ela é uma garota que vai chatear você, chatear você, chatear você até você fazer o que ela quer, o que quer dizer que você pode ficar com raiva dela por fazer você fazer o que ela quer, mas pelo menos ela vai lhe chatear.

Deixe-me fazer outra pergunta para você. Você definiu "chatear" como amar?

Participante da classe:

Parece que sim.

Gary:

Tudo que você fez para definir chateação como amor e todos vocês que viam suas mães chateando seus pais porque vocês sabiam que quando uma mulher estava brava com um homem e chateava ele, era amor verdadeiro, vocês vão destruir e descriar tudo isso? Certo e errado, bom e mau, POD e POC, todas as nove, curtos, garotos e aléns.

Participante da classe:

Isso é incrível. Quanto amor e ódio são basicamente a mesma coisa? São lados diferentes da mesma moeda. Eu comecei a mudar muito disso. Eu não reajo mais à minha parceira quando ela me chateia. Eu fico na permissão e escolho algo diferente para mim, mas para ela é como se eu estivesse desaparecendo do universo dela, porque não estou reagindo.

Gary:

Sim, eu sei. Ela definiu chateação como um ato de amor.

Participante da classe:

O que eu poderia fazer diferente aqui? Não sei o que fazer ou para onde ir.

Gary:

Bem, o que você realmente quer dela?

Participante da classe:

Essa é uma boa pergunta.

Gary:

Você nem mesmo sabe o que quer. Deixe-me fazer uma pergunta a você. O que você quer com uma mulher? Isso. Qual foi a energia que surgiu quando eu fiz essa pergunta?

Participante da classe:

O que percebo é "alguém que não me atrapalhe".

Gary:

Então você quer uma mulher que não atrapalhe você. Essa seria sua parceira?

Participante da classe:

(Risos) Sim.

Gary:

Tudo que isso é, vezes um deusilhão, você vai destruir e descriar? Certo e errado, bom e mau, POD e POC, todas as nove, curtos, garotos e aléns.

Então, o que você quer com uma mulher? Isso.

Participante da classe:

Alguém que é resistente ou cria uma resistência para que eu tenha algo para brigar.

Gary:

Legal.

Tudo que isso é, vezes um deusilhão, você vai destruir e descriar? Certo e errado, bom e mau, POD e POC, todas as nove, curtos, garotos e aléns.

Participante da classe:

Obrigado, Gary. Isso ajudou muito. Antes de você fazer essa pergunta, eu não tinha consciência de que estava procurando alguém que criasse algum tipo de resistência ou briga. Eu achava que estava fazendo algo diferente.

Gary:

Tudo que isso é, vezes um deusilhão, você vai destruir e descriar? Certo e errado, bom e mau, POD e POC, todas as nove, curtos, garotos e aléns.

Cavalheiros, eu gostaria que todos vocês corressem esse processo a partir de agora e até a próxima chamada.

Que estupidez estou usando para criar a (o nome do relacionamento mais recente que você teve ou da pessoa com quem está atualmente) estou escolhendo?

Então é: Que estupidez estou usando para criar a (nome da pessoa) que estou escolhendo? Tudo que isso é, vezes um deusilhão, você vai destruir e descriar? Certo e errado, bom e mau, POD e POC, todas as nove, curtos, garotos e aléns.

Faça isso com a pessoa com quem está agora ou a última pessoa com quem esteve. Você escolheu cada mulher que já teve em sua vida porque combinava com alguma vibração. Se você verdadeiramente quer criar uma mudança na sua vida, tem que descobrir que vibração é essa. Ok, cavalheiros é isso aí. Falo com vocês na próxima chamada. Cuidem-se meus amigos. Tchau.

Participantes da Classe:

Muito obrigado!

8

O QUE É UM CAVALHEIRO?

Um cavalheiro não parte da conclusão, e por não ter julgamento,
ele abre a porta para possibilidades para cada pessoa que toca.

Gary:

Olá, cavalheiros. Alguém tem alguma pergunta?

Sendo um cavalheiro

Participante da classe:

Quando penso na palavra *cavalheiro*, me parece pesada. Eu sinto que ser um cavalheiro é uma limitação. Para ser um cavalheiro, há coisas que você deve fazer e coisas que não deve fazer. Qual é a sua definição de *cavalheiro*?

Gary:

Primeiramente, cavalheiro é quem está disposto a reconhecer o que uma mulher precisa e entregar isso.

Tudo que não permite isso, vezes um deusilhão, você vai destruir e descriar? Certo e errado, bom e mau, POD e POC, todas as nove, curtos, garotos e aléns.

Participante da classe:

Há algo mais nessa definição?

Gary:

Se você está disposto a ser um cavalheiro, está disposto a ver o que uma mulher requer de você. Um cavalheiro não incorpora só o ponto de vista de um homem. Ele está disposto a ver o ponto de vista da mulher também. Ele está disposto a ver o que pode fazer para criar uma possibilidade diferente. Se você não está disposto a ver o que é capaz de criar como uma possibilidade diferente, você verdadeiramente é capaz de criar o que gostaria de criar?

Por exemplo, eu posso ser um cavalheiro e abrir a porta para uma mulher entrar no carro. Quando faço isso ela diz: "Você é muito cavalheiro". O que isso significa do ponto de vista dela é o que você está buscando, porque para criar um relacionamento ou sexo com alguém, você tem que ser o que a outra pessoa está disposta a ter de você. Se está disposto a ser um cavalheiro, as mulheres olham para você a partir de um ponto de vista diferente. Esse ponto de vista é de julgamento ou não julgamento? É um ponto de vista de não julgamento. É por isso que ser cavalheiro é a maneira de funcionar aqui.

Tudo que isso é, vezes um deusilhão, você vai destruir e descriar? Certo e errado, bom e mau, POD e POC, todas as nove, curtos, garotos e aléns.

Se você tem algum peso sobre ser cavalheiro, quer dizer que não tem sido cavalheiro há muitas vidas.

Todos os lugares em que você fez papel de "não cavalheiro", e todos os lugares em que você foi para o autojulgamento por não ser cavalheiro, e todos os lugares em que tentou fingir que na verdade não se importa em ser cavalheiro, você vai destruir e descriar tudo isso? Certo e errado, bom e mau, POD e POC, todas as nove, curtos, garotos e aléns.

Participante da classe:

Você pode falar sobre ser cavalheiro além do relacionamento com mulher?

Gary:

Se você é um cavalheiro, percebe o valor de cada pessoa com quem está. Cavalheiro não tem julgamento de ninguém. Ele só têm a consciência do que pode ser possível para cada pessoa que o rodeia. E se você estivesse disposto a ter consciência de tudo que é possível, em vez do julgamento do que deveria ou não deveria fazer?

Digamos que você é um cavalheiro e sai com um amigo gay. Você flerta com ele ou não flerta com ele?

Participante da classe:

Eu flerto com ele.

Gary:

Sim, porque é isso que ele requer e deseja de você. Significa que vocês vão fazer alguma coisa?

Participante da classe:

Não.

Gary:

Não. Significa que você vai dar o que ele deseja de você. Você tem que estar disposto a ver o que as pessoas desejam de você. Se não estiver disposto a ser um cavalheiro, não estará disposto a ver o que as pessoas desejam de você. Um cavalheiro sempre sabe o que se requer ou deseja dele e entrega o que ele escolher.

Participante da classe:

Como se faz isso sem divorciar-se de si mesmo – porque é isso que faço?

Gary:

Então você sai com um amigo gay e flerta com ele. Você faz sexo com ele?

210

Participante da classe:

Provavelmente não. Mas pode ser que sim. Na verdade, quem sabe?

Gary:

Bom. Você sempre está aberto à possibilidade do que possa ocorrer, em vez de concluir e julgar o que pode ou não pode ocorrer.

Participante da classe:

Qual é a diferença entre um cavalheiro e um vagabundo?

Gary:

Um cavalheiro é um bom vagabundo, pois não tem julgamento do que faz ou do que outras pessoas fazem. Um cavalheiro não tira conclusão ou julgamento. Se fosse para buscar o oposto de um cavalheiro, você poderia buscar um sexista. Isso seria próximo ao oposto de um cavalheiro.

Sexista é alguém que determina o que está certo. Ele já decidiu que é dessa maneira que deve ser e o que você tem que fazer. Ser cavalheiro significa buscar as possibilidades, você não está buscando as conclusões e não está buscando o julgamento.

Participante da classe:

Uau. Estou percebendo apreço ou reconhecimento aqui.

Gary:

É a disposição de ser algo que outras pessoas não estão dispostas a ser.

Participante da classe:

Uau.

Gary:

Eu estou com setenta anos de idade e mulheres de trinta me dizem que preferem estar comigo do que com o Dain porque sabem que eu não as magoaria e o Dain as magoaria. Isso é verdade mesmo?

Participante da classe:

Não.

Gary:

Não, a única coisa que magoa alguém é quando você não dá o que a pessoa quer. É mais provável que o Dain dê o que elas pensam que querem do que eu. Elas pensam que o Dain acabará se tornando o príncipe encantado que pensavam que estavam procurando. Elas sabem que sou muito velho para ser um príncipe encantado, então o que posso ser? O velho que cuida delas com a elegância com que merecem ser tratadas.

Um cavalheiro escolhe possibilidade em vez de julgamento

As pessoas sempre escolhem julgamento em vez de possibilidade. E como um verdadeiro cavalheiro, você sempre escolherá possibilidade em vez de julgamento, o que convida as pessoas a possibilidades maiores. Há anos, eu saí para jantar com uma mulher e o pai dela, que tinha oitenta e oito anos de idade. Ele era um cavalheiro à moda antiga. Ele vestia-se com elegância e tinha uma aparência elegante. Tinha uma mulher no jantar conosco que estava na casa dos cinquenta e ficou caidinha por ele. Por quê? Porque ele não oferecia julgamento a ela, somente a possibilidade que realmente poderia surgir.

Um cavalheiro não parte da conclusão, e por não ter julgamento, ele abre a porta para as possibilidades a cada pessoa que toca.

Tudo que isso trouxe à tona para todos vocês, vocês vão destruir e descriar? Certo e errado, bom e mau, POD e POC, todas as nove, curtos, garotos e aléns.

Participante da classe:

Às vezes ouço mulheres dizerem: "Sean Connery é tão cavalheiro".

Eu pergunto: "Você o conhece?"

As mulheres dizem: "Não, mas ele parece cavalheiro". E eu pergunto: "E eu não sou?"

Peça a ela para elevar-se a uma possibilidade mais grandiosa

Gary:

Sean Connery está disposto a ser elegante a fim de criar um lugar em que as pessoas escolherão mais elegância. Se você for um cavalheiro, sempre pedirá para todos tornarem-se mais do que podem ser, não menos. Quantas vezes você fez sexo com uma mulher e pediu para ela tornar-se menos do que ela é? Muitas, poucas ou megatons? Se você pede a uma mulher para entregar-se a você, está pedindo a ela para ser tudo que ela é ou menos?

Participante da classe:

Menos do que ela é.

Gary:

Sim. Como um cavalheiro, você sempre pede que ela se eleve a uma possibilidade maior, e se você fizer isso, possibilidade ocorrerá. Ela se elevará a uma energia sexual maior do que você jamais teve. A maioria de vocês pede à mulher se entregar a vocês, o que não é pedir que ela seja mais de si. Você não pede a ela para se elevar a uma possibilidade maior do que ela jamais soube ser possível. E se você pedisse às mulheres com quem faz sexo para se elevarem a algo que nem sabiam que é possível?

Tudo que isso é, vezes um deusilhão, você vai destruir e descriar? Certo e errado, bom e mau, POD e POC, todas as nove, curtos, garotos e aléns.

Participante da classe:

Como seria pedir a uma mulher para fazer isso?

Gary:

Seria: "Ei, posso fazer isso para você?" Há alguns anos, eu perguntava às mulheres: "O que alguém fez para você que ninguém mais fez, que se fosse feito a você lhe daria mais do que jamais pensou ser possível?" Eu sempre quis saber o que outros caras tinham feito que eu não fiz. Agora, por que eu faria isso?

Participante da classe:

Para descobrir do que ela gosta?

Gary:

Sim! Para descobrir do que ela gosta, o que a faz feliz, e o que faz o corpo dela cantar. Se você perguntar o que outro homem fez para ela que ninguém mais fez, você perceberá a energia do que isso é. Quando está disposto a entregar esta energia, está sendo um cavalheiro que está disposto a dar a ela tudo o que ela deseja, tudo o que ela sempre quis e tudo o que ela sempre achou grandioso.

Tudo que não lhe permite perceber, saber, ser e receber isso, você vai destruir e descriar? Certo e errado, bom e mau, POD e POC, todas as nove, curtos, garotos e aléns.

Participante da classe:

Não estou tão fodido quanto achei que estava.

Gary:

Esse é você, Sr. Pegador?

Participante da classe:

Sim. É ele que se entrega a uma mulher instantaneamente.

Gary:

Você já me ouviu dizer que você não está tão fodido quanto pensa que está?

Participante da classe:

Sim. Já ouvi algumas vezes.

Gary:

Sim, mas você nunca acreditou em mim, não é?

Participante da classe:

Eu já ouvi isso, talvez 2.000 vezes.

Gary:

A próxima vez que você me vir tem que me dar um euro para provar que eu não estava errado.

O que você é capaz de fazer e o que faz são duas coisas diferentes. E se não fossem duas coisas diferentes? Você continua tentando ver quanto está errado – ou quanto está certo?

Participante da classe:

Quanto estou errado.

Gary:

Que criação de sexo e cópula você está usando para validar as realidades de outras pessoas e invalidar a sua realidade você está escolhendo? Tudo que isso é, vezes um deusilhão, você vai destruir e descriar? Certo e errado, bom e mau, POD e POC, todas as nove, curtos, garotos e aléns.

Participante da classe:

Sim, eu entro na realidade de outras pessoas.

Gary:

Você quer saber que você faz isso?

Participante da classe:

Sim.

Gary:

Não, você não quer. Você está sempre tentando entender como não está fazendo isso em vez de ver como está fazendo. Você tem que estar apto a ver o que uma pessoa requer e deseja de você.

Por exemplo, quando você pensa que quer fazer sexo com alguém, você corta sua consciência para fazer sexo?

Participante da classe:

Muitas vezes sim.

Gary:

Muitas vezes, não. O tempo todo, porra!

Que estupidez você está usando para criar a defesa contra e a favor da cópula que outros estão escolhendo por você, você está escolhendo? Tudo que isso é, vezes um deusilhão, você vai destruir e descriar? Certo e errado, bom e mau, POD e POC, todas as nove, curtos, garotos e aléns.

Você tem que criar a partir da sua realidade

Participante da classe:

Gary, esta série tem sido incrível. Ontem à noite fiz o sexo mais fenomenal. Há um desejo da minha parte de fazer mais sexo especificamente com esta pessoa e explorar mais disso. É possível fazer um Acordo e Entrega com uma mulher sobre como ter mais sem criar um relacionamento?

Gary:

Graças a Deus, finalmente você teve essa experiência. Energia sexual é sobre a capacidade generativa da vida e viver e a qualidade orgástica da vida e viver que a maioria de nós nunca esteve disposto ou apto a ter. Vocês todos percebem isso?

É possível criar mais com uma mulher sem criar relacionamento? Provavelmente não. Você gostaria de acreditar que sim? Absolutamente. Você está delirando completamente? Sim, você é homem. Você tem que perceber que mulheres buscam coisas diferentes dos homens. As mulheres não estão no mesmo universo que vocês. É muito frequente elas não entenderem o que você está pedindo ou no que está interessado.

Há uma possibilidade diferente de como criar isso na vida. Você tem que criar a partir da sua realidade. Comece a correr:

Que energia, espaço e consciência posso ser que me permitiria criar a realidade que sei que é possível, eu verdadeiramente posso ser? Tudo que não permite que isso apareça, vezes um deusilhão, você vai destruir e descriar? Certo e errado, bom e mau, POD e POC, todas as nove, curtos, garotos e aléns.

Há um novo processo que acabei de criar, que penso ser apropriado para isso:

Que criação de sexo e cópula você está usando para subordinar, absolver e resolver a escolha e consciência que você tem a favor da realidade dos outros está escolhendo? Tudo que não permite que isso apareça, você vai destruir e descriar? Certo e errado, bom e mau, POD e POC, todas as nove, curtos, garotos e aléns.

Você fica tentando escolher o que vai funcionar para a mulher. É uma das coisas que os homens fazem. Sempre tentam escolher o que vai funcionar para a mulher. Há uma razão para isso? Sim. Você foi entranhado e treinado a acreditar que a mulher é o produto mais valioso do planeta, não você.

Tudo que isso é, vezes um deusilhão, você vai destruir e descriar? Certo e errado, bom e mau, POD e POC, todas as nove, curtos, garotos e aléns.

Que criação de sexo e cópula você está usando como a subordinação, a absolvição e a resolução da sua escolha e sua consciência a favor da realidade de outras pessoas você está escolhendo? Tudo que isso é, vezes um deusilhão, você vai destruir e descriar? Certo e errado, bom e mau, POD e POC, todas as nove, curtos, garotos e aléns.

Você continua supondo que tem que abrir mão da sua realidade a favor da realidade de outra pessoa. Não é nem abrir mão da sua realidade. É que você não tem ponto de vista. Você é homem. Você não tem ponto de vista, a menos que seu pênis esteja duro e apontando em uma direção. Uma coisa que gosto sobre homens é que eles são completamente insensíveis à consciência de qualquer outra pessoa até que seu pênis esteja apontando para algo. Navegador peniano é a direção que você sabe seguir.

Você não acha interessante que sempre tenta agradar e valorizar outra pessoa antes de sequer tentar ver o valor de você?

Participante da classe:

Sim.

Gary:

Faz sentido?

Participante da classe:

Bem, não faz sentido algum.

Gary:

É o universo da não sensibilidade a partir do qual você fica tentando criar. Não funciona.

O que você quer criar?

Participante da classe:

Na última chamada, quando falamos sobre sexo, você disse para ficarmos muito bons em usar a língua e os dedos. Você disse que assim teríamos mulheres querendo vir e nos visitando continuamente, e que assim começaríamos a criar o lugar em que nos tornamos um produto de valor. Me parece que você está dizendo que não somos os produtos valiosos e que precisamos fazer algo a fim de nos tornar um produto de valor.

Gary:

Sim, aos olhos delas, sim.

Participante da classe:

Isso não é um estado de ser em vez de ser? Você disse que *ser* é você, o ser infinito que é, enquanto o *estado de ser* é algo que faz para provar que está sendo.

Gary:

Você tem que olhar o que está tentando criar, não o que pensa que deveria ser. Você pode ter todos os tipos de pontos de vista maravilhosos sobre o que deve ser e o que deveria ser que não é. Você tem que olhar o que *é* – não o que você *quer que seja*.

Participante da classe:

Você pode esclarecer isso, por favor? Parece que você está dizendo que os homens precisam do reconhecimento das mulheres para tornar-se o produto valioso.

Para tornar-se o produto valioso no mundo de uma mulher, você tem que agradar a mulher de maneiras que a fazem valorizar o sexo que você gosta mais do que ela.

Participante da classe:

Isso não torna a mulher mais valiosa?

Gary:

Sim. O que há de errado com isso?

Por que a luxúria é considerada um erro?

Participante da classe:

No mês passado uma amiga postou uma foto de nós dois no Facebook em que ela estava bem vestida e usando maquiagem. Ela estava maravilhosa e muitos homens comentaram na foto dela. Eles a elogiaram e alguns tentaram marcar um encontro com ela. Quando vi isso, notei que me senti um pouco irritado. O que não estou percebendo aqui?

Gary:

Você sentiu raiva ou sentiu inveja? Você tem que ter clareza sobre a diferença. Meu palpite é que você sentiu inveja porque queria se sentir desejado da maneira que ela foi desejada. Quantos de vocês estão se recusando a ser desejados porque acham que isso os diminui?

Tudo que isso é, vezes um deusilhão, você vai destruir e descriar? Certo e errado, bom e mau, POD e POC, todas as nove, curtos, garotos e aléns.

Participante da classe:

Eu tive uma percepção, alguns dias depois, que ela estava tentando controlar o sexo oposto com sua expressão e aparência. E a raiva era porque isso foi exatamente o que eu não estava disposto a fazer.

Gary:

Quer dizer que você só fica com raiva do que você está fazendo ou não está fazendo?

Tudo o que você fez para tornar real e verdadeiro para você que não pode ser a pessoa lasciva que verdadeiramente é, você vai destruir e descriar tudo isso? Certo e errado, bom e mau, POD e POC, todas as nove, curtos, garotos e aléns.

Que recusa da luxúria você está usando para invalidar o ser que poderia estar escolhendo? Tudo que isso é, vezes um deusilhão, você vai destruir e descriar? Certo e errado, bom e mau, POD e POC, todas as nove, curtos, garotos e aléns.

Participante da classe:

Eu tenho estado disposto a tirar proveito da minha aparência. Na maior parte do tempo eu pareço normal. E às vezes eu pareço um pouco desleixado.

Gary:

Eu diria, meu querido amigo, que você está escolhendo ser desleixado sempre que pode porque não quer que as pessoas o desejem. Porque a luxúria é considerada um erro? Não entendo isso.

Que criação de luxúria você está usando para invalidar você e invalidar os outros você está escolhendo? Tudo que isso é, vezes um deusilhão, você vai destruir e descriar? Certo e errado, bom e mau, POD e POC, todas as nove, curtos, garotos e aléns.

Que criação de luxúria você está usando para invalidar sua realidade e as realidades de outras pessoas você está escolhendo? Tudo que isso é, vezes um deusilhão, você vai destruir e descriar? Certo e errado, bom e mau, POD e POC, todas as nove, curtos, garotos e aléns.

Participante da classe:

Estou confuso quanto a isso. Você está dizendo que desejamos as pessoas para nos tornarmos menos valiosos?

Gary:

Às vezes. A questão é que você não está disposto a ver o valor da luxúria.

221

Participante da classe:

Então, qual é o valor da luxúria?

Gary:

O valor da luxúria é o lugar em que você sai do julgamento e entra em: "Vou fazer isso, não importa como se pareça. Não importa o que se requeira. Não importa o que ocorra." Luxúria não é um erro. Luxúria é um lugar em que você não consegue superar sua indisposição de ser limitado. Você escolherá luxúria em vez de limitação toda vez. Em vez de ver isso como uma vantagem e possibilidade, você vê como um erro. Por quê? Porque sempre lhe disseram que luxúria é errado. É errado mesmo – ou é simplesmente onde você está?

Quando alguém quer fazer sexo com você, você diz: "Uau, essa pessoa quer fazer sexo comigo. Que legal isso?" Ou você vai para a conclusão: "Como posso fazer isso e quando posso fazer?" Você tem que estar disposto a olhar para: "E esta pessoa quer fazer sexo comigo por que razão?"

Participante da classe:

Isso seria uma mudança para mim.

Gary:

Muitas pessoas escolheriam fazer sexo com você porque: a) você é homem; b) você é sexual; c) você realmente gosta de mulher; e d) você sabe usar a língua mais ou menos, mas só mais ou menos, não bem.

Vocês rapazes devem aprender a usar melhor a língua, caso ainda não saibam disso.

Que estupidez você está usando para criar a defesa a favor e contra o sexo que outra pessoa quer fazer com você que está escolhendo? Tudo que isso é, vezes um deusilhão, você vai destruir e descriar? Certo e errado, bom e mau, POD e POC, todas as nove, curtos, garotos e aléns.

Participante da classe:

Na outra semana fui questionado por uma mulher que queria marcar um encontro comigo. Ela começou a defender que não iria para cama no primeiro encontro. Então simplesmente perguntei a ela: "Você está fazendo jogo duro ou o quê?"

Ela perguntou: "Sim, mas quem você seria ou o que você faria para chegar nesse ponto?"

Eu disse: "Ah, eu seria eu".

Ela disse: "Ah, você tem autoestima, hein?"

Então eu disse: "Fora da minha lista. Não me incomode mais."

Gary:

A fêmea da espécie é desenhada para que propósito? Para procriar ou não procriar?

Participante da classe:

Para procriar.

Gary:

Sim, então quem ela vai escolher? Um homem que é bom reprodutor. Ela vai olhar para um homem e dizer: "Ele é um bom reprodutor, portanto, vou fazer sexo com ele". Ela vai olhar para outro cara e dizer: "Ele pode ter deficiência física. Não é uma boa escolha". Ela vai olhar para outro e dizer: "Ele tem uma doença. Não quero ele". Ou "Ele tem vício, portanto não é bom reprodutor". Tem tudo a ver com quem ela pode escolher como melhor reprodutor.

Você já teve uma mulher que lhe disse: "Podemos fazer filhos tão lindos juntos?"

Participante da classe:

Não muitas, na verdade. Normalmente é o contrário para mim.

Gary:

É você que diz isso, correto? Mas, é isso que ela está colocando em você para que diga a ela e assim ela possa fazer você escolher fazer isso.

Quem tem outra pergunta?

Sendo maldoso com outros homens

Participante da classe:

Uma vez eu fiquei muito irritado com outro colega e disse a ele: "O corpo tem quatro sistemas nervosos – O sistema nervoso central, o sistema nervoso simpático, sistema nervoso apático e o último, que está mais ativo em você". Nossa, ele ficou muito irritado e foi divertido. É assim que os homens operam?

Gary:

Não. Você ficou com vontade de fazer sexo com ele e a única maneira de não poder fazer sexo com ele era evitar isso dizendo algo maldoso a ele. Homens fazem maldades com outros homens porque querem fazer sexo com eles.

Tudo que você não está disposto a perceber, saber, ser e receber sobre isso, você vai destruir e descriar? Certo e errado, bom e mau, POD e POC, todas as nove, curtos, garotos e aléns.

Sempre que você estiver sendo maldoso com outro homem, pergunte: "Estou escolhendo isso porque gostaria de fazer sexo com esse cara?" Não é aceitável nessa realidade fazer sexo com outro homem, é? Não. Não se você for heterossexual. Então porque você tem que ser heterossexual?

Participante da classe:

Essa é a norma. Para ser aceito.

Gary:

Tudo que você está fazendo para fazer desta sua realidade em vez de ter escolha, você vai destruir e descriar? Certo e errado, bom e mau, POD e POC, todas as nove, curtos, garotos e aléns.

A propósito, não estou tentando fazer vocês fazerem sexo com outros homens. Por favor, saibam disso. Um gay não fica com raiva de outros homens. Ele fica sexual com eles. Vocês ficam irritados com homens.

Reveja todos os lugares em que você ficou irritado com homens com quem você, na verdade, queria fazer sexo.

Você vai destruir e descriar tudo que não lhe permite, perceber, saber, ser e receber que você teria tido uma resposta diferente se estivesse disposto a fazer sexo? Certo e errado, bom e mau, POD e POC, todas as nove, curtos, garotos e aléns.

Não estou defendendo que vocês façam sexo com homens. Estou tentando dar-lhes a liberdade de olhar para o que realmente é, para que você saiba onde estão suas escolhas. O fato de que você estaria disposto a fazer sexo com um homem significa que você estaria disposto a ter alguém em sua vida que estava disposto a fazer sexo com você.

Participante da classe:

Isso não é uma grande parte de receber outros homens? Não a parte da cópula, mas o receber?

Gary:

Sim. Você tem que receber quando outros homens acham você sexual assim como quando você se acha sexual. Não é que você precisa fazer sexo com homens. O que você precisa ter é a consciência de que é tão sexual que cria a disposição de fazer sexo em todos ao seu redor.

Tudo que isso é, vezes um deusilhão, você vai destruir e descriar? Certo e errado, bom e mau, POD e POC, todas as nove, curtos, garotos e aléns.

Tentar roubar mulheres de outros homens

Participante da classe:

Você disse que homens humanoides não tentam roubar mulheres de outros homens.

Gary:

Sim.

Participante da classe:

Eu penso em mim como humanoide, mesmo assim vejo que fiz isso algumas vezes. O que é isso?

Gary:

Você realmente estava tentando roubar as mulheres deles ou as mulheres deles estavam tentando fazer ciúmes neles?

Participante da classe:

Isso aí.

Gary:

Quando você tem consciência, tende a olhar para as coisas a partir do ponto de vista de: "O que essa pessoa desejaria?" Como seria se você estivesse disposto a ver o que seria possível com cada pessoa, em vez de tentar entregar o que elas querem de você?

Participante da classe:

E escolher o que funciona para mim.

Gary:

Sim, a questão é que você é tão consciente psiquicamente que quando vai roubar a mulher de outro homem, é porque aquela mulher quer fazer ciúme no homem. Dain estava com uma mulher uma noite e eu estava pensando: "Estou com tanto ciúme. Não acredito que ele vai fazer sexo com essa mulher". Eu disse: "O quê? Espere um minuto! Sob as melhores circunstâncias, esse ponto de vista não poderia ser meu. O que é isso?"

Eu percebi que o pensamento era dela. Ela queria ciúme no universo de alguém. Na manhã seguinte, perguntei ao Dain: "O que aconteceu na noite passada? O que houve?" Ele disse: "Bem, ela passou a noite aqui porque estava muito bêbada para dirigir para casa, mas ligou para o namorado e disse: 'Não se preocupe, não vou fazer nada,' e não estava disposta a dormir comigo. Ela dormiu no chão. Não entendo essa mulher. Ela disse que queria fazer sexo comigo, mas não fez".

Eu perguntei: "Você acha que ela pode estar buscando uma maneira de fazer ciúme no namorado dela saindo com você e ficando bêbada para não conseguir dirigir até a casa dela?"

Dain disse: "Sim!"

Quando isso foi identificado, percebi que o ciúme do qual estava ciente era o que Dain não estava disposto a estar ciente. A mulher estava tentando fazer ciúme para o namorado dela. Ela fingiu subir para o quarto do Dain para transar com ele, mas estava fazendo aquilo para provocar ciúme no namorado dela, para que ele perdesse o controle. Se você não está disposto a ver o espaço a partir do qual as pessoas estão funcionando, você sempre será o efeito da insanidade delas.

Tudo que você fez para se tornar o efeito da insanidade de outras pessoas em vez de ter consciência de quando estão sendo insanas, você vai destruir e descriar tudo isso? Certo e errado, bom e mau, POD e POC, todas as nove, curtos, garotos e aléns.

Eu sempre soube dessa merda. Por que os outros não sabem?

Participante da classe:

Porque você é esquisito.

Gary:

Sim, eu sei. É porque sou esquisito.

Cobrança

Você já fez sexo com alguém e depois sentiu que tinha que fazer algo por essa pessoa para ficar tudo bem?

Participante da classe:

Sim.

Gary:

Isso é uma forma de cobrança – não escolha, não possibilidade e não criação e geração. Você já fez sexo oral em alguém e pensou que ela deveria fazer sexo oral em você?

Participante da classe:

Sim.

Gary:

Ou vice-versa?

Participante da classe:

Isso também é cobrança?

Gary:

Sim. "Há uma taxa que devo pagar pelo que recebo". Cobrança são todas as partes e pedaços do que você tem que pagar, independentemente do que ocorra. Isso não parece divertido?

Participante da classe:

Não. Já superei isso.

Gary:

Legal. Certo, próxima pergunta.

Uma realidade sexual além dessa realidade

Participante da classe:

Ao longo dessas chamadas, percebi que a tendência geral é os homens perguntarem: "Como faço para melhorar o sexo e fazer mais sexo?" É para isso mesmo que estamos aqui?

Gary:

Bem, não é para isso que estamos aqui, mas é parte do que é bom sobre estar aqui.

Participante da classe:

No meu ponto de vista, minha mulher é muito sexy e eu a adoro, mas certamente há mais do que simplesmente molhar meu biscoito. No seu ponto de vista, o que há além disso que ainda não consideramos? O que se requer para ter isso?

Gary:

Que atualização física de uma realidade sexual totalmente além dessa realidade você agora está disposto a gerar, criar e instituir? Tudo que isso é, vezes um deusilhão, você vai destruir e descriar? Certo e errado, bom e mau, POD e POC, todas as nove, curtos, garotos e aléns.

É tudo um julgamento de receber

Participante da classe:

Nessas chamadas, tem havido muita conversa sobre mulheres e sexo. Estamos falando disso porque está tão interconectado a todas as partes das nossas vidas e é uma maneira de...

Gary:

Infelizmente, passamos muito tempo tentando determinar se deveríamos ou não fazer sexo, se é ou não é apropriado fazer sexo, se vamos ganhar mais se fizermos sexo ou não teremos mais se não fizermos sexo. Parte dessas coisas é julgamento ou tudo isso é julgamento?

Participante da classe:

É tudo sobre julgamento, e isso se correlaciona com todos os julgamentos que temos em todas as áreas, nas outras partes das nossas vidas também?

Gary:

É tudo julgamento de receber. Lembre-se, sexo é sobre receber.

Participante da classe:

Eu sei, eu sei.

Gary:

Digamos que você vai fazer sexo com uma mulher. O que você está disposto a receber dela? Alguma coisa ou nada? Nada.

Participante da classe:

Nada veio à tona.

Gary:

E é por isso que você está tentando fazer sexo com ela, para dar a ela tudo o que você não gosta em você.

Tudo que isso é, vezes um deusilhão, você vai destruir e descriar? Certo e errado, bom e mau, POD e POC, todas as nove, curtos, garotos e aléns.

Participante da classe:

Há alguma coisa a dizer sobre a situação oposta, quando você tem mais a dar do que a outra pessoa pode receber?

Gary:

Você ainda está na computação do que você pode dar, não do que pode receber. Se você estivesse disposto a sair com alguém que poderia receber tudo que você é, você ficaria preso nisso?

Participante da classe:

E percebo um *sim* para isso.

Gary:

Esse é o problema. Quando você consegue alguém que pode receber tudo que você é, você sente que de alguma forma vai ficar preso. Isso é verdade, mentira, ou é a insanidade que você fica tentando tornar real que, na verdade, não é?

Participante da classe:

Ah, merda!

Gary:

Tudo que isso é, vezes um deusilhão, você vai destruir e descriar? Certo e errado, bom e mau, POD e POC, todas as nove, curtos, garotos e aléns.

Você está mais interessado em abrir mão da sua escolha do que escolher.

Que criação de vida, viver e cópula você está usando para escravizar-se à anticonsciência e inconsciência que está escolhendo? Tudo que isso é, vezes um deusilhão, você vai destruir e descriar? Certo e errado, bom e mau, POD e POC, todas as nove, curtos, garotos e aléns.

Por favor, percebam que a maioria de vocês se escravizou a esta realidade. Vocês não têm estado dispostos a olhar quais são suas escolhas. Estão mais interessados nas escolhas que vocês não têm. Não é sua melhor escolha.

Participante da classe:

Eu tenho saído com uma mulher linda e tem sido realmente diferente dessa vez. Tem sido fácil. O sexo é incrível, assim como a maneira que me conecto com ela. É só espaço. O que é isso? Sou eu não a recebendo?

Gary:

Não, isso na verdade é receber.

Participante da classe:

É tão diferente que quase não sei o que fazer com ela. Não estou nada acostumado a isso.

Gary:

Sim, você nunca escolheu uma mulher que realmente pudesse receber de você, não é?

Participante da classe:

Não, nunca.

Gary:

E você alguma vez escolhe mulheres que realmente se importam com você?

Participante da classe:

Não.

Gary:

Por quê? Por que você escolheria mulheres que não se importam com você?

É para que não tenha que realmente importar-se com elas?

Participante da classe:

Sim.

Gary:

Tudo que você fez para escolher mulheres com quem não tem que se importar, você vai destruir e descriar? Certo e errado, bom e mau, POD e POC, todas as nove, curtos, garotos e aléns.

Felizmente, é só você que faz isso.

Participante da classe:

Sim, é mesmo.

Gary:

Por que você escolhe uma mulher com quem não tem que se importar a fim de escolher alguém para se importar?

Participante da classe:

Essa é uma pergunta muito boa. É para me controlar para não ser mais grandioso?

Gary:

É para se controlar? Ou é para garantir que nunca escolherá ser a grandeza que você é?

Participante da classe:

A segunda.

Gary:

Tudo que isso é, vezes um deusilhão, você vai destruir e descriar? Certo e errado, bom e mau, POD e POC, todas as nove, curtos, garotos e aléns.

Participante da classe:

Obrigado, Gary. Essas chamadas agitam o meu mundo. Sou muito grato por elas.

Gary:

Eu fico muito agradecido. Mesmo que só seis ou oito de vocês escolham ser mais grandiosos, vocês podem mudar o mundo e eu realmente gostaria de ver o que acontecerá aqui quando sexo e relacionamento forem diferentes.

Participante da classe:

Vamos mudar o mundo!

Que tipo de futuro ela está tentando criar?

Gary:

Sim. Originalmente, o trabalho das mulheres era estar dispostas a criar um futuro, porque as mulheres estão mais dispostas a vê-lo do que a maioria dos homens. Não quer dizer que são melhores. Só quer dizer que estão mais dispostas.

Participante da classe:

Isso também é porque as mulheres são mais propensas a sair e conquistar o mundo e os homens são mais propensos a ficar no mesmo lugar?

Gary:

A maioria dos homens humanoides preferiria ter uma vida confortável e criar um ninho para seus filhos do que sair pelo mundo e conquistá-lo.

As mulheres querem criar um futuro. O disfarce feito para as mulheres tem sido fazê-las pensar que seu desejo para o futuro tem a ver com filhos, e na verdade não é assim. Elas não estão fazendo o que estão fazendo pelos filhos. Estão fazendo o que estão fazendo para criar uma possibilidade diferente.

Tudo que isso é, vezes um deusilhão, você vai destruir e descriar? Certo e errado, bom e mau, POD e POC, todas as nove, curtos, garotos e aléns.

Quando estiverem com uma mulher, pessoal, vocês têm que olhar para: "Que tipo de futuro ela está tentando criar aqui?" Se ela estiver tentando criar um futuro que é sobre ter filhos, está comprando esta realidade. É por essa realidade que você quer viver? Se você perceber que ela está tentando criar bebês, você vai ter o mesmo tipo de relacionamento com ela que teria se não estivesse?

Participante da classe:

Não.

Gary:

Se você estiver olhando para o futuro que ela está tentando criar, você não vai mais comprar o que está errado em você. Quando uma mulher está disposta a criar um futuro que inclui você, não tornará o que está errado em você mais real do que a escolha que você faz.

O que você criaria se soubesse qual futuro ela estava tentando criar? Se ela estiver tentando criar um futuro mais grandioso do que você está disposto a ter, você pode estar com ela?

Participante da classe:

Eu percebi um *não* para essa.

Gary:

Sim. Isso é um não. Você tem que estar disposto a criar o futuro que ela está disposta a ter. Quão grandioso é o futuro que ela está disposta a ter? Se você estiver disposto a saber disso, pode criar qualquer coisa com ela. Você pode criar um relacionamento. Digamos que você tivesse uma mulher que deseja sair e conquistar o mundo e você estivesse perfeitamente feliz ficando em casa, não fazendo muito mais que isso. Se esse fosse o caso, essa mulher poderia ficar com você?

Participante da classe:

Não.

Participante da classe:

Se esse fosse o caso, o que então?

Gary:

Então você teria que perguntar: "Podemos criar algo bom?"

Participante da classe:

Sim.

Gary:

A única maneira de você poder criar um relacionamento é se o desejo dela para o futuro corresponder com sua capacidade de ir até lá. Se você olhar para relacionamentos que não funcionaram para você no passado, a mulher desejava um futuro que você não desejava?

Participante da classe:

Sim.

Gary:

É por isso que esses relacionamentos não funcionaram.

Tudo que isso é, vezes um deusilhão, você vai destruir e descriar? Certo e errado, bom e mau, POD e POC, todas as nove, curtos, garotos e aléns.

Isso explica porque eu pulei fora, dei o fora ou escolhi não ver mais a mulher. É porque estava consciente do futuro. Eu estava consciente, mas não estava disposto a ver e me tornei errado por isso.

Gary:

Se a mulher tiver um futuro no qual você tem que ser um seguidor, você será bom nisso?

Participante da classe:

Não.

Gary:

Não. Você não é um seguidor. Está disposto a ser um líder?

Participante da classe:

Sim, estou.

Gary:

Ou está tentando evitar o líder que poderia ser?

Participante da classe:

Sim, estou.

Gary:

Tudo que isso é, vezes um deusilhão, você vai destruir e descriar? Certo e errado, bom e mau, POD e POC, todas as nove, curtos, garotos e aléns.

Por favor, saiba que não estou tentando fazer você errado. Quero que você veja o que não tem funcionado em sua vida para que possa criar algo mais grandioso. É muito real para mim que todos vocês têm a habilidade de criar algo que outras pessoas não têm a habilidade de criar, mas ficam tão envolvidos com as mulheres na sua vida. Vocês ficam pensando que elas escolherão algo que fará tudo funcionar mais facilmente. Isso realmente é possível?

Participante da classe:

Não.

Saindo do espaço de ser parável

Participante da classe:

Eu entrei em contato com meu pai hoje. Não falo com ele há treze anos.

Gary:

Do que você estava ciente com seu pai que não quis estar ciente, que o impedia de falar com ele?

Participante da classe:

Ele sentia minha falta.

Gary:

Isso é legal, mas não é disso que você estava ciente.

Participante da classe:

Também acho que ele está doente.

Gary:

Não é disso que estava ciente. Seu pai era tão sexual quanto você? Ou ele era mais sexual?

Participante da classe:

Mais.

Gary:

Sua mãe gostava ou odiava isso?

Participante da classe:

Ela odiava.

Gary:

Você gostava ou odiava isso?

Participante da classe:

Eu gostava.

Gary:

Então você cresceu para ser como seu pai, mas resistiu a ser assim?

Participante da classe:

Sim.

Gary:

Tudo que isso é, vezes um deusilhão, você vai destruir e descriar? Certo e errado, bom e mau, POD e POC, todas as nove, curtos, garotos e aléns.

Participante da classe:

Convivo com isso desde que nasci, minha mãe resiste a mim e rejeita ele.

Gary:

Você estava disposto a reduzir sua energia sexual para atender à necessidade da sua mãe?

Participante da classe:

Absolutamente.

Gary:

Quanto da sua energia sexual você reduziu para atender às necessidades de outras pessoas? Muito, pouco ou megatons?

Participante da classe:

A última.

Gary:

Tudo que isso é, vezes um deusilhão, você vai destruir e descriar? Certo e errado, bom e mau, POD e POC, todas as nove, curtos, garotos e aléns.

Quantos de vocês reduziram sua energia sexual para corresponder a algo que era aceitável para suas mães ou não aceitável para seus pais, ou parecido demais com seus pais para ser aceitável por suas mães? Tudo que isso é, vezes um deusilhão, você vai destruir e descriar? Certo e errado, bom e mau, POD e POC, todas as nove, curtos, garotos e aléns.

Só porque você era capaz de ser tão sexual quanto seu pai, ou tão sexual quanto sua mãe, ou tão sexual quanto eles eram juntos – esse é o ponto. Você não está disposto a ser tão sexual quanto eles eram juntos porque supõe que foi isso que fez você. Desculpe. Não foi isso que fez você. Você os juntou para fazer o corpo que você queria. Não foi isso que fez você, o ser. Você já era você, o ser.

Tudo que isso é, vezes um deusilhão, você vai destruir e descriar? Certo e errado, bom e mau, POD e POC, todas as nove, curtos, garotos e aléns.

Você resiste a toda energia sexual da sua própria vida a fim de não ser tão sexual quanto seu pai e sua mãe foram para não criar alguém como você. Que legal, e claro que isso não requer nenhum julgamento de você, não é?

Participante da classe:

Ai meu Deus.

Gary:

Tudo que isso é, vezes um deusilhão, você vai destruir e descriar? Certo e errado, bom e mau, POD e POC, todas as nove, curtos, garotos e aléns.

É incrível que vocês podem caminhar, falar e mascar chicletes, quem dirá ter uma ereção.

Participante da classe:

Isso também explica a razão de eu buscar outras coisas para julgar, consertar ou pentear.

Gary:

Por que é que vocês não percebem que são incríveis? Por que ver o quanto vocês são incríveis é tão inalcançável, insondável e inapropriado para vocês?

Quanto vocês se fizeram inapropriados porque estavam preocupados que seriam tão sexuais como seu pai e sua mãe juntos, que é o que você criou neles para criar seu corpo? Você não está disposto a criar alguém tão grandioso quanto você e dar a essa pessoa um corpo igual ao que você ganhou? Isso seria um sim.

Tudo que isso é, vezes um deusilhão, você vai destruir e descriar? Certo e errado, bom e mau, POD e POC, todas as nove, curtos, garotos e aléns.

Participante da classe:

Isso invalidaria todo mundo.

Gary:

Isso invalidaria todo mundo ou inspiraria todo mundo?

Participante da classe:

Sim, inspiraria.

Gary:

Quantos de vocês estão se recusando a inspirar os outros dinamicamente a fim de se transpirar até evaporar? Tudo que isso é, vezes um deusilhão, você vai destruir e descriar? Certo e errado, bom e mau, POD e POC, todas as nove, curtos, garotos e aléns.

Participante da classe:

É onde colocamos todas essas invenções e padrões e o que mais pudermos inventar para nos colocarmos em uma caixa.

Gary:

Bem, alguma dessas coisas é sua?

Participante da classe:

Não.

Gary:

Que criação da sua sexualidade você está recusando, que verdadeiramente poderia estar escolhendo, que se escolhesse criaria um universo totalmente diferente para você? Tudo que isso é, vezes um deusilhão, você vai destruir e descriar? Certo e errado, bom e mau, POD e POC, todas as nove, curtos, garotos e aléns.

Participante da classe:

Oh, meu Senhor. Você está de brincadeira comigo?

Gary:

Que criação da sua sexualidade você está recusando que, se não recusasse, realmente permitiria que você fosse tudo que você é? Tudo que isso é, vezes um deusilhão, você vai destruir e descriar? Certo e errado, bom e mau, POD e POC, todas as nove, curtos, garotos e aléns.

Vocês estão fazendo muito para recusar sua energia sexual.

Que energia sexual sua você está recusando a fim de criar as limitações que está escolhendo? Tudo que isso é, vezes um deusilhão, você vai destruir e descriar? Certo e errado, bom e mau, POD e POC, todas as nove, curtos, garotos e aléns.

Participante da classe:

Sempre recusei minha energia sexual.

Gary:

Por quê? Porque ninguém podia receber? Ou porque se você fosse isso, teria que ser algo que acha não ser capaz de ser?

Participante da classe:

Que merda.

Participante da classe:

Quando ouço você falar sobre isso, a palavra que vem para mim é insondável. É insondável entrar em tanta sexualness.

Gary:

Você quer dizer sair do espaço de ser parável?

Participante da classe:

Sim.

Gary:

Tudo que isso é, vezes um deusilhão, você vai destruir e descriar? Certo e errado, bom e mau. POD e POC, todas as nove, curtos, garotos e aléns.

Participante da classe:

Eu cheguei a um lugar em que meu corpo não estava disposto que eu fizesse isso. Eu me enchi de urticárias.

Gary:

O seu corpo realmente não estava disposto a deixar você fazer isso? Ou você sabia que seu corpo teria que mudar se você estivesse disposto a fazê-lo? E seu corpo sabia que se você estivesse disposto a escolher isso, ele teria que mudar?

Participante da classe:

Sim.

Gary:

Tudo que isso é, vezes um deusilhão, você vai destruir e descriar? Certo e errado, bom e mau, POD e POC, todas as nove, curtos, garotos e aléns.

Gary:

Ele estava lhe dizendo: "Ok, esse é um tiro de aviso. Se você continuar neste caminho, vai mudar ainda mais."

Participante da classe:

Isso é interessante porque as urticárias sempre apareceram quando estava prestes a mudar outra coisa. Aí eu me tornava errado. Eu me perguntava: "O que estou fazendo de errado? Devo estar fazendo algo errado."

Gary:

Então você gosta de se tornar errado?

Participante da classe:

Bem, sou bom nisso.

Gary:

Se você está fazendo isso, a resposta é sim. E está obviamente destruindo sua vida.

Participante da classe:

Sim. Eu sei. Toda vez que vou para esse lugar de errado, definitivamente isso não cria nada.

Gary:

Isso porque você realmente não iria querer criar nada, certo?

Participante da classe:

Foi interessante para mim estar em casa, sozinho, enquanto a minha parceira ficou fora umas semanas. Eu reconhecia a energia de destruição quando ela surgia.

A energia de limitação

Gary:

É realmente a energia de destruição ou é a energia de limitação?

Participante da classe: Certo. Bem essa.

Gary:

Por que limitação é mais importante do que possibilidade?

Participante da classe:

Bem...

Gary:

Você teria que ir além dos limites do que decidiu que é a realidade que está disposto a ter?

Participante da classe:

Sim.

Gary:

Você está disposto a fazer isso?

Participante da classe:

E percebo *não*.

Gary:

Por que você não estaria disposto a ir além das limitações do que está disposto a ter? Você está disposto a viver dentro das limitações com as quais está familiarizado atualmente? Ou você está disposto a ir além do que essa energia pode conviver?

Participante da classe:

Estou disposto a ir além.

Gary:

Esta é uma demanda que você tem que fazer de si mesmo: OK, não importa o que se requer, vou além de cada limitação aqui. Não vou viver minha vida a partir desse ponto de vista limitado. Não funciona para mim. E não importa para quem funciona, não funciona para mim.

Participante da classe:

Sim.

Gary:

E se nunca fosse sobre o que funciona para outras pessoas? E se sempre fosse sobre o que funciona para *você*?

Participante da classe:

Sim, bem assim.

Gary:

Quanto da sua vida você tem feito o que funciona para uma mulher porque é mais fácil do que o que funciona para você?

Participante da classe:

A vida toda.

Gary:

É aí que você passou a ser um homem em vez de ser um cavalheiro.

Participante da classe:

Exatamente.

Participante da classe:

Gary, o que você acha do seguinte processo aclarador que criei? Ele pode ser melhorado de alguma maneira? Na sua percepção, é eficaz?

Que energia, espaço e consciência meu corpo e eu podemos ser para receber as energias sexuais, nutritivas, femininas que são vibracionalmente compatíveis comigo?

Gary:

Bem, eu diria que há só uma limitação nele.

Que energia, espaço e consciência meu corpo e eu podemos ser para receber a energia sexual, nutritiva que é vibracionalmente compatível comigo e meu corpo na totalidade?

Pode ser que apenas as energias femininas não sejam sexualmente nutritivas para você. E se também houver energias masculinas que contribuem para você de maneiras dinâmicas? Você estaria disposto a recebê-las? Há alguns homens, que, por serem seus amigos, podem lhe dar mais do que as mulheres. Se você fizer sobre energia feminina, definiu as limitações do que está disposto a ter como sua realidade. E realmente existe energia *feminina*? Ou existe energia de pessoas que escolheram um corpo feminino? Essa é a única diferença que eu faria no processo aclarador.

Participante da classe:

Obrigado por essas chamadas, Gary. Elas são incríveis.

Participante da classe:

Obrigado. Obrigado. Obrigado.

Gary:

Obrigado a vocês, cavalheiros, por estarem nessas chamadas. Espero que elas tenham mudado o futuro de alguma maneira para que haja mais liberdade para homens e mulheres.

Participante da classe:

Obrigado, Gary. Você é maravilhoso.

Gary:

Obrigado por serem os homens incríveis que vocês são.

9

O QUE VOCÊ REALMENTE QUER EM UM RELACIONAMENTO?

Se você tem um relacionamento,
deve ser algo que acrescenta à sua vida e a torna mais grandiosa,
melhor e mais divertida.
Se um relacionamento não entrega isso, por que estar em um?

Gary:

Olá cavalheiros. Vamos começar com uma pergunta.

A perfeição das mulheres

Participante da classe:

Na última chamada, você disse que um cavalheiro está disposto a reconhecer o que uma mulher necessita e requer e está disposto a entregar isso. Eu tenho me perguntado: "Qual é o valor disso?" Não parece fazer bem algum para o homem. Minha ex-namorada usava essa coisa de cavalheiro contra mim. Ela dizia coisas como: "Você deveria fazer isso – ou, você não é cavalheiro", e no ponto de vista dela, não ser cavalheiro era errado.

Gary:

Não. No seu ponto de vista, era errado, e é por isso que você estava disposto a fazê-la dizer: "Você precisa fazer isso", e você fazia. As mulheres usarão você para conseguir o que querem.

Se uma mulher diz: "Se você for cavalheiro, vai fazer isso", quer dizer que ela quer controlar você. Você está disposto a ser controlado? Sim, até certo ponto, mas não totalmente. Recentemente criamos um novo processo que é bom à beça. Vou fazê-lo em todos vocês:

Que bastardização da perfeição das mulheres você está usando para criar os julgamentos, as limitações e os convites para os demônios, as sirenas e as sílfides da anticonsciência e inconsciência você está escolhendo? Tudo que isso é, vezes um deusilhão, você vai destruir e descriar? Certo e errado, bom e mau, POD e POC, todas as nove, curtos, garotos e aléns.

Existe uma perfeição para as mulheres, mas não tem a ver com as coisas que pensamos que as fazem perfeitas. O que faz uma mulher melhor que um homem é o fato de ela não ter que tirar conclusões. Ela não tem que consertar nada. Ela pode escolher mais do que o homem. Parte da perfeição de uma mulher é que ela pode mudar de ideia – e os homens têm que aceitar. Vocês têm que ser capazes de ver isso ou se farão miseráveis.

Quando você cria mulheres como perfeitas, convida os demônios, sirenas e sílfides. As *sirenas* são mulheres que chamarão um homem para sua morte. As *sílfides* são seres como fantasmas que entram e saem parcialmente da vida, mas na verdade não se tornam parte dela. Nós nos bloqueamos sem ter consciência do que uma mulher vai querer ou desejar de nós, e então tentamos controlar os desejos e requerimentos que ela diz que tem. Os desejos e requerimentos que *ela diz que tem* e os que ela realmente tem são duas coisas diferentes.

Que bastardização da perfeição das mulheres você está usando para criar os julgamentos, as limitações e os convites para os demônios, as sirenas e as sílfides da anticonsciência e inconsciência você está escolhendo? Tudo que isso é, vezes um deusilhão, você vai destruir e descriar? Certo e errado, bom e mau, POD e POC, todas as nove, curtos, garotos e aléns.

Ok, vamos para a próxima pergunta.

Participante da classe:

Como cavalheiro, como você lida com vadias exigentes demais?

Gary:

Você as chama de vadias exigentes demais! Uma mulher que verdadeiramente é uma mulher lutará pela criação de um futuro que ainda não existiu no planeta Terra. É isso que uma mulher de verdade fará. Ela não tentará fazer você satisfazer todos os desejos dela, todas as suas esperanças e todos os requerimentos dela. Você comprou muito do que assistiu nas comédias românticas e filmes de garotas. Como cavalheiro, como você lida com vadias exigentes demais? Você as chama de vadias exigentes demais.

Pornografia

Participante da classe:

Você pode fazer alguns processos sobre pornografia? Apesar de saber que não é real e que o que quer que estejam fazendo não é nutritivo para os corpos, eu acho a excitação da pornografia mais excitante que o mundo real.

Gary:

Sim, isso seria surpresa com base em quê? Se você está funcionando a partir das ilusões da pornografia, não tem que incluir mais ninguém no seu mundo. Não tem que ter uma pessoa real na sua vida.

Participante da classe:

Geralmente, eu acho que as garotas na pornografia são mais bonitas e há mais variedade. Eu gostaria de liberar isso e estar mais presente com as garotas do mundo real.

Gary:

Bem, você não precisa ter isso se preferir. Se prefere ter mulheres na sua vida que são mais parecidas com as mulheres na pornografia, você tem que estar disposto a se ajustar a este tipo de mulher. Parece que você tem tentado fazer as garotas legais não serem legais e você escolhe garotas que são bonitinhas, mas não tanto, para que elas não os deixem. Ao mesmo tempo, você não está disposto a ter as vagabundas e prostitutas que lhe darão tudo que você quer sexualmente.

Tudo que isso trouxe à tona, vezes um deusilhão, você vai destruir e descriar? Certo e errado, bom e mau, POD e POC, todas as nove, curtos, garotos e aléns.

Os feitiços que criamos

Dain e eu fizemos um programa de rádio hoje à noite em que falamos sobre os feitiços que criamos. A maneira que criamos feitiços em nossa vida repetindo algo várias vezes como se fosse verdade. Você lança seu próprio feitiço nas coisas. "Eu quero uma garota assim," é o feitiço que você está lançando. Você não pode ter uma garota que pareça uma atriz pornô, a menos que vá para o lugar em que gravam filmes pornográficos e encontre uma atriz pornô. E você supõe coisas sobre ela que não têm nada a ver com a realidade.

Quantos feitiços você está usando para criar a necessidade de amor por pornografia você está escolhendo? Tudo que isso é, vezes um deusilhão, você vai destruir e descriar? Certo e errado, bom e mau, POD e POC, todas as nove, curtos, garotos e aléns.

Toda vez que você diz: "Meu pênis é muito pequeno", você lança um feitiço e assim ele nunca pode ser visto como maior. E você nunca pode fazê-lo maior.

Participante da classe:

E a perfeição de mulher também seria um feitiço, certo?

Gary:

Sim, você tentou ver mulheres como perfeitas a vida inteira. Você as vê como maiores que você, ou provendo mais do que você, ou alguma outra coisa.

Um feitiço ocorre quando você usa um ponto de vista fixo que cria um padrão de apego no corpo. Em cima do ponto de vista fixo que você tem do corpo, há também um lugar em que você diz certas coisas repetidamente. Você cria um feitiço sempre que diz: "Não consigo", ou "Não vou", ou "Minha vida é um saco", ou "Você está errado", ou qualquer coisa desse tipo.

Quantas vezes uma mulher disse a você que estava errado?

Ela estava lançando um feitiço em você.

Todos os feitiços que foram lançados em você por mulheres para lhe mostrar que estava errado, que não estava fazendo certo e que você precisa ser diferente para elas, você vai destruir e descriar tudo isso? Certo e errado, bom e mau, POD e POC, todas as nove, curtos, garotos e aléns.

Você não precisa ser diferente por uma mulher. Você precisa ser o que funciona para você.

Participante da classe:

É isso que tenho feito? Tentado me ver pelos olhos de uma mulher?

Gary:

Sim. Foi lançado um feitiço em você para que possa ser visto apenas pelos olhos de uma mulher?

Participante da classe:

Sim.

Gary:

Tudo que você fez para se tornar visível somente pelos olhos de uma mulher, e claro, quantas vezes uma mulher deixa você entrar na vida dela e você pelos olhos dela? Nunca. Tudo que isso é, vezes um deusilhão, você vai destruir e descriar? Certo e errado, bom e mau, POD e POC, todas as nove, curtos, garotos e aléns.

Participante da classe:

Eu estava na classe em que você usou esse processo pela primeira vez e percebi que a energia mudou em todo o grupo, tanto para homens quanto para mulheres depois desse processo. Parece ser um processo para homens, mas aparentemente trouxe leveza para o universo das mulheres quase mais do que para o dos homens. Você pode falar sobre isso?

Gary:

Se você projeta nas mulheres que elas são perfeitas, este é o feitiço que está lançando sobre elas, então elas têm que estar no autojulgamento para tentarem se tornar perfeitas.

Participante da classe:

Obrigado.

Gary:

Disponha. Quando você tenta fazer as mulheres perfeitas ou tenta ser perfeito para as mulheres, não tem a liberdade de escolher.

Que bastardização da perfeição das mulheres você está usando para criar os julgamentos, as limitações e os convites para os demônios, as sirenes e as sílfides da anticonsciência e inconsciência você está escolhendo? Tudo que isso é, vezes um deusilhão, você vai destruir e descriar? Certo e errado, bom e mau, POD e POC, todas as nove, curtos, garotos e aléns.

Se você está sempre projetando: "Esta mulher vai ser perfeita para mim", você está lançado um feitiço sobre ela para ser perfeita para você. Projeções são a maneira que os feitiços são lançados. Isso dá a ela a liberdade de ser ela? Isso lhe dá liberdade para ser você?

Quantos feitiços você está usando para criar a armadilha que está escolhendo? Tudo que isso é, vezes um deusilhão, você vai destruir e descriar? Certo e errado, bom e mau, POD e POC, todas as nove, curtos, garotos e aléns.

"Não consigo parar de pensar nela"

Participante da classe:

Recentemente conheci uma mulher e sinto que há um feitiço sobre mim. Não consigo parar de pensar nela. O que está acontecendo com isso?

Gary:

Bem, quantos feitiços você tem para manter-se em transe com mulheres? Tudo que isso é, vezes um deusilhão, você vai destruir e descriar? Certo e errado, bom e mau, POD e POC, todas as nove, curtos, garotos e aléns.

E você não tem consciência, então nunca sabe quando ela está pensando em você, não é?

Participante da classe:

Exatamente, o que é esquisito porque ela cortou toda comunicação, mesmo assim ainda existe uma atração.

Gary:

Porque ela cortou a comunicação?

Participante da classe:

Eu tenho me fodido mentalmente muito com isso. Não tenho uma resposta para você.

Gary:

Sim, você tem. O que você não quer saber sobre o que ela escolheu que se você soubesse o libertaria?

Participante da classe:

Ela disse que não queria se machucar.

Gary:

Sim, o que quer dizer que ela quer machucar você.

Participante da classe:

Sim. Ela está fazendo isso agora.

Gary:

Tudo que isso é, vezes um deusilhão, você vai destruir e descriar? Certo e errado, bom e mau, POD e POC, todas as nove, curtos, garotos e aléns.

Participante da classe:

O que é isso quando as pessoas dizem que não querem entrar em um relacionamento porque têm medo de se machucar? É uma tentativa de controle?

Gary:

É só manipulação. As mulheres tentam controlar os homens. Por quê? Por que você supostamente é o cara que vai sair e fazer algo por elas. Elas têm alguma projeção e expectativa sobre você?

Participante da classe:

Sim.

Gary:

Quantas dessas projeções e expectativas estão criando o erro de você?

Participante da classe:

A maior parte delas.

Gary:

Tudo que isso é, vezes um deusilhão, você vai destruir e descriar? Certo e errado, bom e mau, POD e POC, todas as nove, curtos, garotos e aléns.

Participante da classe:

Como posso usar esse tipo de coisa a meu favor? Como posso mudar isso? Ou, posso mudar isso?

Gary:

Você quer estar com alguém que está disposta a cortar você em pedacinhos assim?

Participante da classe:

Essa é uma boa pergunta. Eu quero dizer não, mas então, a verdade é sim. Mas por que razão eu quero estar com ela?

Gary:

Não sei. Talvez só porque você é muito estúpido.

Participante da classe:

Sim, percebo isso. Totalmente, sim.

Gary:

Que estupidez você está usando para criar as mulheres que está escolhendo? Tudo que isso é, vezes um deusilhão, você vai destruir e descriar? Certo e errado, bom e mau, POD e POC, todas as nove, curtos, garotos e aléns.

"Eu tenho pedido isso"

Participante da classe:

O que me pega é que toda vez que meu corpo está com ela, é tipo, uau. É nutritiva e me sinto cuidado. Tenho pedido isso.

Gary:

Que estupidez você está usando com as mulheres, você está escolhendo? Tudo que isso é, vezes um deusilhão, você vai destruir e descriar? Certo e errado, bom e mau, POD e POC, todas as nove, curtos, garotos e aléns.

Que estupidez você está usando para criar as mulheres que machucam, você está escolhendo, em que você as machuca ou elas o machucam? Tudo que isso é, vezes um deusilhão, você vai destruir e descriar? Certo e errado, bom e mau, POD e POC, todas as nove, curtos, garotos e aléns.

Então o sexo é nutritivo e afetivo?

Participante da classe:

Sim, totalmente.

Gary:

E você tem pedido isso?

Participante da classe:

Sim, eu tenho.

Gary:

O que ela estava pedindo que não falou para você?

Participante da classe:

Agora me deu um branco.

Gary:

Sim, eu sei. É isso que você faz para não ter que saber.

Quanta energia você está usando para criar o branco que está escolhendo? Tudo que isso é, vezes um deusilhão, você vai destruir e descriar? Certo e errado, bom e mau, POD e POC, todas as nove, curtos, garotos e aléns.

O que ela estava pedindo de você que não lhe falou? O que é que você sabia que ela queria?

Participante da classe:

Ela quer um cara para cuidar dela e do filho dela.

Você tem dinheiro suficiente para ela?

Gary:

Sim. Você tem dinheiro suficiente para ela?

Participante da classe:

Não nesses 10 segundos, não.

Gary:

Não me espanto por ela se livrar de você.

Tudo que isso é, vezes um deusilhão, você vai destruir e descriar? Certo e errado, bom e mau, POD e POC, todas as nove, curtos, garotos e aléns.

Cavalheiros, vocês devem chegar ao ponto em que têm dinheiro suficiente, porque quando vocês têm dinheiro suficiente, vocês têm o poder. Uma mulher sempre respeitará você por ter dinheiro. Seria muito recomendado que vocês desistissem dos feitiços e maldições que vocês têm que os impede de ter dinheiro.

Todos os feitiços e maldições que você tem que o impedem de ter dinheiro, você vai revogar, retratar, rescindir, reclamar, renunciar, denunciar, destruir e descriar e devolver todos ao remetente? Certo e errado, bom e mau, POD e POC, todas as nove, curtos, garotos e aléns.

Participante da classe:

Uau. Isso está abrindo um universo totalmente novo.

Gary:

Quanto dinheiro você teria que ganhar para que fosse da maneira que você quer que seja? Mais de um milhão ou menos de um milhão?

Participante da classe:

Provavelmente mais de um milhão.

Gary:

Quanta energia você usou para nunca ter mais que um milhão a fim de não poder ter o que realmente gostaria de ter?

Participante da classe:

Porra, toneladas.

Gary:

Tudo que isso é, vezes um deusilhão, você vai destruir e descriar? Certo e errado, bom e mau, POD e POC, todas as nove, curtos, garotos e aléns.

Participante da classe:

Esta conversa não está indo na direção que quero que vá.

Gary:

Bem-vindo a ser homem. Nunca vai para o lugar que você quer que vá.

Participante da classe:

Sim, estou frustrado, chateado e irritado. Eu quero que vá na direção que quero que vá. O que é esta frustração quando algo não funciona do seu jeito? É só estupidez cega?

Gary:

Você é petulante garotinho. Ao fazer pirraça com sua mãe quando criança, você conseguia o que queria?

Participante da classe:

Sim.

Gary

Sim, bem, isso não é um relacionamento com sua mãe.

Participante da classe:

Então, o que posso fazer?

O sexo amoroso que você gostaria de ter

Gary:

Não tem a ver com conseguir o que você quer com uma mulher. Tem a ver com o que você tem que ser, fazer, ter, criar e gerar para ter o que gostaria.

O que você teria que ser, fazer, ter, criar ou gerar para ganhar o sexo amoroso e nutritivo que gostaria de ter? Tudo que não permite que isso apareça, vezes um deusilhão, você vai destruir e descriar? Certo e errado, bom e mau, POD e POC, todas as nove, curtos, garotos e aléns.

Participante da classe:

Nunca ouvi você dizer "sexo amoroso". O que é isso?

Gary:

Eu não falei isso antes porque para a maioria de vocês, essa ideia seria tão estranha que vocês morreriam em vez de escolhê-la. Para ter isso, vocês teriam que estar dispostos a receber totalmente.

Participante da classe:

Quando você fez aquele processo, eu tive muito espaço. Foi: "Ok, quem eu teria que ser?" Apenas eu. Posso criar e escolher o que gosto para obter o que desejo, e na verdade, posso receber o que gostaria de ter.

Gary:

Você poderia ter isso novamente. Está supondo que não poderia. Também está supondo que só vai ganhar isso dela. Quantas mulheres criam isso como uma realidade – que você nunca vai ganhar isso de ninguém mais?

Participante da classe:

Puta que pariu, sim.

Gary:

Tudo que isso é, vezes um deusilhão, você vai destruir e descriar? Certo e errado, bom e mau, POD e POC, todas as nove, curtos, garotos e aléns.

Participante da classe:

Isso é como uma poção do amor ou feitiço do amor que elas criam ou que compro?

Gary:

É um que você cria em você mesmo. É o feitiço de: "Nunca vou ganhar isso novamente. Foi tão bom dessa vez, não será possível ganhar isso novamente." Você se enrolou completamente com: "Não haverá mais ninguém".

Quantos de vocês decidiram que não haverá outra tão boa quanto a que vocês tiveram recentemente? Tudo que isso é, vezes um deusilhão, você vai destruir e descriar? Certo e errado, bom e mau, POD e POC, todas as nove, curtos, garotos e aléns.

Participante da classe:

Quando entro nessa vulnerabilidade, é uma sensação tão triste. Tenho evitado este espaço há tanto tempo. Quando entro nessa, é *blé*.

Gary:

É mesmo? Por que é tão triste? Você acabou de acessar algo que sempre quis, e agora está triste? Ela teve que escolher o que escolheu?

Participante da classe:

Não.

Gary:

Por que ela escolhe isso? Poderia ser porque ela estava se aproximando demais de você, e isso era tão assustador quanto o inferno para ela?

Participante da classe:

Sim.

Por que as mulheres querem fugir

Gary:

Quando você é muito vulnerável, está realmente presente e realmente gosta de sexo, de fato é tão intimidador para mulheres que elas querem fugir.

Participante da classe:

Ai meu Deus.

Gary:

Se você for tão vulnerável assim com as mulheres, elas ficam muito assustadas. Elas não têm controle sobre você.

Tudo que isso é, vezes um deusilhão, você vai destruir e descriar? Certo e errado, bom e mau, POD e POC, todas as nove, curtos, garotos e aléns.

Uma vez eu saí com uma mulher e fizemos o melhor sexo que já tinha feito na minha vida. Foi simplesmente maravilhoso. Ela não era uma mulher bonita. Ela era inteligente, ela era divertida, ela era leve, ela era graciosa, ela amava sexo e ela era muito boa nisso.

Eu perguntei: "Podemos sair novamente?" Ela disse: "Não".

Eu disse: "O quê? Por que não?"

Ela disse: "Você é muito bonito. Você vai me machucar. Vai me deixar". Então ela tinha que partir.

Participante da classe:

Eu recebi uma massagem de uma mulher outro dia e estava totalmente disposto a receber a massagem dela. No dia seguinte ela disse: "Foi tão legal que você estava disposto a receber. É isso que toda mulher quer – que os homens recebam". Isso é verdade mesmo?

Gary:

Até certo ponto, mas não totalmente. Quando elas fazem um homem receber assim, elas tendem a fugir.

Então você tem que ser feliz com o sistema 1-2-3. Primeira vez por diversão. Na segunda você está em um relacionamento. Na terceira vez você está se casando. Você tem que perceber o que realmente vai acontecer, e não tentar criar da maneira que você pensa que *deveria* acontecer.

Que estupidez você está usando para criar as ilusões e desilusões sobre mulheres você está escolhendo? Tudo que isso é, vezes um deusilhão, você vai destruir e descriar? Certo e errado, bom e mau, POD e POC, todas as nove, curtos, garotos e aléns.

"Eu não deveria deixá-la"

Participante da classe:

Eu fiquei no meu último relacionamento pelo menos um ano a mais do que deveria. No último ano do relacionamento não foi nada divertido. Eu queria terminar, mas não sabia como. Eu fingia que estava tudo bem quando estava com ela. Estar em um relacionamento parece ser muito difícil.

Gary:

É: "Isso não funciona para mim. Até mais". Este é o verdadeiro grau de dificuldade.

Participante da classe:

Eu continuo tendo a ideia de que, "Ela não está fazendo nada errado. Eu não deveria deixá-la", como se a única maneira de terminar um relacionamento for se minha parceira estiver fazendo algo errado ou algo ruim.

Gary:

É para aí que a maioria de nós vai. É parte da ilusão e desilusão de todas essas coisas.

Participante da classe:

Toda vez que achei que deveria partir, eu pensava: "Se eu a deixar assim, ela se sentirá magoada e eu ficarei com todo o erro". Eu não queria ser julgado dessa maneira. Por causa disso eu não tenho estado disposto a entrar em outro relacionamento. Tenho medo que algo semelhante aconteça novamente e não vou saber como lidar. Seria a mesma velha história com uma garota diferente. Eu vejo meus amigos tendo o mesmo problema. Eles ficam em relacionamentos infelizes e não têm coragem de terminá-los.

Gary:

Isso se chama "toma coragem, cara". Você tem que ir lá e terminar. Se não funciona, não funciona. Não é que o relacionamento está errado ou a pessoa está fazendo algo errado. Você tem que reconhecer o que realmente está ocorrendo no momento e reconhecer se funciona para você. Eu fiquei no relacionamento com minha ex-esposa por muito tempo porque dizia a mim mesmo: "Não há nada realmente errado aqui".

Um dia perguntei: "O que teria que mudar para este relacionamento funcionar para mim?" Eu me sentei e anotei as oito coisas que teriam que mudar para que funcionasse para mim. Quando cheguei ao número oito e olhei para toda a lista, percebi que seis das coisas que tinha anotado requereriam que o leopardo mudasse suas manchas – e não se pode fazer um leopardo mudar suas manchas.

Seis de oito significava que esse não era um relacionamento que poderia expandir minha realidade ou minha vida, e se você não tiver um relacionamento que é sobre expandir sua vida, é de pouca ou nenhuma serventia. Eu sei que a maioria de vocês pensa que se seu pênis expande, então está tudo certo, porque todo o sangue saiu da sua cabeça e você não tem mais consciência.

Participante da classe:
Isso é muito verdadeiro.

Gary:

Que estupidez você está usando para criar as ilusões e desilusões sobre mulheres você está escolhendo? Tudo que isso é, vezes um deusilhão, você vai destruir e descriar? Certo e errado, bom e mau, POD e POC, todas as nove, curtos, garotos e aléns.

Quem sabe o que as mulheres realmente requerem ou desejam? Elas verdadeiramente desejam tanta vulnerabilidade e intimidade em um relacionamento? Não, isso induz medo. Então, adivinha por que relacionamentos são um saco? Noventa por cento deles funcionam a partir do medo. Não têm nada a ver com expandir sua vida ou melhorar alguma coisa.

Participante da classe:

Gary, você frequentemente me pergunta se desejo um relacionamento e eu tenho dado a resposta Access: "não", quando na verdade acho que é algo que gostaria de ter, mas não dessa maneira chata.

Gary:

Então, por que você não diz só o que é verdadeiro? "Sim, mas não quero um relacionamento normal". Vocês têm que sair do ponto de vista que eu tenho um ponto de vista fixo sobre relacionamento. Eu não tenho. O único ponto de vista fixo que tenho é "Por que estar em um de merda?"

Às vezes as pessoas me dizem: "Você não gosta de relacionamentos". Não. É que não gosto de relacionamentos ruins. Não vejo razão para haver um relacionamento ruim. Se você tem um relacionamento, deve ser algo que agrega para sua vida e a faz mais grandiosa, melhor e mais divertida. Se um relacionamento não fizer isso, por que estar em um?

Se você quer um relacionamento, tenha clareza do que quer como um relacionamento e o que quer em um relacionamento. Se o que você quer é sexo afetivo, amoroso, nutritivo e um relacionamento que expande sua vida, então peça para que isso venha para sua vida.

Participante da classe:

Gary, só para reconhecer você, eu jamais estaria no relacionamento que estou agora se não fosse por você.

Gary:

É mais divertido para você do que qualquer outro relacionamento que já teve?

Participante da classe:

Sim, e não se parece com nada que pensei que se pareceria.

Gary:

E quanto de você tem que abrir mão para ter isso?

Participante da classe:

Nada.

Abrindo mão de você

Gary:

É isso que vocês têm que pedir, pessoal – um relacionamento em que não tem que abrir mão de nenhuma parte de você e em que pode ter a si mesmo na totalidade, não importa a situação. As mulheres pensam que têm que requerer que você abra mão de si mesmo, mas se você abrir mão de si mesmo, elas querem se livrar de você.

Tudo que isso é, vezes um deusilhão, você vai destruir e descriar? Certo e errado, bom e mau, POD e POC, todas as nove, curtos, garotos e aléns.

Participante da classe:

Estou começando a abrir mão de abrir mão de mim.

Gary:

Agora estamos chegando a algum lugar! Você nota que há mais mulheres que acham você atraente?

Participante da classe:

Ah, sim.

Gary:

Sua parceira quer você mais do que queria antes?

Participante da classe:

Sim. Por muitos anos eu deixei outra pessoa dirigir meu universo

quando se tratava de quem tinha permissão para estar em meu universo
e quem não tinha permissão para estar em meu universo.

Gary:

Então, você abriu mão da escolha para estar em um relacionamento?

Participante da classe:

Sim.

Gary:

Quantos de vocês abriram mão da sua escolha de quem você poderia
ter em sua vida com base no seu relacionamento? Tudo que isso é, vezes
um deusilhão, você vai destruir e descriar? Certo e errado, bom e mau,
POD e POC, todas as nove, curtos, garotos e aléns.

Eu estava conversando com Dain um dia e perguntei: "Por que
você parou de correr e fazer todas as coisas de que gosta?"

Ele disse: "Porque você não gosta de fazer essas coisas".

Eu perguntei: "Então, quando começamos o relacionamento?"
Eu não sabia que estávamos em um relacionamento porque
relacionamento não deveria ser isso. Eu fiz isso quando estava casado;
tinha pessoas que eu não podia convidar para minha casa. Dain e eu
permitimos que quem quer que a outra pessoa queira venha para casa.
Se não quisermos estar perto dessa pessoa, vamos para outro cômodo
e damos ao outro o espaço para receber quem quer que seja. Pare de
abrir mão de você, porque o que uma mulher verdadeiramente quer,
requer e deseja de um homem é que ele não abra mão de si mesmo.
Ela quer um homem que esteja disposto a ser tudo que ele é, em vez
de só algumas coisas que ele é.

Tudo que isso é, vezes um deusilhão, você vai destruir e descriar?
Certo e errado, bom e mau, POD e POC, todas as nove, curtos, garotos
e aléns.

O que o deixaria excitado com sua vida?

No próximo mês, eu gostaria que todos vocês observassem se realmente gostariam de ter um relacionamento. Você realmente quer um relacionamento? Você preferiria fazer um ótimo sexo ocasionalmente? O que você gostaria de ter? O que o deixaria excitado com a sua vida? Essa é a coisa mais importante que você pode escolher. Se escolher isso, as mulheres vão querer você como loucas. Se não escolher isso, vai abrir mão de você o tempo todo como se isso fosse valioso.

Que bastardização da perfeição das mulheres você está usando para criar os julgamentos, as limitações e as invenções para os demônios, as sirenas e as sílfides da anticonsciência e inconsciência você está escolhendo? Tudo que isso é, vezes um deusilhão, você vai destruir e descriar? Certo e errado, bom e mau, POD e POC, todas as nove, curtos, garotos e aléns.

Se você verdadeiramente quer ter um relacionamento, vamos arrumar um que seja bom, caramba. Você já refinou cientificamente os "maus". Você tem que olhar se vai funcionar para você e se vai funcionar para a pessoa com quem você quer ter um relacionamento.

Há cerca de um ano, percebi que havia uma mulher com quem eu poderia ter um relacionamento e que realmente funcionaria para mim, mas vi que o que ela queria era algo que eu não poderia dar a ela. O relacionamento não funcionaria para ela. Então eu abri mão do potencial do relacionamento a favor de ela conseguir o que queria.

Participante da classe:

Você está dizendo que mesmo se tivesse funcionado para você, já que não teria funcionado para ela, os problemas teriam acabado no seu colo novamente?

Gary:

Sim. Você tem que olhar para todas essas coisas e ter consciência delas. Você tem que olhar para essas coisas de um lugar diferente.

Você tem que fazer acordo e entrega

Participante da classe:

No momento, eu tenho uma mulher que está muito irritada comigo. O que estou fazendo para criar isso?

Gary:

Você está falando sobre sua parceira?

Participante da classe:

Sim.

Gary:

Por que ela está irritada com você?

Participante da classe:

Essa é uma grande parte da minha pergunta. Eu não percebo totalmente.

Gary:

Não, você não quer perceber.

Participante da classe:

Isso pode ser verdade. Sim, é verdade.

Gary:

Você não quer fazê-la feliz. Você prefere fazê-la infeliz.

Participante da classe:

Isso é verdade?

Gary:

Observe a maneira que você está fazendo as coisas.

Participante da classe:

Você pode me dar mais informações sobre isso? Eu achei que estava tentando fazê-la feliz.

Estou pronto para acabar com isso porque não está divertido o bastante no momento. Que pergunta posso fazer aqui?

Gary:

O que você não está sendo ou fazendo, que poderia ser ou fazer, que mudaria totalmente o relacionamento? Vocês têm que estar dispostos a mudar totalmente o relacionamento.

Atualmente você tem uma mulher que não está disposta a se comunicar com você. Se você realmente a quer, você tem que dizer: "Eu quero fazer um compromisso com você. O que se requer para que isso ocorra, e como isso vai funcionar para você?"

Você precisa fazer Acordo e Entrega. Pergunte:

- Exatamente, como você gostaria que esse relacionamento se parecesse?

- Exatamente, o que você espera de mim?

- Exatamente, o que você quer de mim?

- Exatamente, o que posso fazer para fazer você feliz?

Participante da classe:

Isso facilita muito, não é?

Comprometimento

Gary:

Facilita. Toda mulher quer que o homem se declare primeiro. Elas querem que você se comprometa com elas. Se você se comprometer com elas, elas sabem que tudo vai ficar bem. Isso é mais importante para elas do que quase qualquer outra coisa.

Participante da classe:

Qual é essa energia do comprometimento, então? O que há de tão poderoso nisso?

Gary:

É poderoso porque você pensa que, na verdade, quer dizer alguma coisa. Mas para a maioria de vocês, estar comprometido é uma camisa de força na qual você não tem escolha.

Participante da classe:

Você pode falar mais sobre isso?

Gary:

Você estava comprometido com a sua ex-esposa?

Participante da classe:

Sim.

Gary:

Você conseguiu terminar o comprometimento com facilidade? E quantos anos passaram até você decidir terminar?

Participante da classe:

Duzentos milhões.

Gary:

Só pensei em perguntar. Então, comprometimento obviamente significa para você que está numa camisa de força e suas escolhas deixam de existir.

Participante da classe:

Se eu me comprometer com uma mulher com relação ao Acordo e Entrega, isso me permite ter uma saída da camisa de força? Ou não requer a camisa de força?

Gary:

Se você se comprometer a partir de Acordo e Entrega, sabe exatamente o que é esperado de você. Atualmente você tem a ideia de que comprometer-se, significa ter que abrir mão de tudo, incluindo você e tudo que você é, o que não lhe dá muita escolha.

A maioria de nós não quer saber o que sabemos, e você, em especial, não quer saber que poderia fazer sua vida sem uma mulher. Você quer acreditar que sem uma mulher, você é um fracassado e ter uma mulher na sua vida faz de você um vencedor.

Todos os lugares em que você criou essa maldição e esse feitiço, você vai destruir e descriar tudo isso? Certo e errado, bom e mau, POD e POC, todas as nove, curtos, garotos e aléns.

Eu acabei de receber um e-mail chamado "Conselho para Homens nº 78" que dizia: "Quando uma mulher diz, 'Faça o que você quer', não faça o que você quer, sob nenhuma circunstância." Isso lhe dá alguma informação sobre homens e mulheres?

Participante da classe:

Sim. É bom saber disso.

Gary:

Então, o que você sempre escolhe? Por você ou pela mulher?

Participante da classe:

Eu sempre escolho o que ela quer.

Gary:

Por que você sempre escolhe o que ela quer?

Participante da classe:

Porque é isso que está batendo mais forte na minha cabeça do que a leveza da consciência que tinha antes disso.

Gary:

Sim, e se você realmente tivesse escolhido por você, você estaria disposto a abrir mão de você por alguma coisa?

Participante da classe:

Não.

Gary:

Tudo que você fez para abrir mão de você por outra pessoa, você vai destruir e descriar tudo isso? Certo e errado, bom e mau, POD e POC, todas as nove, curtos, garotos e aléns.

Eu tentei fazer vocês olharem isso antes.

Participante da classe:

Sim.

Gary:

Você queria?

Participante da classe:

Não queria.

Gary:

Por que não?

Participante da classe:

É algo sobre o controle das mulheres.

Gary:

Você gosta de ser controlado por mulheres ou você gosta de controlar mulheres?

Participante da classe:

Estou tentando fingir que gosto de controlar mulheres.

Gary:

Você está fingindo controlar as mulheres ou você realmente é capaz de controlar as mulheres e recusa-se a fazê-lo a fim de garantir que ninguém saiba o otário que realmente é?

Participante da classe:

Sou capaz de fazê-lo, mas recuso-me a fazê-lo.

Gary:

Quanta energia todos vocês estão usando para tentar esconder o fato de que é um puta de um otário pelos padrões das mulheres? Tudo que isso é, vezes um deusilhão, você vai destruir e descriar? Certo e errado, bom e mau, POD e POC, todas as nove, curtos, garotos e aléns.

Participante da classe:

É a mesma energia de quando não estou disposto a deixar minha parceira muito irritada comigo?

Gary:

Você faz exatamente o que a deixa muito irritada com você para que ela pareça a idiota.

Participante da classe:

Eu realmente faço isso? Gosto disso. Sim. Não estou dizendo que não gosto. Não estava ciente de que faço isso.

Gary:

Não era que você não estava ciente disso. Você só não estava disposto a reconhecê-lo, porque se o fizesse não conseguiria pensar tantas coisas boas sobre você para neutralizar o que decidiu que era o erro de você.

Participante da classe:

Exatamente.

O que posso ser ou fazer diferente que vai mudar tudo isso?

Participante da classe:

Então, o que posso fazer ou ser diferente?

Gary:

Agora estamos chegando a uma boa pergunta! Pergunte: "O que posso ser ou fazer diferente que vai mudar tudo isso?"

Participante da classe:

É como se eu estivesse prestes a escolher algo diferente e não faço ideia do que é.

Gary:

É que você não faz ideia do que é, ou se você estivesse disposto a escolher, mudaria demais e rápido demais?

Participante da classe:

Sim, isso também.

Gary:

Tudo que isso é, vezes um deusilhão, você vai destruir e descriar? Certo e errado, bom e mau, POD e POC, todas as nove, curtos, garotos e aléns.

Tentando sobrepor-se ao seu corpo

Participante da classe:

Recentemente dormi com uma mulher e depois almoçamos. À noite, no quarto do hotel, percebi: "Isso não está funcionando. Não está divertido. Não posso sobrepor-me ao meu corpo", então escolhi ir embora.

Gary:

Por que você tentou sobrepor-se ao seu corpo?

Participante da classe:

Porque entrei naqueles estados de "entrega". Mesmo que eu não quisesse, teria que fazer a minha parte e entregar. Uma expectativa da mulher sobre mim.

Gary:

Que estupidez você está usando para criar você como o eterno garoto de entrega que está escolhendo? Tudo que isso é, vezes um deusilhão, você vai destruir e descriar? Certo e errado, bom e mau, POD e POC, todas as nove, curtos, garotos e aléns.

Então, o que você ama sobre ser um garoto de entrega?

Participante da classe:

Nada mais.

Gary:

Quantas vidas você foi um concubino? Você ainda está tentando manter sua reputação? Você ainda está tentando manter seu compromisso com isso? Ou você ainda está tentando manter a entrega – quando você prometeu que nunca seria entregue?

Participante da classe:

Acho que foi tudo o que você disse e mais.

Gary:

Todos os compromissos que você tem para ser doador universal de esperma, você vai abrir mão de todos eles agora, por favor? Certo e errado, bom e mau, POD e POC, todas as nove, curtos, garotos e aléns.

Que estupidez você está usando para criar você como o concubino de todas as mulheres você está escolhendo? Tudo que isso é, vezes um deusilhão, você vai destruir e descriar? Certo e errado, bom e mau, POD e POC, todas as nove, curtos, garotos e aléns.

Que bastardização da perfeição de homens você está usando para criar você como o concubino, o doador de esperma e a fonte para a criação de corpos da realidade você está escolhendo? Tudo que isso é, vezes um deusilhão, você vai destruir e descriar? Certo e errado, bom e mau, POD e POC, todas as nove, curtos, garotos e aléns.

Participante da classe:

Com relação à criação de corpos futuros, isso é em outras vidas ou é amanhã e o dia seguinte?

Gary:

Bem, é o dia seguinte e para sempre. Esse é o valor dos homens. É por isso que você sempre pensa que tem que se juntar com uma mulher e é por isso que você nunca quer se juntar com uma mulher.

Participante da classe:

Sim. Doador universal de esperma.

Gary:

Você tem um compromisso de não fazer mais filhos. É por isso que não está interessado em fazer sexo com algumas mulheres – porque são capazes de engravidar naquele momento.

Se você não estiver comprometido a não ter filhos e estiver com alguém que está pronta para ter filhos e ela decidiu que vai pegar você na armadilha do casamento ou relacionamento tendo um filho com você, seu corpo dirá: "Não! Não vamos lá", e é por isso que você não fica interessado e vai para casa. Agradeça seu corpo por salvar a sua pele.

Tudo bem cavalheiros. Eu gostaria que vocês decidissem olhar para sua vida e perguntar:

- Eu verdadeiramente gostaria de ter um relacionamento?

- Se eu tivesse um relacionamento que expandisse minha vida, como seria?

- O que eu gostaria que a pessoa tivesse como sua personalidade básica?

Você quer que ela se vista bem? Você quer que ela gaste muito dinheiro? Onde você quer que ela esteja? Você também tem que anotar todas as coisas que gostaria que ela não fosse, porque a única maneira de conseguir o que realmente quer é saber o que você quer e também o que não quer.

Por favor, olhe para isso e veja se realmente gostaria de um relacionamento. Você é um homem humanoide, que preferiria ter um lugar extremamente confortável para fazer seu ninho. Isso não está errado, mas você tem uma tendência a escolher mulheres erradas para isso. Eu quero colocar você no trilho de ser capaz de escolher o tipo de mulher que realmente quer.

Certo, meus amigos, foi ótimo tê-los na chamada.

Participante da classe:

Obrigado Gary, você é incrível.

Participantes da Classe:

Obrigado.

10

A PRESENÇA AGRESSIVA DA SEXUALNESS

Quanto mais você tem pergunta, mais você é presença. Quanto mais você é presença, mais você tem controle.

Presença agressiva

Gary:

Olá, cavalheiros. Eu gostaria de falar um pouco sobre presença agressiva. Presença agressiva significa que você não abre mão de si mesmo por ninguém e sempre tem uma pergunta. Quando você é uma presença agressiva, não se ajusta às realidades de outras pessoas. As pessoas tendem a ajustar as realidades delas à sua.

Participante da classe:

Recentemente, teve alguém que eu não queria que estivesse por perto porque não gostei da maneira que ele tratou meu filho. Fiquei preso nisso em vez de perguntar: "Como seria se eu simplesmente pudesse ser eu perto de qualquer pessoa?" Percebi quanto de mim eu cortava para evitá-lo. O que se requer para ter presença agressiva?

Gary:

E se você estivesse disposto a dizer: "Ei seja gentil com meu filho, senhor. Ele é importante para mim?"

Participante da classe:

Isso é presença agressiva?

Gary:

Também é não estar disposto a comer merda. Se você está agressivamente presente, você não pega merda de ninguém.

Participante da classe:

E você se torna consciente das coisas quando aparecem?

Gary:

Sim. Você se torna consciente: "Ah, esse cara está forçando a barra com meu filho. Ele não está sendo agressivamente presente com ele." Você tem que ser mais gentil. Você tem que ser agressivamente gentil.

Participante da classe:

Quando vejo você fazer isso Gary, você não transforma as coisas em briga. Parece que eu vou para um lugar de briga.

Gary:

É isso que ensinaram a você. Você pensa que isso faz de você um homem. Faz de você um homem de um homem.

Participante da classe:

Você pode falar mais sobre o que é um homem de um homem?

Gary:

A ideia é que quando você é um homem de um homem, os homens sempre gostarão de você, mas não necessariamente as mulheres. Um homem de um homem é alguém que todos os homens acham que é sexy e bom também. Sean Connery seria considerado um homem de um homem, mas Roger Moore, que também interpretou 007, não seria. Ele seria considerado bonito demais.

Participante da classe:

Então, um homem de um homem é considerado homem através dos olhos de um homem?

Gary:

Sim.

O que você pode ser ou fazer como homem que se fosse ou fizesse lhe daria tudo que deseja na vida? Tudo que isso é, vezes um deusilhão, você vai destruir e descriar? Certo e errado, bom e mau, POD e POC, todas as nove, curtos, garotos e aléns.

Escolhendo por você

É aqui que você tem que determinar o que quer ter como sua vida. Se você tivesse sua própria vida, o que escolheria?

Participante da classe:

Essa pergunta é uma ferramenta ótima para mim. É a minha pergunta número um no momento: Se eu estivesse escolhendo minha realidade, o que escolheria? A consciência que tive sobre isso é quão pouco eu realmente estava escolhendo para mim.

Gary:

É interessante, não é, quando você percebe quão pouco escolhe para você?

Participante da classe:

Eu também pergunto, "Se estivesse escolhendo minha realidade, quem eu seria?"

Gary:

Sim.

Se você estivesse escolhendo sua realidade sexual, quem você escolheria para não foder você? Tudo que isso é, vezes um deusilhão, você vai destruir e descriar? Certo e errado, bom e mau, POD e POC, todas as nove, curtos, garotos e aléns.

Quantos de vocês tendem a deixar mulheres e amigos foderem com vocês?

Participante da classe:

Sim. E família.

Gary:

Sim, e família. É muito melhor com família.

Participante da classe:

E nós mesmos.

Gary:

Sim.

Se você estivesse escolhendo com quem fazer sexo, quem você não permitiria foder com você? Tudo que isso é, vezes um deusilhão, você vai destruir e descriar? Certo e errado, bom e mau, POD e POC, todas as nove, curtos, garotos e aléns.

Sendo sexualmente agressivo

Eu sou agressivo sexualmente, porque não corto minha energia sexual por homem, mulher, nem por uma pessoa, nem por duas pessoas – ou qualquer pessoa. Sou sempre assim, não importa o que seja. Quando você é agressivamente sexual, as pessoas são mais propensas a ajustar a realidade delas à sua. Quantos de vocês estão tentando ajustar sua realidade à realidade de uma mulher?

Participante da classe:

Isso seria um *sim*.

Gary:

Isso seria um sim para todos.

Que bastardização da sexualness total você está usando para criar a eliminação e erradicação da presença agressiva da sexualness que poderia estar escolhendo você está escolhendo? Tudo que isso é, vezes um deusilhão, você vai destruir e descriar? Certo e errado, bom e mau, POD e POC, todas as nove, curtos, garotos e aléns.

Como homem, nós tendemos a ser agressivos no sentido de usar força para fazer a mulher ir para cama conosco. Não tem nada a ver com bondade e cuidado. Você diz: "Ei, querida, está pronta?" Como isso vai funcionar? Não vai! Quantas mulheres estão buscando isso? Não muitas!

Fomos ensinados a ser sexuais a partir de filmes pornográficos – nenhum deles tem bondade e cuidado como parte do seu material de referência. É sobre como você pode torcer os mamilos dela seis vezes em direções opostas e isso a deixa tão excitada que ela tem que ter você. Essas imagens não são reais ou verdadeiras. Essa não é sua melhor escolha.

Você deve ser tão agressivamente sexual que as mulheres querem ir para cama com você só porque você é tão agressivamente presente. Como se faz isso? Você chega lá fazendo pergunta:

- Vai ser fácil?
- Vai ser divertido?
- Vou aprender algo?

Funcionando a partir da presença

Quanto mais você tem pergunta, mais você é presença. Quanto mais presença você é, mais controle você tem.

Você fica tentando criar conclusão como uma fonte de controle. Digamos que você queira transar com alguém. Que pergunta é essa? Não é uma pergunta! É uma conclusão. Quando você chega à conclusão, acha que vai ter mais controle sobre a situação e que as pessoas farão o que você quer que elas façam. Mas, não é assim.

O que torna a conclusão maior que a pergunta? Tudo que isso é, vezes um deusilhão, você vai destruir e descriar? Certo e errado, bom e mau, POD e POC, todas as nove, curtos, garotos e aléns.

Você identificou equivocadamente controle com conclusão? Todos os lugares em que você chegou à conclusão de que conclusão é criação ou conclusão é o que é necessário para você ter controle, você vai destruir e descriar tudo isso? Certo e errado, bom e mau, POD e POC, todas as nove, curtos, garotos e aléns.

Se você funciona totalmente a partir da pergunta, as mulheres olham para você e pensam: "Ah. Ele deve ser o homem para mim". Isso porque se você está praticando pergunta, está perguntando: "Essa mulher é a pessoa certa para mim?" e elas pegam isso da sua cabeça. Quando você chega à conclusão, o ponto de vista delas é que você não se importa com elas.

Quanto mais você funciona a partir da pergunta, mais percebe que o que quer é mais sexo divertido. E o tipo de sexo que você quer não existe muito. Isso é real para você? Então isso reduz o número de pessoas com quem você pode escolher para fazer sexo, mas expande sua disposição de receber.

A mulher que não *precisa* de você

Gary:

Há uma outra parte disso. Quando você funciona a partir da presença agressiva, a pessoa não precisa de você.

Quantos de vocês funcionam a partir do ponto de vista de que querem uma mulher que precisa de vocês? Tudo que isso é, vezes um deusilhão, você vai destruir e descriar? Certo e errado, bom e mau, POD e POC, todas as nove, curtos, garotos e aléns.

O que você quer é uma mulher que não precisa de você. É a partir desse lugar que você deveria funcionar. Você está perguntando: "Ok, o que seria divertido para mim?" Não: "O que eu tenho que fazer certo? O tenho que fazer errado? O que é necessário?", mas: "O que eu gostaria de criar e gerar aqui?"

Quantos de vocês têm passado a vida tentando ser necessários para uma mulher? Quantos de vocês foram ensinados por suas mães que toda mulher quer um homem que precisa dela? Tudo que isso é, vezes um deusilhão, você vai destruir e descriar? Certo e errado, bom e mau, POD e POC, todas as nove, curtos, garotos e aléns.

Participante da classe:

Acabei de perceber que estou sendo algo por minha mulher, não por mim.

Gary:

Sim, isso seria tentar tornar-se um item necessário.

Participante da classe:

Sim.

Participante da classe:

É isso que definimos como amor quando éramos crianças?

Gary:

Sim, é isso que você também definiu como o que lhe dará sexo.

Participante da classe:

Certo. Observo isso com meu filho. Ele vai para a mãe dele e ela precisa dele. Ela precisa dele e aí ele vem para mim e eu não preciso nem um pouco dele. Ele tem alguma confusão com isso?

Gary:

Não. Ele foi ensinado pela mãe a ter uma mulher que precisará dele.

Participante da classe:

Certo.

Gary:

Quantos de vocês foram ensinados a ser o homem que devem ser para serem necessários para suas mães? Tudo que isso é, vezes um deusilhão, você vai destruir e descriar? Certo e errado, bom e mau, POD e POC, todas as nove, curtos, garotos e aléns.

Participante da classe:

Quando estou com meu pai, é muito simples. Quando vou ver minha mãe, ela precisa de mim. Sempre foi assim. O que é isso? As mulheres são entranhadas a isso?

Gary:

As mulheres são entranhadas a acreditar que é assim que deve ser. Seu pai quis crescer para ser um homem de um homem. Sua mãe queria que você crescesse para ser necessário para uma mulher. Em nenhum lugar você foi envolvido na computação. Ninguém perguntou a você: "O que você quer? O que você quer ser? O que é importante para você?"

Participante da classe:

Isso me parece abuso, é isso mesmo?

Gary:

Não. É negligência.

Participante da classe:

Você pode falar mais sobre a diferença entre negligência e abuso?

Gary:

Você pensa que é abuso por não ser reconhecido como você. Mas raramente tem a ver com abuso. Tem a ver com negligência, porque a maioria dos pais não sabe o que realmente está acontecendo. Eles não sabem lidar com nada, então entram em um estado de negligência. E a maioria de vocês escolhe mulheres que também vão para a negligência de vocês depois de um tempo, porque sua tendência é encontrar alguém que é como um ou ambos os seus pais. Ser negligenciado parece mais real para você do que qualquer outra coisa.

Participante da classe:

A mulher que estou saindo agora não tem qualquer tipo de necessidade de mim.

Gary:

Isso faz você incrivelmente carente dela?

Participante da classe:

Não, é outra coisa.

Gary:

Você se sente negligenciado por ela?

Participante da classe:

É isso. Sim. Parece que identifiquei equivocadamente não necessidade como negligência.

O que não estou disposto a ver aqui?

Gary:

Então, você está disposto a não ter necessidade alguma de mulher?

Participante da classe:

Não nesses dez segundos, não.

Gary:

Que estupidez você está usando para criar o estado de necessidade de mulheres, você está escolhendo? Tudo que isso é, vezes um deusilhão, você vai destruir e descriar? Certo e errado, bom e mau, POD e POC, todas as nove, curtos, garotos e aléns.

Não necessidade agressiva

Participante da classe:

Como seria a não necessidade agressiva com mulheres?

Gary:

Seria o lugar em que, em vez de buscar como você pode transar, você pergunta:

- O que realmente quero desta pessoa?

- Ela pode prover?

Você raramente entra no que alguém pode prover para você. Já notou isso?

Participante da classe:

Não, estou sempre buscando o que eu posso prover para ela.

Gary:

Sim. Você está buscando ser uma contribuição. E elas estão buscando você para contribuir ainda mais. Você pensa que nunca entrega o suficiente. Elas sempre estão certas e você sempre está errado. Como isso está funcionando?

Participante da classe:

É o contrário de dizer: "Se você não pode me dar o que quero, cai fora?"

Gary:

Sim, e a maioria das mulheres tem esse ponto de vista: "Você não pode me prover o que eu quero? Vá se foder e cai fora."

Sexualness agressiva

Sexualness agressiva é o lugar em que você não está disposto a sair da pergunta. Nesta realidade, agressão é vista como qualquer coisa que cria pergunta. Você já teve alguém que disse a você: "Pare de fazer todas essas perguntas? O que você quer de mim? Como você pode ser assim?" Fazer pergunta é considerado errado. É considerado agressão, a menos que você diga com antecedência: "Ei, posso lhe fazer uma pergunta, por favor?"

Se você perguntar: "Posso lhe fazer uma pergunta?" ninguém considera ofensivo. Mas, se você apresenta uma pergunta sem perguntar primeiro, a outra pessoa leva como ofensa. Ela leva como ofensa e vai para a defesa. Esses são os lugares que você se encrenca com as mulheres.

Quando uma mulher não consegue ter um orgasmo

Participante da classe:

O que é isso quando uma mulher tem dificuldade de ter orgasmo ou não consegue ter um orgasmo?

Gary:

Geralmente, a razão para uma mulher não conseguir ter um orgasmo é porque não está no corpo dela. Quando estiver fazendo sexo, deixe as luzes acesas, mantenha seu corpo um pouco acima dela; não deite em cima dela de modo que possa esconder os olhos. E toda vez que você a vir fechar os olhos, diga: "Volte, por favor. Volte. Abra seus olhos. Por favor, olhe para mim. Quero sentir a conexão com você. Quero sentir a conexão com você e quero sentir a conexão com seu corpo. Deixe-me sentir você por inteiro." É assim que você começa a trazê-la de volta para o corpo dela e de volta ao que é possível.

A única coisa que você tem que fazer é fazê-la ficar no corpo dela. A maioria das mulheres que não são orgásmicas ou não são de orgasmos múltiplos tende a estar desconectada de seu corpo. Algumas delas gostam de assistir do teto. Quando sentir que elas estão saindo ou prestes a sair de seu corpo, pergunte: "Onde você está? Aonde você foi? O que aconteceu?" Quando você fizer essas perguntas, ela começará a questionar. Você tem que trazê-la de volta à pergunta, porque pergunta cria presença.

Participante da classe:

Que perguntas posso fazer para mim que me permitiria estar ciente de quando a minha mulher está fazendo isso?

Gary:

Deixe as luzes acesas – ou pelo menos deixe luz de velas. Peça para ela colocar as pernas sobre seus ombros para que vocês possam ver um ao outro. Esteja com ela e diga: "Estou muito grato por poder olhar nos seus olhos. Olhar nos seus olhos é a coisa mais incrível. Fique comigo, querida. Eu preciso muito disso. Preciso muito disso."

E então você tem que perguntar: "Você pode gozar ou eu devo gozar?"

Participante da classe:

Minha esposa e eu estamos juntos há cerca de oito anos e só nos últimos três meses que ela começou a ter orgasmos comigo durante o sexo. Ela é bem capaz de fazer isso sozinha, mas comigo em cena parece ser bem mais difícil para ela. Vou começar a seguir o que você sugeriu.

Ela gosta de fazer sexo *com* o corpo dela - ou *como* o corpo dela?

Gary:

Algumas pessoas, especialmente mulheres, tentam ficar fora de seus corpos durante o sexo. Elas não gostam muito de ter uma conexão com o próprio corpo. Se você realmente quer se divertir com sexo, tem que perguntar: "Esta pessoa gosta de fazer sexo com o corpo dela ou como o corpo dela?" Muitas mulheres ficam fora do corpo e assistem. O ser faz sexo ou o corpo faz sexo?

Participante da classe:

O corpo faz sexo.

Então você tem que se conectar com o ser e com o corpo. Você quer os dois. Se tiver os dois, terá capacidade de maior estímulo.

Participante da classe:

Como seria isso? Ou que perguntas eu poderia fazer para estar ainda mais conectado no corpo e com o ser durante o sexo?

Gary:

Você tem que ter a disposição de ver o que a outra pessoa está disposta a ter.

Quanto da sua energia você está usando para não ver o que outras pessoas são capazes? Muito, pouco ou megatons? Tudo que isso é, vezes um deusilhão, você vai destruir e descriar? Certo e errado, bom e mau, POD e POC, todas as nove, curtos, garotos e aléns.

Participante da classe:

E então você pergunta: "Onde tocá-la? Quando tocá-la? Como tocá-la?"

Gary:

Tudo o que você tem a fazer é perguntar ao corpo. Ele lhe dirá onde tocar.

"Há uma energia com meu Pênis"

Participante da classe:

Eu tenho feito muito sexo realmente ótimo e estou achando que há uma energia com meu pênis que é muito mais dinâmica. Que dicas você teria para quando tenho meu pênis na vagina da mulher? Que energias eu poderia ser com isso que me daria muito mais consciência?

Gary:

Quando você tem seu pênis na vagina de uma mulher, em vez de fazer a coisa de entrar e sair, tente manter parado e flexionar seu pênis enquanto coloca energia nele, de modo que seja como se estivesse entrando e saindo sem se mover.

Participante da classe:

Posso fazer isso.

Gary:

E também colocar energia por toda a região do seu quadril. Há uma boa chance de que a mulher tenha um orgasmo só fazendo isso.

Participante da classe:

Obrigado.

Participante da classe:

Eu notei que quando estou dentro da mulher parece ter muito mais espaço na vagina do que estou acostumado.

Gary:

Você está tentando preencher aquele espaço ou está criando o espaço?

Participante da classe:

Tenho tentado preencher aquele espaço em vez de criá-lo.

Gary:

E se você criasse o espaço como algo que contribuísse para a qualidade orgásmica do que está fazendo?

Participante da classe:

Uau! Eu vejo que comprei a ideia de que deveria ser um encaixe apertado.

Gary:

Bem, quantas merdas disseram a você que é assim que deveria ser?

Participante da classe:

Muitas.

Gary:

Tudo que isso é, vezes um deusilhão, você vai destruir e descriar? Certo e errado, bom e mau, POD e POC, todas as nove, curtos, garotos e aléns.

Você poderia pedir ao seu pênis para ser a *energia* que preenche o espaço em vez de o *órgão* que preenche o espaço?

Participante da classe:

Pedirei.

Gary:

Legal.

Participante da classe:

Muito obrigado. Uau.

"Por que não posso ter múltiplos orgasmos também?"

Participante da classe:

Estou ficando com um pouco de ciúme das mulheres. Por que não posso ter múltiplos orgasmos também?

Gary:

Você pode ter múltiplos orgasmos. Não tem que ejacular para ter um orgasmo. Se eu deitar de costas, posso ter seis ou oito orgasmos sem ejacular.

Participante da classe:

Como você faz isso?

Gary:

Eu me treinei para quando deitar de costas não gozar muito rápido; eu queria que a mulher ficasse mais excitada.

Participante da classe:

Como você se treinou?

Gary:

Só pedi ao meu corpo para me mostrar uma maneira diferente.

Participante da classe:

Essa coisa de perguntar...

Participantes da Classe: (Risadas)

Gary:

Eu li sobre um homem ser multiplamente orgásmico e perguntei: "Como posso ter isso" E recebi: "Deite de costas", então disse: "Ok". Deitei de costas e deixei ela sentar em cima de mim e quicar até o coração dela ficar contente, e usava meus dedos com ela e fazia todo tipo de coisa. Eu fazia tudo o que podia para facilitar as coisas para ela e então comecei a ter orgasmos quando deitava de costas. Começava a ter orgasmos que não eram necessariamente ejaculações.

É questão de perguntar ao seu corpo: "Corpo, o que se requer para termos um orgasmo sem ejaculação?" Quando você começa a olhar para o que pode criar, uma possibilidade diferente começa a surgir. Mas, você tem que olhar a partir deste lugar, não a partir dos outros lugares que você vai.

Com múltiplos orgasmos, a sensação é que você não precisa ou deseja ejacular, mas não perde a ereção. Você tem a sensação de que se for novamente, pode ter uma ejaculação, mas consegue não ter uma ejaculação e as coisas só melhoram. Você tem a sensação de ter gozado, mas não gozou. É uma sensação de orgasmo interno em vez de ejaculação.

Agradando a si mesmo

Gary:

Sexualness agressiva não é esperar a mulher querer fazer sexo com você. É sobre sua disposição de fazer sexo por você. Nós temos a tendência de abandonar a masturbação, especialmente quando entramos em relacionamentos. Quando deixa de se masturbar, você deixa de agradar a si mesmo e deixa a ideia de que vai fazer sexo, quer outra pessoa goste ou não.

Um homem que é sexualmente agressivo fará sexo e depois irá para o chuveiro se masturbar.

Participante da classe:

Como funciona isso em um casamento?

Gary:

Você bate uma quando escolher. Você faz o que quiser. Pode dizer: "Querida, sinto muito. Realmente só preciso bater uma agora." Se ela não gostar, vai dizer: "Por que não me deixa ajudar você?" Ou você poderia dizer a ela: "Você pode me ajudar, se quiser."

Participante da classe:

Sim, eu fiz isso algumas vezes. É divertido.

Gary:

Há um lugar diferente a partir do qual funcionar. Se eu estivesse sendo toda a sexualness que sou, como eu funcionaria na vida?

Se você estivesse sendo toda a sexualness que realmente é, como funcionaria na vida? Tudo que isso trouxe à tona, vezes um deusilhão, você vai destruir e descriar? Certo e errado, bom e mau, POD e POC, todas as nove, curtos, garotos e aléns.

Faça esses processos:

Se eu estivesse funcionando como verdadeiramente sou, como funcionaria sexualmente? Tudo que isso é, vezes um deusilhão, você vai destruir e descriar? Certo e errado, bom e mau, POD e POC, todas as nove, curtos, garotos e aléns.

Se eu estivesse funcionando sexualmente como eu, como funcionaria na vida? Tudo que isso é, vezes um deusilhão, você vai destruir e descriar? Certo e errado, bom e mau, POD e POC, todas as nove, curtos, garotos e aléns.

Houve uma época em que quatro mulheres por dia era o que eu considerava funcionar. Infelizmente, eu não fazia praticamente nada das outras coisas.

Participante da classe:

Então Gary, como seria isso?

"Como seria fazer sexo com este homem?"

Gary:

Seria olhar para um homem e perguntar: "Como seria fazer sexo com este homem?" Não significa que você tem que fazer sexo com ele. Quando você está disposto a olhar como seria fazer sexo com alguém, especialmente alguém do mesmo sexo, quando esta não é a sua preferência, você começa a ver a energia sexual das mulheres de uma maneira diferente, porque para de colocar energia sexual em "homem" ou "mulher".

Então, comece a perguntar: "Como seria fazer sexo com esta pessoa?" Quando você começa a ter este tipo de agressividade sexualmente, começa a ver o que funciona e o que não funciona. E se estiver disposto a ver o que funciona e o que não funciona, está disposto a fazer o que faz de maneira diferente.

Participante da classe:

Eu amei esta pergunta: "Como seria fazer sexo com este homem?" Isso abre uma possibilidade totalmente diferente de receber. Eu recebi uma energia totalmente diferente de perguntar isso sobre um homem.

Gary:

Sim, quando você está disposto a perguntar isso sobre um homem, está disposto a ver mais sobre o que as mulheres escolherão.

Participante da classe:

Sim.

Gary:

E quando você é homem e é hétero, e olha a partir do ponto de vista "Como seria fazer sexo com...?", você tem que olhar para o ser e para o corpo e ver se seria divertido, que é o que você não faz com mulheres. Você diz: "Ah, ela é bonita. Eu a quero", que pergunta é esta? Não é! Com homens, você manterá a pergunta.

Com mulheres, você tende a não manter. Se estivesse disposto a manter a pergunta, teria algo mais grandioso? Sim, e essa é a parte importante disso. Quando chega ao lugar em que pode olhar para um homem e fazer a pergunta "Seria divertido fazer sexo com ele?", você pode começar a olhar para as mulheres e fazer a mesma pergunta "Seria divertido fazer sexo com ela?" Você dirá: "Uau!" Eu não fazia ideia de que tinha tanta consciência."

Participante da classe:

Ah, isso é ótimo! Praticar escolher o que é mais leve.

Gary:

É assim que você aprende a escolher pessoas melhores para fazer sexo.

Participante da classe:

Eu fiz isso e funciona.

Gary:

Funciona. É ótimo.

Participante da classe:

Uau. Incrível. Sou grato.

Gary:

Ok, cavalheiros, encerramos aqui.

Participante da classe:

Obrigado Sr. Douglas. Você é maravilhoso.

Participante da classe:

É mesmo.

Participante da classe:

É sempre bom.

Gary:

E lembrem-se, tentem deitar de costas e ter múltiplos orgasmos. Essa é a diversão de casa até a próxima vez. A primeira pessoa que chegar a seis orgasmos antes de ejacular ganha um prêmio. Obrigado. Falo com vocês na próxima. Tchau.

11

ESCOLHENDO COMPROMISSO

Quando você faz compromisso a partir de escolha, tem que perceber o que realmente é possível.
É perguntar: O que é possível aqui que ainda não considerei?

Gary:

Olá, cavalheiros. Vamos para algumas perguntas.

Ser homem e masculinidade

Participante da classe:

Você pode falar sobre ser homem e masculinidade, e como parecer e soar mais homem e masculino? Eu não tenho uma voz profunda como outros homens. Você tem alguma sugestão de maneiras para desenvolver uma voz mais profunda, mais de homem? E quanto à barba? Também não tenho muita barba. Isso é genético ou é mutável?

Gary:

É genético – e pode ser mutável. Você precisa perguntar: Que energia, espaço e consciência meu corpo e eu podemos ser para crescer imensas quantidades de cabelo com total facilidade? O único problema disso é que você será passível de crescer cabelos no peito, nas costas e nos seus testículos. Experimente.

Participante da classe:

Isso também funciona ao contrário? Para menos cabelo no corpo?

Gary:

Experimente: Que energia, espaço e consciência eu posso ser para ter menos cabelo com total facilidade?

Mas, o problema com isso é que você também pode ficar careca.

Então, você tem uma escolha. Pode ser careca com muito cabelo no corpo e ela vai passar o tempo dela trabalhando no seu corpo, ou você pode ter cabelo grosso e ondulado na cabeça e ela vai passar o tempo com a mão no seu cabelo. Onde você quer que ela coloque as mãos?

Participante da classe:

Em todo lugar.

Gary:

Exatamente. É por isso que cresce cabelo em todo lugar. Pare de julgar isso. Onde você pegou julgamento sobre cabelo? Há muitas mulheres que não gostam de homens cabeludos, mas se elas não gostam de homens cabeludos, não querem você e você não vai querê-las. Escolha as que gostam de muito cabelo. E se você tem muito cabelo no peito, tire sua camisa a cada oportunidade para mostrar que tem cabelo no peito. Algumas mulheres vão gostar disso. E se você não tem cabelo no peito, aproveite toda oportunidade para tirar a camisa para que elas saibam como é seu equipamento. Ser masculino só significa que você está disposto a ser algo que não tem valor neste planeta.

Para aprofundar sua voz, experimente isso:

Que energia, espaço e consciência meu corpo e eu podemos ser que permitiria que nossa voz baixasse dois oitavos com total facilidade? Tudo que isso é, vezes um deusilhão, você vai destruir e descriar? Certo e errado, bom e mau, POD e POC, todas as nove, curtos, garotos e aléns.

Uma corrente de energia

Participante da classe:

O que é esse impulso de energia que o empurra a estar com outra pessoa e que parece tão leve e fácil? Eu tive uma experiência depois do último evento de sete dias de Access Consciousness, onde por uma semana eu sonhei vividamente que estava fazendo sexo com uma determinada mulher e, na semana seguinte, isso de fato aconteceu. Estávamos na cama encenando o sonho.

Para chegar a este momento de deleite, eu segui uma onda de energia na direção dela e pareceu muito fácil e energeticamente prazeroso. Parecia a energia da loucura possível. Foi maravilhoso, devo dizer. Porém, agora não tenho certeza do que fazer em seguida.

Gary:

Este é um lugar a que vocês têm que parar de ir, pessoal. Vocês têm a tendência de entrar nessa de "Ah, e agora, o que faço?" Dah. Continue, é isso que você faz. Se você tem o impulso acontecendo, deslize-o para dentro, deslize-o para fora, deslize-o para dentro, deslize-o para fora e divirta-se muito.

Tudo que isso é, vezes um deusilhão, você vai destruir e descriar? Certo e errado, bom e mau, POD e POC, todas as nove, curtos, garotos e aléns.

Participante da classe:

Estou tentando não estar interessado demais para não a assustar. Como mudo isso para ter mais facilidade em relação a onde ir ou ao que fazer depois de fazer sexo? Gostaria de levar esta possibilidade mais além.

Gary:

Você está entrando na viagem mental meu amigo.

Tudo que você tem feito para fazer-se alguém que viaja no mental, você vai destruir e descriar? Certo e errado, bom e mau, POD e POC, todas as nove, curtos, garotos e aléns.

Que bastardização da sexualness infinita você está usando para criar o que viaja no mental, viaja no coração e viaja na virilha, você está escolhendo? Tudo que isso é, vezes um deusilhão, você vai destruir e descriar? Certo e errado, bom e mau, POD e POC, todas as nove, curtos, garotos e aléns.

Participante da classe:

Você pode explicar o que você quis dizer quando disse que ele estava entrando na viagem mental?

Gary:

Primeiro, "Estou tentando não estar interessado demais". Isso é viajar no mental. É sobre o que você tem que tentar ser ou fazer. Segundo: "Como mudo isso para ter mais facilidade em relação a onde ir ou o que fazer depois?" Viagem mental.

Participante da classe:

É como tentar programar o que vai acontecer no futuro em vez de fazer uma pergunta?

Gary:

É o que você cria quando tem julgamentos sobre o que deve ter como relacionamento ou como você deve ser. Quando você faz uma escolha e julga essa escolha, cria uma solidez que requer que o julgamento se prolongue e crie seu futuro. Você cria um futuro sólido com base nesses julgamentos. É realmente isso que você gostaria de escolher?

"Não julgamento" é igual a um futuro sem julgamento. "Julgamento," até o julgamento positivo, é igual a um futuro com julgamento.

Quantos futuros você criou que estão bloqueando sua habilidade de criar?

Toda vez que você escolhe, você cria. Toda escolha cria, seja uma escolha a seu favor ou contra você. Se você colocar um julgamento lá com essa escolha, cria um futuro que está começando a acontecer, que vai criar o julgamento como futuro. Vamos dizer que você tem treze anos de idade. Você encontra uma garota e ela faz sexo com você. Você diz: "Ah meu Deus, tenho que amá-la para sempre. Tenho que ficar com ela. Tenho que ter filhos com ela. Tenho que ter todas essas coisas". Esses são futuros potenciais que você começa a criar com base em seus julgamentos sobre o que fez e o que deveria fazer.

Participante da classe:

Sim.

Gary:

Todos eles tornam-se algo que fica trancado como um futuro potencial, e toda vez que você chega perto de alguém que combina com algo assim, acrescenta essa energia ao futuro para criar um futuro que decidiu que deveria se realizar. Nenhum deles é real.

Quantos futuros com mulheres você criou que atualmente estão bloqueando sua habilidade de criar? Vou contar até quatro. O "um, dois, três" libera o passado e o presente. Quando se acrescenta o "quatro", muda-se o futuro que está se criando com base nas decisões, escolhas e julgamentos que está fazendo. Em quatro, vamos destruir e descriar todos eles. Um... dois... três... quatro. Obrigado.

Todas as coisas que você criou sobre o futuro com mulheres e como não pode ter um futuro com uma mulher e como tem que ter um futuro com uma mulher, e sem um futuro com uma mulher você não é homem de verdade, e todos os lugares em que você não pode ser sem ter uma mulher, todos esses futuros, você vai destruir e descriar todos eles em quatro: Um... dois... três... quatro. Obrigado.

Que bastardização de compromisso infinito de ser você está usando para criar a necessidade de sexo, relacionamento, cópula e sexualidade, está escolhendo? Tudo que isso é, vezes um deusilhão, você vai destruir e descriar? Certo e errado, bom e mau, POD e POC, todas as nove, curtos, garotos e aléns.

Quantos de vocês têm o ponto de vista de que, sem uma mulher, vocês não podem ser? Tudo que isso é, vezes um deusilhão, vocês vão destruir e descriar? Certo e errado, bom e mau, POD e POC, todas as nove, curtos, garotos e aléns.

Alguém aqui já teve a sensação de que era movido pela sua necessidade de sexo, ou cópula, ou relacionamento?

Participante da classe:

Sim.

Participante da classe:

Sim.

Gary:

É disso que se trata. É o lugar em que você pensa que não tem escolha. Pensa que tem que fazer. Onde está sua escolha?

Chegando a um lugar em que há escolha de verdade

A ideia dessa série é levá-los ao ponto em que se pode ter escolha, em vez de achar que de alguma maneira não se tem escolha e tem que fazer sexo. Se você puder chegar a um lugar em que há escolha de verdade, não terá que abrir mão de nem uma parte de você para criar um relacionamento ou sexo e, ao fazê-lo, você pode ter mais presença e diversão. Como seria se sexo fosse totalmente divertido para você?

Participante da classe:

Sim, por favor.

Gary:

O tempo todo. Toda vez.

Que bastardização de compromisso infinito de ser você está usando para criar a necessidade de sexo, relacionamento, cópula e sexualidade está escolhendo? Tudo que isso é, vezes um deusilhão, você vai destruir e descriar? Certo e errado, bom e mau, POD e POC, todas as nove, curtos, garotos e aléns.

Agora, por que eu digo sexualidade? Porque você chega a um lugar em que imagina que tem que fazer sexo com uma mulher a fim de provar que é homem. O que isso tem a ver com escolha?

Participante da classe:

Nada.

Gary:

Isso significa que você só pode fazer sexo com a metade da população. O único momento em que você não percebe que isso realmente não importa é quando você vai para a prisão e não tem ninguém além de homem para fazer sexo. Tudo que isso é, vezes um deusilhão, você vai destruir e descriar? Certo e errado, bom e mau, POD e POC, todas as nove, curtos, garotos e aléns.

Isso era para ser engraçado. Onde está o seu senso de humor? Já é tarde demais para você ter senso de humor?

Participante da classe:

Eu acho que tenho que fazer um POD e POC sobre seu humor para poder rir das suas piadas.

Gary:

Tudo que não lhe permite reconhecer meu humor e o quanto ele é brilhante, e tudo que não permite que você tenha senso de humor sobre sexo, cópula, relacionamento e sexualidade, e tudo que não permite que você brinque com toda forma de sexo, relacionamento, cópula, sexualidade que poderia ter, você vai destruir e descriar tudo isso? Certo e errado, bom e mau, POD e POC, todas as nove, curtos, garotos e aléns.

Compromisso como decisão/compromisso como escolha

Participante da classe:

Gary, você pode falar sobre compromisso e escolha? Estamos criando compromisso como decisão em vez de ter como uma escolha?

Gary:

Sim.

Participante da classe:

Essa é a consideração dessa realidade sobre o que significa compromisso?

Gary:

Sim.

Todos os futuros que você criou com base nisso, você vai destruir e descriar todos eles: Um... dois... três... quatro. Obrigado.

Vocês têm que entender que fazem decisões sobre compromissos e depois tentam validar o compromisso a fim de fazê-lo real e certo.

Compromisso como uma escolha de dez segundos

Participante da classe:

Você fala sobre escolher em incrementos de dez segundos, e você diz que compromisso é uma escolha de dez segundos. Estou confuso com isso. Como funciona?

Gary:

Quando escolhe em incrementos de dez segundos, em um incremento de dez segundos, você pode dizer: "Eu a amo". Nos próximos dez segundos você pode dizer: "Eu não a amo". Você pode dizer: "Eu amo meu negócio" e dez segundos depois pode dizer "Não amo meu negócio". Quando escolhe em incrementos de dez segundos, há possibilidade de criação constante.

Vocês chegaram ao ponto de vista esquisito de que compromisso é permanente. Vocês acham que quando assumem um compromisso, nenhuma outra escolha é possível.

Quando você faz compromisso a partir de escolha, tem que perceber o que realmente é possível. É perguntar: O que é possível que ainda não considerei? E se você olhasse para o que é possível, em vez de o que pensou que deveria ser? É diferente de tentar comprometer-se com o compromisso com o qual você já se comprometeu.

Participante da classe:

Isso seria simplesmente fácil demais.

Gary:

Sim, e é por isso que você não tem facilidade em sua vida. Você continua buscando as partes difíceis e as partes ruins, em vez de o que tornaria algo mais fácil. E se você estivesse fazendo o que quer que fosse a partir do que é fácil, em vez de o que é difícil?

Participante da classe:

Isso é tão brilhantemente simples.

Gary:

É simples. Nós ficamos buscando como fazer funcionar algo que parece não funcionar, em vez de fazer as perguntas:

• O que funciona em relação a isso?

• O que não funciona em relação a isso?

Por exemplo, digamos que você assumiu o compromisso de casar-se. Isso significa que você tem que cumprir? Se você se casar com uma mulher, está casado com ela para sempre?

Participante da classe:

Não.

Gary:

Você fica tentando chegar a um lugar a partir do qual pensa que pode funcionar. Você pensa que isso vai criar algo mais grandioso do que realmente estar presente. Você fica tentando entender o que vai ser antes de escolher. Quantos futuros possíveis você está criando e quantos futuros possíveis você criou a fim de criar o que não funciona na sua vida? Em quatro: um... dois... três... quatro. Obrigado.

Você tem que escolher a partir de um senso de paz. Que tipo de paz e possibilidade estão disponíveis aqui que você não considerou? A única razão para estar em um relacionamento é ter um senso de paz, que é o senso de alegria e possibilidade, e o senso de que há alguém que está do seu lado o tempo todo, alguém com quem você possa divertir-se sexualmente.

Participante da classe:

E não só sexualmente.

Gary:

Sim, deveria haver um senso de paz com o sexo. Se você faz sexo, não deveria ter o ponto de vista de "eu queria não ter feito". Deveria ser: "O que poderia escolher que não escolhi?" Como seria se você escolhesse algo que é mais grandioso?

Criando um relacionamento com o filho da sua parceira

Participante da classe:

Gary, eu tenho uma pergunta sobre um relacionamento que estou escolhendo com uma garotinha de quatro anos. Ela está fazendo... não tenho certeza de como chamar... proteção, defesa ou competição comigo. Posso falar com ela de uma maneira que lhe permitirá perceber que não estou roubando a mamãe? É isso que vem à tona.

Gary:

Sim, você pode dizer: "Eu gosto de ficar com sua mãe. Você gosta de ficar com sua mãe. Que tipo de relacionamento você quer ter comigo?"

Participante da classe:

Legal. Isso é muito leve.

Gary:

"O que você quer que eu seja para você? Você quer que eu seja seu pai extra? Quer que eu seja o amigo da sua mãe? Quer que eu seja seu amigo? O que você quer?"

Participante da classe:

Sim, e isso dará escolha a ela. Incrível.

Gary:

Sim. Ela precisa ter escolha. Quando conheci minha ex-esposa, ela tinha um filho, Adam, que tinha dezesseis anos, fora de controle, e uma filha, Shannon, que tinha seis e fora de controle. Eu perguntei ao Adam: "O que você quer que eu seja em sua vida? Como você quer que eu esteja na sua vida? Você quer que eu seja o marido da sua mãe? Quer que eu seja seu padrasto? Quer que eu seja seu padrasto malvado? O que quer que eu seja?" Ele escolheu que eu fosse o pai dele e eu disse: "Ok, a partir de agora eu sou seu pai."

Participante da classe:

E então você é a energia do que quer que seja o pai?

Gary:

Sim. Exatamente.

Participante da classe:

Então, pode ser aquele que cria as regras ou o que quer que seja.

O que é um pai para você?

Gary:

Você tem que perguntar: "O que é um pai para você?" Descubra qual é a definição que eles têm de ser pai, irmão ou o que quer que seja.

Participante da classe:

Sim.

Gary:

Deixe-os definir o relacionamento e você faz tudo que pode para ser isso.

Participante da classe:

Isso facilita muito mais.

Gary:

Sim. Você pode se ajustar. Eles não podem.

Participante da classe:

Sim. Eu percebo isso.

Gary:

Todos esperam que uma criança se ajuste, e não está errado fazer isso. Em um ponto em meu relacionamento com minha ex, Shannon estava me tratando como merda. Eu perguntei a ela: "Por que você me trata como merda?"

Ela disse: "Porque você não é da minha família de verdade."

Eu disse: "Se você me tratar como merda, vou tratar você exatamente da mesma maneira que você me trata, só que pior."

Quando ela me tratava como merda, eu a tratava como merda. Eu dava a ela exatamente a mesma merda que ela me dava, e em três semanas tudo mudou.

Participante da classe:

Três semanas. Isso é muito tempo!

Gary:

Sim, foi muito tempo, mas eu aguentei. Você tem que ser o mais consciente.

Participante da classe:

Por que as crianças não podem se ajustar?

Gary:

Porque a vida inteira delas é sobre ter que mudar conforme o ponto de vista de todo mundo. Elas sentem que não têm controle sobre nada.

Participante da classe:

Então elas podem se ajustar, mas não devemos esperar isso delas?

Gary:

Bem, todos esperam que elas se ajustem. Você espera que seu filho se ajuste à sua realidade toda ao mesmo tempo. Então, o ponto de vista é "não tenho controle". E se uma criança não tem controle, onde ele ou ela vai para ganhar controle? Raiva, ira, fúria e ódio.

Participante da classe:

Exatamente.

Participante da classe:

É isso que estou fazendo com meu filho? Criando minha vida e esperando que ele me acompanhe?

Não crie conflito ou separação em seus filhos

Gary:

Outro dia você disse a ele: "Você tem uma escolha. Você quer ir para casa da sua mãe e para a escola?" Dizer: "Você quer voltar para a escola?" é uma coisa, mas usar ir para casa da sua mãe como um castigo não foi uma coisa boa, porque a lealdade dele para com a mãe entra em conflito com desejo dele de estar com você. Não crie isso em seus filhos.

Participante da classe:

O que eu poderia dizer?

Gary:

"Ei, filho, se você quer ir para casa, posso tentar encontrar alguém para levar você para casa."

Participante da classe:

Sim.

Gary:

Aí ele tem escolha.

Participante da classe:

Isso é muito interessante! Nunca olhei dessa maneira até agora. Isso seria tratar ele da maneira que eu gostaria de ter sido tratado.

Gary:

Sim. Se você está em um relacionamento com alguém e você trata seu filho assim, a criança cria raiva da pessoa com quem você está em relacionamento.

Participante da classe:

Ah, ok.

Gary:

E isso dá a eles pouca ou nenhuma escolha na vida.

Participante da classe:

Estou vendo quanto foi rude perguntar ao meu filho: "Você quer ir para casa da sua mãe e para escola?" Você tem mais alguma informação que pode me dar sobre como eu estava criando separação com...

Gary:

Digamos que você tenha dito isso a ele porque considere um castigo enviá-lo para a mãe dele. Ele considera isso um castigo?

Participante da classe:

Não.

Gary:

Se você fizer isso, ele tem que escolher entre a mãe dele e você e sua parceira. Em quem ele vai descontar isso?

Participante da classe:

Minha parceira.

Gary:

Sim, porque ela é o problema.

Participante da classe:

Por que eu faria isso? Está muito claro agora que isso foi rude.

Gary:

Foi só um momento de falta de consideração. Você não estava tentando fazer nada intencionalmente. Você não estava funcionando a partir da consciência do resultado que ocorreria pelas escolhas que você fez.

Participante da classe:

Sim. Obrigado.

Gary:

Você não causou um dano permanente.

Participante da classe:

Não, e a mãe dele diz a ele: "Vou mandar você para morar com seu pai! Você é igual ao seu pai!" Tudo isso é tão rude. Eu odiava ela por fazer isso e nem notei que também estava fazendo isso com ele, até você dizer.

Gary:

Isso porque estou disposto a dizer coisas que ninguém mais está disposto a dizer.

Participante da classe:

Você pode me dizer onde mais estou fazendo isso?

Onde você está fazendo ele preferir você em vez dela?

Gary:

Você tem que olhar para onde está tentando fazê-lo preferir você em vez dela.

Participante da classe:

Sim.

Gary:

A maneira mais fácil de fazê-lo preferir você em vez dela é deixá-lo ir ficar com ela e simplesmente ser você quando ele voltar.

Participante da classe:

Sim.

Gary:

A mãe do meu filho sempre estava tentando provar que era melhor do que eu. Hoje ele quer que ela vá embora e eu esteja por perto o tempo todo. A mãe da Shannon nunca quis que eu estivesse perto da Shannon e nunca quis que eu a tocasse. E hoje Shannon quer ficar perto de mim. Ela não quer ficar perto da mãe dela.

É assim que funciona. O pai ou mãe que tenta provar que é melhor, que tenta controlar a criança, perde a criança. Se você não está vivendo com a mãe do seu filho, saiba que seu filho sempre preferirá você em vez de sua parceira. Você tem que colocar seu filho em primeiro lugar em vez de sua parceira e falar para a sua parceira que só está fazendo isso para manter seu filho feliz. Quem é sua prioridade número um? Seu filho ou sua parceira?

Participante da classe:

Meu filho.

Gary:

Então, se ele é sua prioridade número um, o que é sua parceira? Ela também é número um. Você tem de tirar tempo para cada um deles. Cada um tem seu próprio momento especial com você. Cada um sabe que é número um em seu livro.

Participante da classe:

Certo, em vez de tentar combiná-los.

Gary:

Sim, porque a criança começará a sentir que está perdendo sua posição e ficará ressentida com sua parceira. Você tem que dedicar um tempo com a criança até que ela sinta que não precisa mais de você. É como empurrar muita energia para ele até que esteja satisfeito.

Se você empurrar muita energia para a pessoa, ou ela ficará satisfeita ou irá embora. Em qualquer uma das duas situações, não se sentirá abandonada.

Participante da classe:

No entanto, tenho tentado dar a ele tudo que a mãe dele não pode, então...

Gary:

Para ele gostar mais de você.

Participante da classe:

Sim.

Gary:

Isso só está criando um lugar em que ele tem que escolher *contra*, em vez de *a favor*.

Participante da classe:

Isso ajuda muito. Obrigado.

Gary:

O que é ótimo para você é que sua parceira gosta do seu filho e está disposta a fazer coisas para ele e lhe dar coisas que o fazem feliz. É isso que faz funcionar. Quando uma criança mora com a mãe e o pai, os dois darão atenção ao filho. Quando há um padrasto ou madrasta, ele ou ela normalmente começa a sentir-se ressentido do fato de que o filho toma muita energia e tempo. Você nunca deve permitir que o ressentimento controle seu relacionamento, e é por isso que você deve estar na pergunta e perguntar: O que posso criar aqui que ainda nem considerei?

"Eu tentei ser o pai legal"

Participante da classe:

Sou muito grato pelas coisas que trouxemos à tona. Estou olhando para todos os lugares em que tentei ser o pai legal ou o pai rico ou o pai que não tem ponto de vista, em vez de alguém que poderia simplesmente estar perto do filho dele. Eu criei todos esses lugares em que tentei *fazer* algo.

Gary:

Sim. E o que a sua mãe lhe ensinou? Ela lhe ensinou a tentar ser melhor que seu pai?

Participante da classe:

Ela tentou me ensinar a não ser meu pai, então eu tive que me tornar ele a fim de descobrir como não ser ele.

Gary:

Sim, e ao mesmo tempo, você ainda está tentando fazer o que ela fez, que foi provar que seu pai não era tão bom quanto ela.

Participante da classe:

Sim, então quanto do meu futuro ainda é criado por isso?

Gary:

Muito. Então podemos destruir e descriar tudo isso?

Participante da classe:

Sim.

Gary:

Um... dois... três... quatro! Obrigado.

Alguns de vocês têm mães e pais que fazem a mesma coisa.

Participante da classe:

Eu quero dizer o quanto estou grato por esta conversa. Não sou padrasto e não tenho madrasta ou algo assim. Nem sequer tenho filhos, mas a consciência que foi trazida à tona por esta conversa aplica-se à vida em geral. É brilhante.

Gary:

Se você vê pessoas fazendo escolhas que vão criar coisas que não estão buscando, então pelo menos saiba com o que ajudá-los ou como ajudá-los.

Participante da classe:

Sim.

Participante da classe:

Posso pedir mais uma coisa sobre isso? Podemos destruir e descriar todos os lugares em que criei isso como o futuro do meu filho?

Gary:

Tudo que você fez para criar este tipo de futuro. Todas as projeções e expectativas que você teve de outros que você criou como futuros que estão trancados no universo deles e todas as projeções e expectativas: um... dois... três... quatro! Obrigado.

Isso também acontece com mulheres, quando elas projetam que você deveria estar no futuro delas. Elas olham para você e dizem: "Ah, ele é o homem para mim". Elas começam a solidificar na sua realidade um futuro que deveria ser, com base em você estar com elas. Quantos de vocês ainda têm esses tipos de futuros sendo criados?

Participante da classe:

Ai, Jesus Cristo!

Gary:

Sim. Podemos destruir e descriar todos esses: um... dois... três... quatro! Obrigado.

Participante da classe:

Esta é imensa. Muito obrigado por trazer isso à tona.

Participante da classe:

E isso também se aplica ao dinheiro. Quando conheci você, quantas projeções eu tinha sobre dinheiro?

Gary:

Sim. Parece que o processo sobre ter projeções tiradas de vocês para seus futuros é dar a vocês mais liberdade do que qualquer coisa que fiz esta noite.

Participante da classe:

Você me disse que sou inapropriadamente generoso, mesmo assim, às vezes minha esposa ainda me acusa de ser egoísta. Ela acha que não a levo em consideração o suficiente. O que é isso?

Aprenda a ser manipulador

Gary:

Ela é mulher. Se ela não for a primeira prioridade em sua vida e a primeira pessoa que você ouve ou com quem fala, o ponto de vista dela é que você não está prestando atenção suficiente nela. Há todos os tipos de maneiras de você mudar isso.

Por exemplo, certifique-se de trazer um presente para ela pelo menos uma vez por semana. Não tem que ser grande, só algo que mostra que você está pensando nela. Pode ser só uma flor. Encontre uma linda flor e diga: "Querida, eu queria dar isso para você, porque isso me fez lembrar de você. É tão próxima da perfeição e eu não pude imaginar nada mais bonito." Isso está bom para três dias e é provável que você ganhe um boquete por isso também. Pessoal, vocês têm que aprender a ser mais manipuladores.

Participante da classe:

Só pequenos sinais de: "Estou pensando em você?" Você pode passar mais dessas coisas que tornariam a vida com uma mulher ainda mais divertida e fácil?

Gary:

Pergunte a ela: "O que é que você gostaria de mim?", e esteja disposto a ouvir a resposta que ela não lhe dirá. Mulheres fazem coisas que chamo de subtexto. Você faz uma pergunta como essas e elas dizem: "Ah, nada", mas isso não significa "nada". Significa: "Eu quero que você saiba o que eu quero sem eu dizer nada".

Se sua mulher fizer isso, vá as compras com ela e pergunte: "Do que você gosta nessa vitrine? O que é realmente excitante para você?", até você começar a ter uma ideia de qual pode ser o gosto dela. Aí você tem uma escolha.

Toda vez que você está com ela, expresse gratidão por ela estar na sua vida. "Sou tão grato por você estar na minha vida. Sou muito grato pelo presente que você é".

Participante da classe:

Uma vez disse isso a minha parceira e ela quase cortou meu saco fora.

Gary:

Sim, porque ela pensou que era manipulação. Você deveria ter dito: "Querida, eu falei sério. Falei de verdade".

Participante da classe:

Eu o vejo dizer a ela o quanto é linda o tempo inteiro. Isso também é expressar gratidão?

Gary:

Sim, essa é a única maneira que ela consegue receber.

Participante da classe:

Sim, ela consegue.

Gary:

Ela consegue receber "Você é tão linda. Como tive tanta sorte de ter você na minha vida?" Você tem que descobrir o que a pessoa consegue receber. Dê a ela o que ela consegue receber. Não use as falas que eu dou aqui. Você já tem tudo esquematizado. Eu tenho visto sua parceira ficar mais bela a cada ano e tenho visto vocês dois ficarem mais em sintonia e mais conectados um ao outro o tempo todo.

Participante da classe:

Uma vez você me disse para dar à minha parceira coisas que ninguém jamais lhe deu. Isso foi um "Uau" do cacete.

Gary:

Uma vez Dain e eu demos um colar a uma mulher que trabalha para nós que foi a coisa mais cara que ela tinha recebido, e isso foi o máximo no universo dela. Como resultado, ganhamos ainda mais dinheiro. Quando você está disposto a reconhecer o fato de que mulheres merecem esse tipo de coisa, elas dirão: "Ai meu Deus, esse cara realmente está do meu lado. Estou com ele. Estou na dele".

E como Dain diz, isso não é feito a partir de um lugar de "Ah, isso vai ser manipulação". É feito a partir da gratidão e alegria que realmente estão lá, porque há uma gratidão por todos os que estão em seu universo e por tudo que eles presenteiam e proveem.

Certo cavalheiros, foi um prazer. Eu acho que vocês são os caras mais legais do planeta e os únicos que têm coragem suficiente para tornarem-se homens.

Participante da classe:

Você é incrível, Gary!

Participante da classe:

Obrigado, Gary.

12

DECODIFICANDO O SUBTEXTO DAS MULHERES

Subtexto é a maneira que as mulheres funcionam.
Existe: "Isso é o que ela diz" e existe: "Isso é o que ela está pensando".
O que ela está pensando é o que você deve fazer.

Gary:

Olá cavalheiros. Alguém está feliz?

Participante da classe:

Sim. Estamos muito felizes.

Participante da classe:

Estamos felizes! Felizes!

Gary:

Certo, vamos lá. Deixe-me ver o que posso criar aqui. Vamos ver quanto posso fazê-los sofrer. Quem tem uma pergunta?

Entranhamento cultural

Participante da classe:

Eu fico atraído por mulheres que são da mesma raça e etnia que eu e que têm a mesma cor de pele. Fazer sexo com pessoas da mesma raça e etnia é um implante ou algum programa no corpo?

Gary:

Não, é um entranhamento que você aprendeu com sua cultura. Nós tendemos a ficar mais excitados por pessoas da mesma "etnia" porque fomos treinados a acreditar que são mais atraentes. Não é um programa; é entranhamento.

Muitos caras olham para mulheres e dizem: "Ah! Ela é gostosa!" Isso realmente é olhar para ela? Não, você está objetificando-a e transformando-a em um "que" no seu mundo em vez de estar com ela como um ser.

Quantos entranhamentos você tem para determinar com quem ou o que você vai dormir e com quem você não vai dormir você está escolhendo? Tudo que isso é, vezes um deusilhão, você vai destruir e descriar? Certo e errado, bom e mau, POD e POC, todas as nove, curtos, garotos e aléns.

"Eu frequentemente atraio gays"

Participante da classe:

Me parece que frequentemente atraio gays. Eles gostam de flertar comigo e isso sempre me deixa desconfortável, porque não estou certo de como responder. Como crio isso?

Gary:

Bem. Eu não sei. Pode ser que você seja muito sexy! O que acontece é que gays gostam de homens que são sexys. Se você é sexy, gays irão atrás de você. Não significa que você é gay, apesar de que facilitaria muito se você fosse. Significa que você é bonito. Pena que você é tolo. Você pensa que não é bonito porque as mulheres não vão atrás de você da maneira que os homens vão. Tolo, tolo, tolo.

Participante da classe:

Estou mandando sinais errados para os gays?

Gary:

Não.

Participante da classe:

Como posso mudar isso?

Gary:

Aproveite. Reconheça que é só um reconhecimento do que você fez e que está funcionando para você.

Onde você precisa colocar sua energia?

Participante da classe:

Estou começando um relacionamento consciente com uma mulher e descobri que estou me movendo mais para o meu próprio negócio e menos para Access Consciousness e apoiando outros facilitadores. Estou excluindo Access para criar meu relacionamento e meu próprio negócio?

Gary:

Não. Você tem que estar disposto a ver onde precisa colocar sua energia a cada dia. Esta é a parte mais importante de tudo isso. Não se trata de desistir de Access. Você tem que ir com: O que será prioridade que criará o melhor resultado para mim?

Participante da classe:

O que posso ser ou fazer diferente para ter todas elas como prioridade?

Gary:

Você não pode ter todas elas como prioridade. Você poderia reconhecer que há momentos em que uma coisa é prioridade é há momentos em que outra coisa é. E se você está com uma mulher, ela sempre é prioridade.

Participante da classe:

O que posso ser que me permitirá receber mais de Access Consciousness e de você?

Gary:

O que você pode ser é você. E se você está fazendo seu negócio, se está fazendo todas as coisas que está falando aqui, tudo deve melhorar.

Um relacionamento com uma criança associada

Participante da classe:

O relacionamento que tenho agora tem uma criança associada. Descobri que conversar com a minha adorável parceira sobre como facilitamos a filha dela tem criado uma grande conexão entre nós. Isso é contribuição para a criança, para mim e para a minha mulher – ou terá efeito reverso?

Gary:

Não, é uma contribuição. Você tem que perceber que esta é a direção que está tomando aqui. Isso é o que pode ser contribuição e o que realmente é possível.

Participante da classe:

Depois da última chamada, perguntei para minha enteada o que ela gostaria que eu fosse na vida dela e ela disse: "Feliz". Depois de falarmos mais, ela disse: "Um amigo". Falamos sobre isso também e o ponto de vista dela é um colega de brincadeira. Como posso usar isso?

Gary:

Seja um colega de brincadeira.

Participante da classe:

Ela também tem brincado de mudar o nome dela para o meu nome e uma vez me chamou de *Pai*.

Gary:

Isso significa que ela está tentando fazer de você um pai. Você tem que ver se está disposto a ser isso, porque mesmo que acabe não ficando com esta mulher, tem que estar disposto a ser o pai para a criança, ou a mulher vai odiar você.

Participante da classe:

Minha enteada gosta de fazer vídeos sobre entidades e coisas do tipo comigo e eu perguntei à mãe dela e a ela se posso usá-los para promover meu negócio. Ambas ficaram felizes com isso. O que isso vai criar?

Gary:

Isso vai criar o envolvimento delas no seu negócio, o que deve criar mais lucro para você.

Participante da classe:

Isso deve ser feito como um Acordo e Entrega?

Gary:

Sim. Tudo deve ser feito como um Acordo e Entrega.

Uma vida indefinida

Participante da classe:

Primeiramente, quero lhe agradecer muito por essas chamadas.

Elas têm mudado minha vida de muitas maneiras. Tenho tido mais clareza sobre como funciono com as mulheres, com relacionamentos e o que posso fazer diferente para fazer as coisas funcionarem. Não vou mais tanto para o erro de mim e tenho mais paz interior. No momento, sinto que não há mais nada a que me apegar em nenhuma área da minha vida. Tenho pedido uma vida indefinida, que para mim significa estar livre das definições e limitações que as outras pessoas me impõem. No entanto, não faço a menor ideia de como funcionar com isso, apesar de fazer perguntas.

Gary:

Se você funciona a partir de perguntas em seus relacionamentos e com tudo o que faz, você começa a mover-se na direção de ter uma vida indefinida. Se tudo for uma pergunta, você abre a porta para um relacionamento que ainda não existiu. Pergunte:

Que energia, espaço e consciência meu corpo e eu podemos ser que nos permitiria ter um relacionamento além dessa realidade com total facilidade? Tudo que não permite que isso apareça, vezes um deusilhão, você vai destruir e descriar? Certo e errado, bom e mau, POD e POC, todas as nove, curtos, garotos e aléns.

Você pode querer colocar esse em um *loop* e tocar sem parar por pelo menos trinta dias até começar a perceber que há um lugar diferente a partir do qual pode lidar com tudo.

Lidando com a raiva de uma mulher

Participante da classe:

Quando minha mulher manda ou projeta raiva em mim, eu ainda entro em um além e me dispenso. Às vezes vou para o erro de mim. Já rodei processos aclaradores com os aléns e os implantes SHICUUUU, mas ainda há resistência a receber a energia da raiva dela.

Gary:

Raiva nunca é nada, exceto uma maneira de controlar você. E se você pudesse ter uma escolha diferente? Você estaria disposto a tê-la?

Participante da classe:

Devo correr: Que energia, espaço e consciência meu corpo e eu podemos ser que me permitirá ser o monte de merda patético, erro e fraqueza que verdadeiramente sou?

Gary:

Esse não é bom. Você deve correr:

Que bastardização de capacidade infinita estou usando para criar o erro, o monte de merda patético e o fracote covarde que estou tentando ser, estou fingindo ser que estou escolhendo? Tudo que isso é, vezes um deusilhão, você vai destruir e descriar? Certo e errado, bom e mau, POD e POC, todas as nove, curtos, garotos e aléns.

Participante da classe:

Também tentei usar puxões de energia, baixar barreiras, fazer ponto de vista interessante e POC e POD e todos funcionam, às vezes. Mas quando entro em um além, todas essas ferramentas se vão. Há alguma outra maneira de estar livre aqui e soltar isso?

Gary:

Às vezes você tem que estar disposto a ficar com raiva. Você pode ficar com raiva sem julgamento e sem força. Ficar com raiva sem julgamento e sem força é o elemento generativo da raiva. Você tem que estar disposto a fazer isso. Esteja disposto a ir além da raiva quando você precisar. A maioria de nós pensa que o alvo é não ficar com raiva. E se não fosse isso? E se houvesse uma escolha diferente que ainda não escolhemos?

Participante da classe:

Raiva sem julgamento pode ser usada com crianças também?

Gary:

Sim. Com crianças você diz, "Pare. Isso é tudo que há."

Participante da classe:

Raiva sem julgamento é o mesmo que energia de matar?

Gary:

Não, raiva sem força ou julgamento é: "Sabe de uma coisa? Faça isso novamente e acabou para você e para mim". As pessoas tendem a ter o ponto de vista de que raiva é sempre um erro, mas não é. É que você é homem, então você é um erro em geral.

Tudo que você tem feito para não perceber, saber, ser e receber as outras opções que tem, você vai destruir e descriar? Certo e errado, bom e mau, POD e POC, todas as nove, curtos, garotos e aléns.

Presença agressiva no relacionamento

Participante da classe:

Você pode falar mais sobre presença agressiva no relacionamento e como poderia ser isso?

Gary:

Presença agressiva é a disposição de ser você e estar presente em um relacionamento, independentemente do resultado. É sobre não ter ponto de vista. Tudo é apenas um ponto de vista interessante, nada mais. Quando você está disposto a funcionar sem o senso de que tem que fazer alguma coisa além de apenas estar presente, começa a criar uma realidade em que nada torna-se um erro e tudo torna-se uma possibilidade.

Como abordar uma mulher

Participante da classe:

Você pode falar sobre como abordar uma mulher?

Gary:

Depende do que você está procurando. Você tem que perguntar:

- O que realmente quero criar aqui?
- O que quero fazer?
- Como isso vai funcionar pra mim?
- O que quero conseguir dessa mulher?

Se você realmente deseja criar algo com uma mulher, tem que fazer a pergunta: "O que realmente quero criar aqui?" Muitos de vocês tentam criar algo com base em uma mentira.

Quantas mentiras você está usando para criar os relacionamentos, você está escolhendo? Tudo que isso é, vezes um deusilhão, você vai destruir e descriar? Certo e errado, bom e mau, POD e POC, todas as nove, curtos, garotos e aléns.

"A palavra *compromisso* ainda pega para mim"

Participante da classe:

A palavra *compromisso* ainda pega para mim. Por exemplo, a ideia de me comprometer com um relacionamento me faz sentir que tenho que excluir todas as outras mulheres com quem eu gostaria de fazer sexo ou estar próximo. Para mim, a ideia de me comprometer com um negócio ou trabalho, significa que tenho que excluir todas as outras possibilidades de negócios.

Gary:

Quantos de vocês estão comprando a merda de que só são capazes de, ou estão dispostos a, ou gostariam de ter só uma pessoa ou um negócio como a soma total da sua realidade? Tudo que isso é, vezes um deusilhão, você vai destruir e descriar? Certo e errado, bom e mau, POD e POC, todas as nove, curtos, garotos e aléns.

Participante da classe:

As expectativas da outra pessoa me fazem querer correr na outra direção.

Gary:

E se você fosse apenas consciente – em vez de idiota?

Participante da classe: (risadas)

Gary:

Reconheça que você é consciente. Você é muito mais consciente do que noventa por cento dos caras do planeta. Então, o que isso significa? Significa ter mais possibilidades com mais mulheres do que outros caras têm.

Use sua consciência e pergunte:

- O que essa pessoa quer ouvir?
- O que essa pessoa quer criar?
- Como vai parecer isso?

Comece a acessar este universo e você poderá conversar com qualquer pessoa sem o senso de que não pode escolher estar com ela. Você poderá criar seu canal de empoderamento como mais grandioso do que tem feito atualmente.

Participante da classe:

Tenho medo de que se me comprometer com alguém ou algo, vou me perder para esta pessoa ou coisa novamente.

Gary:

Isso realmente é seu? Eu odeio lhe dizer, meu amigo, mas você é muito mais consciente do que quer saber. Noventa por cento do que vocês pensam que está bagunçando vocês nem é seu. Como isso é esquisito?

Você pode ser você sem uma mulher

Participante da classe:

Conheci uma mulher que é doze anos mais nova que eu. Ela mora a cerca de sessenta quilômetros de mim e a vida dela é muito diferente da minha. Ela trabalha com artes e eu trabalho em empresa.

Gary:

Por que você acha que ela está interessada em você? O ponto de vista básico dela é que você deve ser bem-sucedido. Ela quer aprender a ser bem-sucedida.

Participante da classe:

Tudo estava muito fácil conosco e nenhum de nós estava procurando relacionamento sério, então estávamos apenas ficando. Eu gostei muito dela e ela desenvolveu sentimentos que ela não queria e os afastou. É como se ela tivesse o ponto de vista de que não quer estar em um relacionamento, então nada mais pode acontecer. Mesmo que ela siga em frente com a vida dela da maneira que escolher, gostaria de ter mais clareza sobre o que está ocorrendo.

Gary:

Que bastardização da liberdade infinita de mulheres você está usando para criar os relacionamentos inconscientes com mulheres, você está escolhendo? Tudo que isso é, vezes um deusilhão, você vai destruir e descriar? Certo e errado, bom e mau, POD e POC, todas as nove, curtos, garotos e aléns.

Participante da classe:

Uau! Essa é a energia que tenho sentido.

Gary:

Que bastardização da liberdade infinita de mulheres você está usando para criar os relacionamentos inconscientes com mulheres, você está escolhendo? Tudo que isso é, vezes um deusilhão, você vai destruir e descriar? Certo e errado, bom e mau, POD e POC, todas as nove, curtos, garotos e aléns.

Vocês têm o ponto de vista esquisito de que não podem ser vocês sem mulher. Isso é muito estranho, porque vocês podem ser vocês sem mulher. Na verdade, é muito mais fácil, mas por alguma razão, vocês decidiram que, sem mulher, vocês não podem ser vocês.

Tudo que isso é, vezes um deusilhão, você vai destruir e descriar? Certo e errado, bom e mau, POD e POC, todas as nove, curtos, garotos e aléns.

Que bastardização da liberdade infinita de mulheres você está usando para criar os relacionamentos inconscientes com mulheres, você está escolhendo? Tudo que isso é, vezes um deusilhão, você vai destruir e descriar? Certo e errado, bom e mau, POD e POC, todas as nove, curtos, garotos e aléns.

Participante da classe:

Corra o processo novamente, por favor.

Gary:

Que bastardização da liberdade infinita de mulheres você está usando para criar os relacionamentos inconscientes com mulheres, você está escolhendo? Tudo que isso é, vezes um deusilhão, você vai destruir e descriar? Certo e errado, bom e mau, POD e POC, todas as nove, curtos, garotos e aléns.

E todos os futuros não atualizados e irrealizados que você tem sobre seu futuro sempre com uma mulher e a única maneira que você terá um futuro é com uma mulher, podemos deixar que se destruam, por favor: Um... dois... três... quatro. Obrigado.

Você sempre irá para o relacionamento porque é isso que a mulher quer

Participante da classe:

Eu não desejo muito um relacionamento; mesmo assim, conheci uma mulher incrível com quem realmente gosto de passar tempo e mesmo que tudo seja fácil, acaba criando-se um relacionamento.

Gary:

Você é homem. Você é idiota. Eu amo você, mas você está de brincadeira comigo? Você sempre irá para um relacionamento porque é isso que a mulher quer. Vocês abrirão mão de vocês todas as vezes, pessoal. É simplesmente muita estupidez. Vocês têm um pênis. O QI de vocês é do tamanho do seu pênis.

Participante da classe:

As coisas não podem ser só prazerosas sem todas essas outras coisas?

Gary:

Não, Desculpe. Vocês são muito bonitos, mas mais burros que qualquer coisa. Não existe essa coisa de amizade colorida. Toda mulher sempre supõe que se você é amigável e fácil, e além disso, você é bonito, significa que em algum momento vocês vão entrar em um relacionamento, e a única razão para você querer passar tempo com ela é porque realmente quer um relacionamento. Desculpe pessoal. Vocês têm um cérebro que funciona, e é o que está pendurado entre suas pernas. O resto do seu poder cerebral é inútil.

Participante da classe:

Há alguma maneira de contornar essa merda?

Gary:

Há alguma maneira de contornar isso? Sim. Fique esperto. Depois de fazer a classe de sexo e relacionamento, recebi uma mensagem de texto de uma mulher que dizia: "O que tenho que fazer para ter você? Posso enviar uma foto do meu clitóris para você? Tenho que fazer retirada agressiva? O que tenho que fazer para conquistar você?" Ela me perguntou o meu ponto de vista? Não. Ela perguntou se eu estava interessado? Não! Por quê? Porque ela é mulher e o ponto de vista básico dela é: "Se você é homem, você não tem outro ponto de vista além do que eu quero que você tenha". Vocês têm que entender isso pessoal, caso contrário, vocês passarão a vida inteira tentando tornar a mulher certa e tentando entender como você pode fazer isso funcionar para ela. Não para você, para ela.

A mulher não é a fonte da sua realidade sexual

Participante da classe:

Eu parei de fazer da mulher a fonte da minha realidade sexual. Isso me deu muita liberdade.

Gary:

Sim. A mulher não é a fonte da sua realidade sexual. Quantos de vocês têm feito das mulheres a fonte da sua realidade sexual? Vocês fazem do sexo a fonte de seu viver. Vocês decidem que não podem viver sem sexo. A verdade é que vocês conseguem viver sem sexo – mas é muito mais divertido fazê-lo. Mas vocês, pessoal, não fazem sexo por diversão. Vocês fazem para garantir que podem continuar vivendo.

Vocês pensam que sexo é sério. Eu tenho um ponto de vista diferente. Eu tenho o ponto de vista de que sexo é algo que se faz por diversão. Por que não fazer só porque é divertido?

Que estupidez você está usando para criar o sexo sério está escolhendo? Tudo que isso é, vezes um deusilhão, você vai destruir e descriar? Certo e errado, bom e mau, POD e POC, todas as nove, curtos, garotos e aléns.

Quando você chega ao ponto em que sexo não importa, em que para você tudo bem se for de uma maneira ou de outra, você cria um lugar em que realmente pode ter escolha e o sexo que realmente fizer, será muito mais grandioso.

Mulheres fazem todos os tipos de convites esquisitos e forçados para mim e eu não tenho desejo algum de fazer sexo com elas. Gosto de alguém que seja divertida, não de alguém que force a barra. Tem que ter um senso de diversão nisso para mim, pessoalmente. Quando você chega ao ponto de não ter necessidade disso, você começa a escolher com quem faz sexo – e quando. É um lugar mais divertido a partir do qual se pode funcionar, e quando você chega lá, vai acabar com sexo melhor. Posso garantir isso para vocês.

Quantos trabalhos foram dados a você?

Participante da classe:

Vejo que tenho tentado ser um pacificador no sexo e relacionamento. Tenho corrido o processo aclarador: "Que estupidez estou usando para criar o pacificador estou escolhendo", e parece que as coisas estão mudando.

Gary:

Você assumiu o trabalho de ser pacificador – ou atribuíram este trabalho a você? Você recebeu este trabalho no útero?

Participante da classe:

Foi atribuído parece mais leve.

Gary:

Então foi atribuído a você o trabalho de ser pacificador na sua família. Isso lhe dá escolha ou isso faz deles os escolhedores por você?

Participante da classe:

Faz deles os escolhedores.

Gary:

Se eles são os escolhedores, que escolhas você tem? Você tem muita escolha ou pouca escolha?

Participante da classe:

Pouca escolha.

Gary:

A realidade é que o que você realmente quer criar é uma possibilidade mais grandiosa, não uma possibilidade menor. Como seria se você pudesse ter a possibilidade mais grandiosa que já teve? Como seria isso?

Note que você não tem resposta, porque não ter resposta é o lugar em que nunca foi lhe dado uma escolha. Foi-lhe atribuído um trabalho e esse era o trabalho que era para você ter. Nenhum outro trabalho funciona.

Tudo com o que você se alinhou e concordou ou a que resistiu e reagiu que permitiu que esse trabalho fosse atribuído a você, você vai destruir e descriar? Certo e errado, bom e mau, POD e POC, todas as nove, curtos, garotos e aléns.

Quantos trabalhos foram atribuídos a você nesta vida por mulheres que requerem que você não escolha por você, não seja você e faça o que elas querem que você faça? Todos eles, você vai destruir e descriar? Certo e errado, bom e mau, POD e POC, todas as nove, curtos, garotos e aléns.

Todos os futuros que foram criados com base nesses trabalhos, podemos destruir e descriar todos eles, por favor? Um... dois... três... quatro. Mais uma vez: Um... dois... três... quatro. Mais uma vez: Um... dois... três... quatro. Ok, você se sente mais livre para escolher?

Participantes da Classe:

Sim.

Gary:

Vocês ficam pensando que porque a mulher lhes atribuiu o trabalho, quer seu trabalho seja levar o lixo para fora ou ser o lixo, que lhe foi atribuído o trabalho. A muitos de vocês foi atribuído o trabalho de ser o homem da família, especialmente se vocês têm mães divorciadas. Foi-lhes atribuído o trabalho de ser o homem da família, mas nunca lhe falaram o que isso significava e definitivamente vocês não ganharam nenhum dos benefícios disso. Geralmente elas diziam a vocês que seu pai foi tão terrível, horrível e cruel que vocês decidiram que não queriam ser assim, assim vocês não puderam ser vocês de forma alguma. A maneira de vocês saberem quem são como homens é pelo pai que tiveram, mesmo que apenas pelos trinta segundos que ele levou para gozar.

Tudo que isso é, vezes um deusilhão, você vai destruir e descriar? Certo e errado, bom e mau, POD e POC, todas as nove, curtos, garotos e aléns.

O trabalho de se julgar

Se você tinha uma mãe que julgava seu pai de alguma maneira, formato ou forma, a única escolha que você tinha era o trabalho de se julgar.

A quantos de vocês foi dado o trabalho de se julgarem sem parar até deixarem de existir? Tudo que isso é, vezes um deusilhão, você vai destruir e descriar? Certo e errado, bom e mau, POD e POC, todas as nove, curtos, garotos e aléns.

Participante da classe:

Como funciona isso? Se sua mãe está julgando seu pai, então você está...

Gary:

Você é descendente. Na Bíblia diz: "Os pecados do pai recairão sobre o filho". É isso. Esse é o entranhamento para supor que você é tão mau quanto seu pai. E se você passar sua vida não querendo ser como seu pai, o resultado final é que você já se tornou ele a fim de não ser ele, o que significa que você está sem saída. O fato é que você é melhor que seu pai. Algum de vocês já notou? Você já foi reconhecido por ser muito melhor que seu pai?

Participante da classe:

Não. Minha mãe me dizia: "Você parece seu pai", e as pessoas diziam: "Você parece seu pai" e um dia percebi: "Uau, meu corpo está se transformando no do meu pai".

Gary:

Sim. Todos esses pontos de vista foram passados para você. Quantos de vocês têm o ponto de vista que se parecem com seu pai, ou se parecem com sua mãe, ou se parecem com seu tio ou seu avô? A verdade é que nenhum de vocês se parece com ninguém, exceto consigo.

Tudo que você fez para concordar em parecer ter o corpo de outra pessoa, você vai destruir e descriar? Certo e errado, bom e mau, POD e POC, todas as nove, curtos, garotos e aléns.

Qual é o subtexto aqui que não estou reconhecendo?

Participante da classe:

Quando pergunto à minha mulher o que ela gostaria, ou o que eu poderia fazer por ela, raramente recebo alguma informação. Ela não quer responder para nunca chegarmos a um Acordo e Entrega. Eu ouvi você dizer que as mulheres nunca dizem o que é verdade para elas para poderem controlar o homem. Que perguntas posso fazer ou que energias posso ser aqui? Você pode falar mais sobre isso? Estou procurando a resposta e não a consciência?

Gary:

Sim, você está procurando a resposta, não a consciência. O que você gostaria de criar? O que você gostaria de criar com uma mulher?

Tudo que não lhe permite perceber, saber, ser e receber isso, você vai destruir e descriar? Certo e errado, bom e mau, POD e POC, todas as nove, curtos, garotos e aléns.

Participante da classe:

Eu também tenho problema com isso. Podemos falar um pouco mais sobre isso? Sempre que tento fazer um Acordo e Entrega, a mulher fica fazendo a mesma pergunta que fiz a ela, e aí ficamos andando em círculo.

Gary:

Por que alguém faz uma pergunta que você acabou de fazer? Porque a) Ela não quer responder, e b) Ela quer descobrir qual é a sua resposta antes de responder.

Se você perguntar a uma mulher: "Você gosta desta cor?" ela responderá: "De que cor você gosta?" O ponto de vista dela é: "Se você não gosta da cor que eu gosto, eu não vou gostar de você. Se eu não gostar da cor que você gosta, não vamos nos dar bem". Este é o subtexto de toda conversa. Você tem que fazer a pergunta: Qual é o subtexto aqui que não estou reconhecendo?

Participante da classe:

Eu encontrei algumas mulheres. Nós gostamos das mesmas coisas, gostamos de fazer as mesmas coisas e temos muitas coisas em comum...

Gary:

Toda mulher vai dizer para você que vocês têm coisas em comum, quer seja verdade ou não. Em comum significa "estamos destinados a ficar juntos". Esse é o subtexto desse comentário. Quando uma mulher diz: "Temos muito em comum", significa "Vamos nos casar".

Participante da classe:

É aí que eu queria chegar. Quando uma mulher diz: "Temos muitas coisas em comum", eu digo: "Sim, e o que isso tem a ver?"

Gary:

Toda mulher vai procurar o que vocês têm em comum para que possa decidir que você é o homem que ela quer. Não tem nada a ver com o seu ponto de vista. Elas não se importam com o seu ponto de vista.

Participante da classe:

Verdade, verdade, verdade.

Gary:

Quando você vai perceber que há um subtexto em cada conversa feminina? "Você é tão interessante" significa: "Ah, posso fazer sexo com você". "Uau, isso foi muito divertido" significa "O que você vai fazer em seguida" e "Quando eu marco a igreja?"

Participante da classe:

Captei.

Gary:

Vocês têm o ponto de vista de que as mulheres ouvem o que vocês dizem. Não, não. Elas não ouvem o que vocês dizem. Elas já planejaram o que vai acontecer.

Quanto da sua habilidade de compreender é substituída pelo plano de uma mulher do que ela quer ouvir? Tudo que isso é, vezes um deusilhão, você vai destruir e descriar? Certo e errado, bom e mau, POD e POC, todas as nove, curtos, garotos e aléns.

Que parte de "mulheres têm subtexto" você não captou?

Mulheres comunicam-se de maneira sinuosa, pensando que vão conseguir o que querem mudando a maneira de pedir, então por fim, você sai da frente e faz o que elas dizem. Mulheres esperam que os homens façam o que elas querem. Por que você não capta isso? Que parte de "Mulheres têm subtexto" você não está captando?

O ponto de vista de uma mulher é que se você diz o que ela diz, você está dizendo a verdade. Se diz o que ela quer ouvir, está dizendo a verdade. Tudo mais é mentira.

Vocês têm que captar isso pessoal. Mulheres funcionam a partir de subtexto. Pergunte: "Qual é o subtexto que não estou ouvindo aqui? Subtexto é a maneira como elas funcionam. Existe "Isso é o que ela diz" e existe "Isso é o que ela está pensando". O que ela está pensando é o que você deve fazer. Ela está dizendo: "Ah, não tem problema. Faça o que você quiser". Isso significa "Você faz isso e eu mato você".

Alguém disse que deveríamos ter um aplicativo de subtexto para decodificar o que as mulheres dizem. Não seria ótimo? Ela diz: "x, y, z" e aparece "Isso significa bla, bla, bla". Em uma classe que fizemos esta semana, eu falei para as mulheres o que era subtexto e todas disseram: "Sim, mas..."

Eu dizia: "O subtexto disso é bla, bla, bla". Elas diziam: "Como assim? Eu não estava fazendo subtexto!"

Eu dizia: "Sim, você estava! Acabou de fazer! Não está errado; é simplesmente o que você faz. Se você quer ser sincera sobre o que está dizendo, tem que ver quando está fazendo isso. É só uma das maneiras nas quais as mulheres são diferentes dos homens".

Tem um vídeo ótimo no YouTube chamado "Não é Sobre o Prego" (*It's Not about the Nail*).

Uma mulher diz ao homem: "Eu preciso que você escute. Eu estou com uma dor na minha cabeça".

O homem diz: "Bem, e o prego que está na sua cabeça?" A mulher diz: "Não, esse não é o problema! Eu quero que você escute. Por que você nunca escuta? Pare de tentar me consertar!"

Sabem o que é, pessoal. Vocês são homens.

Participante da classe:

Você tem algum processo para mais facilidade em decodificar subtexto?

Gary:

Mulheres sempre têm segundas intenções. Elas sempre têm um subtexto. Nada é claro. Nunca é direto.

Que estupidez você está usando para criar nunca perceber e receber o subtexto, você está escolhendo? Tudo que isso é, vezes um deusilhão, você vai destruir e descriar? Certo e errado, bom e mau, POD e POC, todas as nove, curtos, garotos e aléns.

"Agora temos um relacionamento"

Participante da classe:

Há alguma coisa que não observei no meu relacionamento que, se observar, poderia criar mais espaço e possibilidade?

Gary:

Você sempre está fazendo isso de qualquer maneira, então não pense que tem que se preocupar com isso. Tanto você quanto sua parceira estão tentando criar seu relacionamento. Vocês não estão tentando viver nele. E isso é essencial. O maior erro que as pessoas cometem é quando dizem: "Agora temos um relacionamento". Esse é o fim? Não, não é o fim. É só o começo do que mais é possível. Vocês estão em um estado constante de criação de seu relacionamento quando funcionam a partir de:

- O que mais é possível?
- Que outras escolhas temos?
- O que mais podemos criar?
- Como gostaríamos que fosse isso?
- Podemos destruir e descriar tudo que foi ontem?

Fazer essas perguntas mantém vocês no momento presente e abre portas para níveis de possibilidades que ninguém jamais pode ter.

Muito obrigado! Vocês foram um presente incrível. Essa série foi uma contribuição imensa para uma possibilidade mais grandiosa. Vocês são praticamente os caras mais corajosos que já conheci, porque estiveram dispostos a falar sobre ser algo diferente do que as outras pessoas estão dispostas a ser.

Participante da classe:

Impressionante! Quero agradecer pela série maravilhosa.

Participante da classe:

Muito obrigado, Gary.

Gary:

Obrigado a todos por estarem nessa chamada. Sou muito grato por vocês estarem no mundo. Cuidem-se, saiam e transem! Mas lembrem-se: vocês só querem transar uma vez. Se forem para a segunda, vão estar em um relacionamento, e se forem para a terceira, vão se casar. E se as garotas disserem: "Nós temos muito em comum", o ponto de vista delas é que vocês vão se casar em breve. Então, é melhor estarem preparados para as consequências se não comparecerem da maneira que devem.

Amo vocês pessoal. Cuidem-se!

O ENUNCIADO ACLARADOR DE ACCESS CONSCIOUSNESS

Você é o único que pode destrancar os pontos de vista que o prendem. O que estou oferecendo aqui com o processo de aclaramento é uma ferramenta que você pode usar para mudar a energia dos pontos de vista que o trancam em situações que não mudam.

Ao longo do livro, eu faço várias perguntas e algumas dessas perguntas podem dar um nó na sua cabeça. Essa é minha intenção. As perguntas que faço são desenhadas para tirar sua mente do cenário e assim você pode perceber a energia de uma situação.

Quando a pergunta der um nó na sua cabeça e trouxer à tona a energia de uma situação, eu pergunto se você está disposto a destruir e descrever aquela energia, porque energia presa é a fonte de barreiras e limitações. Destruir e descrever essa energia abrirá a porta para novas possibilidades para você. Essa é sua oportunidade de dizer: "Sim, estou disposto a soltar o que quer que esteja mantendo essa limitação onde está".

Isso será seguido por uma fala esquisita que chamamos de enunciado aclarador:

Certo e errado, bom e mau, POD e POC, todas as nove, curtos, garotos e aléns.

Com o enunciado aclarador, voltamos à energia das limitações e barreiras que foram criadas. Olhamos para as energias que nos impedem de ir em frente e expandir para todos os espaços que gostaríamos de ir. O enunciado aclarador é simplesmente uma fala curta que trata as energias que estão criando as limitações e contrações em nossa vida.

Quanto mais você faz o enunciado aclarador, mais fundo ele vai e mais camadas e níveis ele pode destrancar para você. Se muita energia vier à tona para você em resposta a uma pergunta, você pode desejar repetir o processo várias vezes até que o assunto tratado não seja mais um problema para você.

Você não tem que entender as palavras do enunciado aclarador para que ele funcione porque é sobre/trata-se de? energia. No entanto, se você está interessado em saber o que as palavras significam, há algumas definições breves abaixo.

Certo e errado, bom e mau *é a forma curta para*: O que é certo, bom, perfeito e correto sobre isso? O que é errado, mau, perverso, terrível, ruim e péssimo sobre isso? A versão curta dessas perguntas é: O que é certo e errado, bom e mau? São as coisas que consideramos certas, boas, perfeitas e/ou corretas que nos prendem mais. Não desejamos deixá-las, pois decidimos que acertamos nelas.

POD significa o **p**onto de **d**estruição, todas as maneiras que você tem se destruído a fim de manter o que quer que esteja liberando em existência.

POC significa o **p**onto de **c**riação dos pensamentos, sentimentos e emoções imediatamente precedentes a sua decisão de trancar a energia onde está.

Às vezes as pessoas dizem, "POD e POC nisso," que é simplesmente a forma curta para a frase mais longa. Quando você faz "POD e POC" em alguma coisa, é como puxar a carta de baixo de um castelo de cartas. Tudo vem abaixo.

Todas as nove significa as nove maneiras diferentes que você criou este item como uma limitação em sua vida. São camadas de pensamentos, sentimentos, emoções e pontos de vista que criam a limitação como sólida e real.

O Enunciado Aclarador de Access Consciousness 361

Curtos é a versão curta de uma série muito mais longa de perguntas que incluem: O que é significativo sobre isso? O que é insignificante sobre isso? Qual é a punição para isso? Qual é a recompensa para isso?

Garotos significa estruturas energéticas chamadas de esferas nucleadas. Basicamente, elas têm a ver com aquelas áreas de nossa vida em que tentamos lidar com algo continuamente sem efeito. Há pelo menos treze tipos diferentes dessas esferas, que são chamadas coletivamente de "os garotos". Esferas nucleadas parecem as bolhas criadas quando você sopra aqueles tubinhos de bolhas de crianças, que têm várias repartições. Cria uma imensa massa de bolhas, e quando você estoura uma bolha, outras bolhas preenchem o espaço.

Você já tentou descascar as camadas de uma cebola quando estava tentando chegar ao centro de uma questão, mas nunca conseguiu chegar lá? Isso porque não era uma cebola; era uma esfera nucleada.

Aléns são sentimentos ou sensações que você tem que param seu coração, param sua respiração ou param sua disposição de olhar para as possibilidades. Aléns são o que ocorre quando você está em choque. Temos muitas áreas em nossa vida em que congelamos. Toda vez que você congela, é um além mantendo você cativo. Essa é a dificuldade com um além: ele impede você de estar presente. Os aléns incluem tudo que está além da crença, realidade, imaginação, concepção, percepção, racionalização, perdão, bem como todos os outros aléns. Geralmente são sentimentos e sensações, raramente são emoções e nunca são pensamentos.

GLOSSÁRIO

Permissão

Você pode se alinhar e concordar com um ponto de vista ou pode resistir e reagir a um ponto de vista. Essa é a polaridade desta realidade. Ou você pode estar na permissão. Se está na permissão, você é a rocha no meio da correnteza. Pensamentos, crenças, atitudes e considerações vêm até você e passam ao seu redor porque, para vocé, são apenas um ponto de vista interessante. Se, por outro lado, você entrar em alinhamento e concordância ou resistência e reação a esse ponto de vista, você é pego pela correnteza de insanidade e segue o fluxo. Não é nessa correnteza que você quer estar. Você quer estar na permissão. Permissão total é: Tudo é apenas um ponto de vista interessante.

Barras

As Barras são um processo de imposição de mão que envolve um toque leve na cabeça para estimular pontos que correspondem a diferentes aspectos da vida da pessoa. Há pontos para alegria, tristeza, corpo e sexualidade, consciência, bondade, gratidão, paz e calma.

Há até uma barra de dinheiro. Esses pontos são chamados de barras porque eles correm de um lado para o outro da cabeça.

Ser

Nesse livro, a palavra *ser* às vezes é usada em vez de *é* para referir-se a *você*, o ser infinito que verdadeiramente *é*, ao contrário do ponto de vista inventado sobre quem você pensa que *é*.

Ser e estado de ser

Ser é você, o ser infinito que você é.

Estado de ser é algo que você faz para provar que está sendo.

Síntese energética do ser (ESB)

ESB é uma classe que o Dr. Dain Heer ensina. É sobre como você, como ser, junta as coisas para mudar tudo ao seu redor.

Síntese energética da comunhão (ESC)

É um processo que Dain faz. Basicamente, a síntese energética da comunhão coloca você em conexão com todas as estruturas moleculares do universo de uma maneira diferente. Você pode saber mais sobre isso no site do Dain (www.drdainheer.com). Ele oferece "amostras" grátis para que você tenha noção de como é.

Viajar na cabeça, viajar no coração, viajar na virilha

Quando você está viajando na cabeça, você pensa *nisso* (o que quer que seja *isso*) o tempo inteiro. "O que vem depois? O que vamos fazer depois? Qual é o próximo passo?" Quem viaja na cabeça sempre vai para o que vem "depois, depois, depois".

Quem viaja no coração sempre vai para "Por que você não me ligou? Você não me ama mais? Qual é o problema com você? Qual é o problema comigo?"

Quem viaja na virilha está sempre tentando provar o quanto é sexual em vez de realmente *ser* sexual. É uma prova de sexualness—

não *ser* sexual. Mulheres que se vestem de maneira provocante, mas não têm um pingo de energia sexual são as que viajam na virilha. Elas parecem que devem ser sexuais—mas estão na imagem, não na realidade.

Padrões de apego (*Holding Patterns*)

São padrões que prendemos em nossos corpos. Eles podem ser destrancados por um processo de imposição de mãos de Access Consciousness.

Humanos e humanoides

Há duas espécies diferentes de seres de duas pernas neste planeta. Nós as chamamos de humanos e humanoides. Elas parecem iguais, caminham iguais, conversam iguais e normalmente comem iguais, mas a realidade é que são diferentes.

Humanos sempre lhe dirão quanto você está errado, quanto eles estão certos e como você não deveria mudar nada. Eles dizem coisas como: "Nós não fazemos as coisas dessa maneira, então nem se incomode". Eles são os que perguntam: "Por que você está mudando isso? Está bom como está".

Humanoides têm uma abordagem diferente. Estão sempre olhando para as coisas e perguntando: "Como podemos mudar isso? Estão sempre olhando para as coisas e perguntando: "Como podemos mudar isso? O que tornará isso melhor? Como podemos superar isso?" São as pessoas que criaram todas as artes grandiosas, literaturas grandiosas, e todo progresso grandioso no planeta.

Implantes

Implantes são coisas que foram feitas a nós em uma vida ou outra que têm uma ação no corpo e na mente. Um implante cria um tipo específico de vibração em nós; torna-se algo que nos impacta e nos prende. Descobrimos que é possível remover ou desfazer esses implantes usando um processo de Access Consciousness.

Ponto de vista interessante

Ponto de vista interessante é uma ferramenta de Access Consciousness. É uma ótima maneira de neutralizar julgamento, lembrando você de que não importa o julgamento, é só um ponto de vista que você ou outra pessoa tem neste momento. Não está certo ou errado, nem bom ou mau.

Toda vez que um julgamento vier à tona, simplesmente diga: "Ponto de vista interessante". Ajuda a distanciar você do julgamento. Você não se alinha e concorda com ele e não resiste e reage a ele. Só permite que seja o que ele é, que não passa de um ponto de vista interessante. Quando pode fazer isso, você está na permissão.

Isso é meu?

"Isso é meu?" é uma pergunta que você faz para descobrir se os pensamentos, sentimentos e emoções que tem realmente lhe pertencem - porque 98% dos pensamentos, sentimentos, e emoções que temos não pertencem a nós. Nós pegamos continuamente coisas de todo mundo e supomos que são nossas, especialmente se forem ruins. E supomos que as coisas boas pertencem a outra pessoa.

Energia de matar

Energia de matar é a energia requerida para matar algo se você estivesse disposto a fazê-lo sem julgamento. Requer energia para matar uma vaca, ou um veado ou qualquer coisa que você vai comer. Essa energia, entregue a alguém da maneira que você entregaria se realmente estivesse abatendo um animal, é a energia que mudará as coisas para as pessoas.

Mais leve / mais pesado

O que é leve, sempre é verdadeiro, e você sente a leveza. O que é mentira sempre é pesado, e você sente o peso.

O Lugar

Um livro de Gary Douglas sobre o que você sempre tem procurado e como e onde isso pode ser possível.

Fazendo POD e POC

Fazer POD e POC é uma maneira curta de dizer que você vai voltar no tempo até o ponto em que se destruiu com algo ou até o ponto de criação de algo que te prende.

Puxar energia, puxões de energia

A maioria dos homens empurra energia das mulheres por quem estão atraídos. As mulheres recebem muito disso e a resposta delas é basicamente: "Não, obrigada!" Em vez de empurrar energia para alguém que lhe atrai, tente puxar energia dele ou dela. Esta é a maneira de atraí-los. Elas de repente ficarão atraídas por você. Fluxos de energia são as maneiras de criar conexão com as pessoas. Basta pedir para a energia puxar. É fácil assim.

Colocar (algo) em loop

Isso é algo que você pode fazer em seu computador, que lhe permite ouvir algo várias e várias vezes.

Receber

Nesta realidade, as pessoas acreditam que as únicas maneiras de receber são através de sexo, cópula e dinheiro.

O verdadeiro receber é ser capaz de receber todas as informações que existem. Tem a ver com a consciência de tudo que é possível. É a capacidade de perceber toda consciência sem ponto de vista.

Sexo e não sexo

Em Access Consciousness, quando dizemos *sexo* e *não sexo,* não estamos nos referindo à cópula. Estamos falando sobre receber.

Escolhemos essas palavras por trazerem à tona a energia de receber melhor do que qualquer outra coisa que encontramos.

As pessoas usam seus pontos de vista sobre sexo e não sexo como uma maneira de limitar seu receber. Sexo e não sexo são universos excludentes – universos de ou isso ou aquilo – em que, ou você faz sua presença conhecida (sexo) à exclusão de todos os demais, ou você esconde sua presença (não sexo) para que não possa ser visto. Em ambos os casos, como o foco está em você, você não se permite receber de mais ninguém e de mais nada.

Implantes SHICUUUU

Estes são os implantes que são secretos, ocultos, invisíveis, encobertos, não vistos, não ditos, não reconhecidos e não revelados.

Sinais, selos, emblemas e significâncias

Estes são os distintivos que você usa o tempo todo que não têm nada a ver com quem você é.

Que estupidez você está escolhendo?

Seres infinitos, a fim de estarem inconscientes, têm que se criar como estúpidos. Perguntas que contêm a frase "Que estupidez você está escolhendo...?" não visam sugerir que você é estúpido. Em vez disso, elas buscam trazer à tona a energia das vezes em que você escolheu falta de saber – uma estupidez – a fim de criar-se como inconsciente.

O Clube de Cavalheiros Índice de Capítulos e Seções